現代日本の社会教育

社会教育運動の展開

【増補版】

千野陽一――監修

社会教育推進全国協議会――編

増補版によせて

学びの自由と権利の危機的状況を切りひらく

社会教育推進全国協議会委員長　小林　繁

二〇一三年一一月三〇日に開催された社全協結成五〇周年記念式典は、「権利としての社会教育」を掲げ、人々の学習権を保障する取り組みを一貫して進めてきた社会教育推進全国協議会の歴史の重みを実感させるものでした。社全協は、いわゆる職能団体のようなものではなく、社会教育関係の職員や研究者だけではなく、一般市民も含め多様なメンバーによって構成された民間団体（ＮＰＯ）として、社会教育の実践はもとより、学びの条件整備、学習権保障を求めてその時々の国および自治体の政策や施策に関わる様々な活動を展開してきました。

しかしながら、この間の政治状況と教育政策をめぐっては、戦後最悪といわれるように極めて厳しい状況にあり、それは、現政権によって強行された特定秘密保護法や憲法解釈による集団的自衛権行使を目論む動きなどに象徴される平和と民主主義、そして知る権利や学習の自由を脅かす動きが、堰を切ったように出てきていることに端的にあらわれています。その意味で、今の日本社会はこれまでになく重大な問題に直面しており、憲法改悪にむけた策動および平和と民主主義そして知る権利と学習の自由が危機的状況にある中で、学習のもつ意味と役割があらためて問われてきているのです。

さらに先の東日本大震災の被害状況からは、まだまだ復興というにはほど遠いことが明らかとなっています。とりわけ収束の目処がまったく立っていない福島の原発事故については、そのことがまるでなかったかのように、原発の再稼働や原発技術の輸出などが行われようとしています。こうした原発事故の被害とその後の対処・対応のあり方について政府と電力会社に対峙・反対するだけではなく、そこからは、今後の環境とエネルギーのあり方をどうしていくかという重大かつ喫緊の課題が提起されています。すなわち、環境とエネルギーの問題に向き合いながらこれからの社会をどのように構想していくか。その課題を国や行政に任せてしまうのではなく、次の世代への責任も含め、われわれ一人一人に文字通り主権者としてこの国と社会の将来を創造していく科学的・文化的知性と政治的力が求められてきているといえるでしょう。

教育政策においては、二〇〇六年に教育基本法が「改正」されたことによって教育の国家統制と教育行政の中央集権化がますます強まる中で、「教育改革」という名の教育制度の改悪、道徳の教科化や教科書検定の強化による事実上の国定教科書化、教員管理強化と権力介入そしてさらに戦後の教育行政の原理・原則を根本から変えようとする動きが教育委員会制度の改変という形であらわれてきています。そこでとりわけ教育委員会の問題に対してはどう向き合っていくか。それは、従来の教育委員会制度を堅持していくということではなく、学習の自由と権利そしてそれを支える自治の原理に則ってどのような教育委員会のあり方を構想していくのか、その答えをわれわれ自身が学習活動を通して考え、学びあい、知恵とアイディアを出し合いながら模索していくことを意味しています。

その意味において、学ぶことの役割と重要性が今日ほど問われている時はなく、まさにユネスコ学習権宣言が喝破しているように、「〝学習〟こそはキーワード」であり、そうした点で学習の真価が問われています。そしてあらためて学習権保障の課題を考える時、人々の生涯にわたっての学習を支援・援助していくという意味で大きな役割を期待されるのが社会教育です。

自己教育や相互教育といわれる社会教育実践は、学習共同体とでもいうべき学びのあり方を示しており、そこには意識的な働きかけをともなう相互行為のプロセスとして、「自発の問いと学びの共同」(北田耕也)のダイナミズムが内包されています。社会教育の役割は、そうした学習共同体としての営みを支え、学習を相互につなげていく、ネットワーク化していくとともに、そのための諸条件を整備していくということです。

このような視点から社会教育法第三条の「環境を醸成する」という文言の積極的解釈が求められるでしょう。それはつまり、生涯学習政策の中でいわば商品のように提供され、それを選択し消費していくといったように学習が個別化、個人化されていく中にあって、生涯にわたる学習保障のあり方を人々の共同の営みによる学習実践の自律的組織化の視点からとらえ、そのための具体的な援助、支援のあり方を追求していくことであるといえます。そのためにも学習活動と学習支援の取り組みを相互に交流し、お互い学びあっていくことが重要です。そうした点からも、社会教育推進全国協議会の役割が重要であることをあらためて確認したいと思います。

二〇一五年八月

初版『現代日本の社会教育』刊行に寄せる（一九九九年）
／みずからを「歴史をつづる主体」にすえて／

社会教育推進全国協議会委員長　島田　修一

「学習活動はあらゆる教育活動の中心に位置づけられ、人々をなりゆきまかせの客体から、みずからの歴史をつづる主体にかえていくものである。」

ユネスコ「学習権宣言」のよく知られた一節である。

ここにいま私たち社会教育推進全国協議会はこの『現代日本の社会教育―社会教育運動の展開』を世に送る。私たちは、この書をまとめることによって「みずからの歴史をつづる」こころみに取り組み、それを通して私たちが時代を拓く主体に育ちつつあるのかどうかをみずからに問うことになった。

戦後、日本社会の民主化の担い手を育てることを共通のねがいとして発展がめざされてきた社会教育は、やがて政治的逆流の中で学習の自由が狭められる状況に追い込まれた。このとき、社会教育の未来の可能性に心を通わせ合った職員と市民と研究者の三者がしっかりと手を結び合い励まし合い新たな道を切り開こうと誓い合って生まれたのがこの社会教育推進全国協議会であった。一九六三（昭和三八）年のことである。

「ゆるぎない路線を求めて」刊行された『月刊社会教育』の編集部が呼びかけて、すでに一九六一（昭和三六）年から開かれていた社会教育研究全国集会が私たちのこの会の前史をかたちづくっている。

本書に明らかなように、民衆本位の社会教育を生み出すための数々の苦難の歴史の中で私たちがつかみとってきたものは、明日を拓くために協同の努力を重ねる人々への限りない信頼と揺るぎない連帯の輪であった。

いま、人類の悲願である全地球規模での持続可能な社会形成へ向けて、なんと多くの人々の真摯な営みが重ねられていることか。私たちが捉えている社会教育の歴史的課題とは、自由な学びと文化活動の幅広い展開を通してその営みに積極的に参加し、その発展に寄与することである。

昨年夏三八回を重ねた社会教育研究全国集会では、暮らしを切り拓こうと広い連帯を求めて取り組みを発展させている多くの市民運動や、悲惨な事態に追い込まれている子どもや学校教育の現状を克服して教育全体をつくり変えようとしている人々とのいっそうの結びつきを強めることができ、私たちの運動はいま大きく舵を切ったところである。

この新しい方向への確信を強め、さらに大きな運動の広がりに向けての出発点に立つ決意をこの書は示している。

一九九九年二月

目次

序

本書は、社会教育推進全国協議会（社全協）創立三五周年（一九九八年）を機に、九九年に刊行された千野陽一監修・社全協編『現代日本の社会教育　社会教育運動の展開』（旧版）の増補版である。

社全協は、二〇一二年からの一定の準備期間をへて、「社全協創立五〇周年記念事業実行委員会」を一三年一月に発足させ、同年一一月三〇日、日本青年館において式典・シンポジューム・レセプションなどの記念事業を盛大に挙行した。しかし、事業の一環としての実行委員会出版部によるこの増補版刊行は、さまざまな経緯から、一五年八月の第五五回社会教育研究全国集会開催（岩手県盛岡市）時にまでもちこさざるをえなかった。

ところで、この増補版は、旧版の意図した目的・内容などを基本的にふまえ、その後ほぼ一五年にわたる社全協運動の展開を正確に記述しつつ、そのあらたな発展方向をより明確なものにしたいという思いで、第七章を付加する形で編集された。

それにしても、中曽根内閣の労働者派遣法、小泉内閣の郵政民営化法に象徴された政治動向に端を発し、新自由主義とグローバリゼーションのすすみのもとで、現在の日本は国民生活そのものが多方面から危機的状況に置かれているといわざるをえない。ここ四、五年をとってみても、三・一一東北大震災と放射能汚染問題、農業・医療などを破滅しかねないTPP（環太平洋連携協定）問題、憲法「改正」問題・慰安婦問題、雇用・労働法制改悪問題、沖縄米軍基地建設強行問題などがしめす安部内閣の右翼的姿勢、予想される消費増税による生活困難の加重、社会保障制度の大幅減退、政治的中立性侵害の教育委員会制度「改正」問題、ブラック企業問題の顕在化など、アベノミクス政策とからんだ諸問題は数えあげれば枚挙にいとまがない。

このようにごく最近の事態をあげてみたものの、創立三五周年以降の一五年間は、地域に根づく市民・

住民本位の民主的社会教育・生涯学習展開にとってもきびしい社会的障壁が急速にあつみを増していく時期であった。それらの具体的状況のすすみなどは、国際的動向も視野に入れながら、行政制度・政策を中心に本文第七章第一節で的確に分析されている。

しかし、同時にこれらの動向に抗する市民・住民の地域における苦渋にみちた創造的な社会教育・生涯学習活動もまた多様に広がりを見せてきている。ＮＰＯなどをはじめとする多彩な市民活動・住民活動との「協働」・連帯による市民・住民本位のあらたな公的社会教育・生涯学習活動展開の広がりも、その一環といえる。これらの生気にみちた動向に関しては、第七章第二節でくわしく記述されている。

さらに、社全協もまた、第七章第三節が示すように、国内におけるこれらの前向きの活動に対する組織をあげた支援とともに、政策批判など社全協独自の活動を展開してきている。また、ユネスコ「学習権宣言」（八五年）以降しだいに高まる学びの場の市民本位の創造・充実・拡大という国際動向と深くかかわりながら、国際交流の輪も拡大させてきている。

これらの動向に関する記述をたしかな視点で把握し、五〇年におよぶ精力的な社全協の活動をふまえ、さらにすすんで今後のあらたな市民・住民本位の社会教育・生涯学習活動発展の方向性を、ぜひたしかにしていきたいものである。

いずれにしても、一人でも多くの方々がこの増補版に目を通し、市民・住民本位の民主的社会教育・生涯学習の展開と豊かな社全協運動発展の道を、より創造的でよりたしかなものとしていただくことを切望してやまない。

二〇一五年八月

千野陽一（社全協結成五〇周年記念事業実行委員長・元社全協委員長）

初版『現代日本の社会教育』序（一九九九年）

『現代日本の社会教育――社会教育運動の展開』と題した本書は、もともと、市民・住民本位の社会教育・生涯学習の創造・発展に心を砕いてきた社会教育推進全国協議会（社全協）の創立三五周年を記念して、社全協を中心に戦後社会教育の民主的発展の歩みを振り返り、さらに今後の展望を確かなものにしていく試みの一つとして、その刊行が意図されたものであった。したがって、社全協内に設置された「戦後社会教育運動史編集委員会」のメンバーが本書刊行の担い手となっている。

しかし、本書は、社全協運動だけに視野を絞るのではなく、一九六三（昭和三八）年九月二二日の社全協創立以前にまでさかのぼり、戦後日本の社会教育総体の発展過程を幅広く俯瞰したものとなっている。それが、本書のタイトルを『現代日本の社会教育――社会教育運動の展開』とした所以である。

したがって、本書は、社全協創立以前の一九四〇年代後半を取り上げた第一章、一九五〇年代をあつかった第二章を含め、一九九〇年代にまで視野を拡げた終章の全六章から構成されている。

また、各章を「政策」、「運動」、「実践」、「社全協運動」の四節に分節化して叙述し、読者の理解を容易にするように心がけた。いうまでもなく、社全協創立以前の第一章、第二章は「政策」、「運動」、「実践」の三節からなっている。

その際、「政策」の節では、その当時の時代状況を鮮明にするために、政府筋の社会教育・生涯学習政策はもとより、社会教育・生涯学習の動向に直接・間接に深く影響を与える政府筋の諸政策、さらにはユネスコやＩＬＯ（国際労働機構）などの国際的動向にも目を走らせている。同時にここでは、政府筋の諸政策の結果としてひきおこされてくる社会・産業構造の変貌にも、できるだけ立ち入ったつもりである。

また、「運動」の節では、財界筋本位の諸政策に抗して、内部にはりつめた学習活動を包み込んで展開され、市民・住民本位の社会教育・生涯学習づくりに大きなインパクトを与えた多様な市民運動・住民運動の動向に目を配っておいた。例えば、平和運動、公害反対運動、環境保護運動、部落解放運動、消費者運動、母親運動、女性運動、子どもを守る運動、親子文化運動、うたごえ運動、民衆大学運動、生活記録運動、生産大学・農民大学運動、地域教育運動、高齢者運動などは、そのいくつかの具体例にすぎない。

さらに、「実践」の節では、公的な社会教育・生涯学習内部で豊かに展開されすぐれた教育的価値をもつ多様な社会教育・生涯学習の実践に立ち入っている。そこでは、青年の教育・学習、女性の教育・学習、成人の教育・学習、農民・労働者の教育・学習、高齢者の教育・学習などが取り上げられる。と同時に、公害学習、健康学習、スポーツ・レクリエーション活動、社会同和教育、また公民館保育室づくり、市民・住民主体の学級・講座づくり、地域社会教育・生涯教育計画づくり、社会教育施設の新増設、在日外国人の学習権保障などの動きにも目が配られている。

第四節の「社全協運動」では、三五年間にもおよぶ社全協の多彩な運動の展開・発展過程が、それぞれの章ごとに、千葉支部をはじめとする社全協組織の輪の広がりや北海道から九州までの各地で開かれた社会教育研究全国集会の歩みはもちろん、不当配転問題・社会教育施設合理化問題・社会教育法改正問題・生涯学習振興整備法問題などへの取り組み、さらには社会教育の条件整備運動、研究調査・理論活動の展開、機に応じた資料集・刊行物の出版活動などを基軸にして、捉え返されている。

いずれにしても、いま、新自由主義を背景にした政府筋による「規制緩和」「自治体リストラ」「地方分権」などの諸政策が急ピッチで地域に押しこまれてきている。その中で、これらの諸政策に押し切られるかたちで、一九九八（平成一〇）年九月に生涯学習審議会答申「社会の変化に対応した今後の社会教育行政の在り方について」

が出されたが、この答申が、学習権の行使者である市民・住民を教育学習サービスの消費者へと転換させつつ、公的社会教育の解体さえ招き寄せる危険をはらんでいることは、すでにしばしば指摘されていることである。

とすれば、その動きに抗するためにも、戦後五〇年にわたって営々として築き上げられてきた市民・住民本位の社会教育・生涯学習づくりの成果を、本書を通してあらためてたしかめなおし、「学習権」（ユネスコ「学習権」宣言、一九八五〈昭和六〇〉年）を公的に保障させていく武器として、その成果を創造的に発展させていくことの意義はきわめて大きい。

このことは、「成人教育は、権利という以上に二一世紀への鍵」（一九九七〈平成九〉年七月開催のユネスコ第五回国際成人教育会議における「成人教育に関するハンブルク宣言」）と国際的にも広く深く認識され、その公的保障が各国政府・関係機関に強く要請されている今日だけに、とりわけそうである。関係者による本書の積極的な活用を切に願ってやまない。

一九九九年二月

千野陽一（社全協・戦後社会教育運動史編集委員会委員長）

第1章

占領下での戦後社会教育の出発

第一節　戦後民主主義の形成と敗戦の国民生活

第二節　占領下の社会教育民主化政策の展開とその日本的受容

第三節　公民館の提唱と初期公民館活動

第四節　教育基本法・社会教育法の制定と戦後社会教育理念の形成

はじめに

戦後社会教育の始まりにおいて、戦前との連続・非連続、あるいは社会教育の戦前的性格の継承と断絶ということが問われるところである。そのことは社会教育における戦後改革の内実を明らかにすることを意味するものである。

この社会教育における戦前との連続・不連続の課題は、とりわけ公民館の創設とかかわって、くりかえし問われてきたところであった(1)。新生とはいえ、戦前からのイメージをあわせもつ公民館像の両義性、すなわち青年たちを中心とする改革推進派によって期待された公民館の場合と、公職追放や町内会・部落会の解体とからんで旧来の保守派によって期待された公民館の場合とでは、公民館の定着の意味は大きく異なってくる。「公民館」それ自体が新しいのではなく、また「公民館」がそれ自体として民主化の砦であり得るわけではなく、地域の人々の自治的営為によってのみ戦前と時期を画する公民館の実質が獲得されるのである。言い換えれば、公民館の定着それ自体が戦後の新しい社会教育の創出を約束するわけではないのであって、戦前との連続性が強い場合も、逆に非連続性が強い場合もありうる。

あるいはまた、戦後の社会教育の始まりにおいては、「国体護持」方針や行政主導による地域網羅団体の育成等が推進される一方で、占領軍による民主化政策がおしすすめられるというように、たえず、戦前の社会教育との「継承」と「断絶」の両面が一定の緊張関係をもってすすむ時代性を帯びているのである。

このように、戦後改革が所与のものとして存在していたわけではなく、国民が自主的・主体的に社会教育実践に取り組むことによって、新しい時代の学び（社会教育）が獲得されていくのである。

戦前の日本の社会教育の特質として官府的民衆教化性、農村地域性、非施設・団体中心性、そして青年中心性をあげた碓井正久は、これら戦前の性格が戦後の社会教育に「そのままのりうつっているのである」と述べている(2)。そういう戦前的体質を抱き込みながら、それが新しい自主的・主体的な社会教育の潮流との緊張関係のなかで、戦前の性格を脱皮し、憲法・教育基本法制にみあう戦後的社会教育実践がしだいに形成されていくのである。

第一節　戦後民主主義の形成と敗戦の国民生活

(1) 戦後「民主主義」とその受容

長年にわたる戦争状態のただ中にあった日本国民が、敗戦によって即座に自由と平和を実感できた最初は、八月一五日その日の夜、灯火管制のための覆いを取り去って、電灯の明るさを確認したときのことであったかもしれない。そんな実感が広がる一方で、敗戦は世界的規模でのファシズムの敗退であり、民主主義勢力の勝利を意味することとなのだということが主体的にとらえきれなかった(3)。そういう国民の生活と意識の上に「民主主義」がやってくる。そのときのことを大江健三郎は次のように描いた。

「『民主主義』を教科書に使う新しい憲法の時間は、ぼくらに、なにか特別なものだった。そしてまた、修身の時間のかわりの、新しい憲法の時間、という実感のとおりに、戦争からかえってきたばかりの若い教師たちは、いわば敬虔にそれを教え、ぼくら生徒は緊張してそれを学んだ。」(4)

大江が言うように、国民の多くは学校の教科書を通じてはじめて「民主主義」というものを体得していく。教科書の副読本『新しい憲法のはなし』が、単に学校の中だけではなく、社会教育用として広く国民に知らしめられることになった。つまり民主主義や憲法は、生活の中から学ばれていくというより、教科書を通じて学ばれ、体得されていく現実であったのだ。そのことは民主主義や憲法を新鮮に受け止める勢力が形成されていく一方で、民主主義や憲法の理念が現実生活との乖離を意識し、なかば戸惑いと混乱の中で受け止める側面も生んでいた。

日本が独力では到底なしえなかったであろう当時のさまざまな民主改革は、ポツダム宣言に基づく占領下のなかですすめられる。一九四五（昭和二〇）年一〇月、マッカーサーを最高司令官とする連合国総司令部（GHQ）は、政府にたいして戦後の民主化をめざす憲法の改正を指示し、一九四六（昭和二一）年一一月、主権在民、基本的人権の尊重、戦争放棄の三本を柱とする新しい日本国憲法が公布されることになった。

憲法を柱にする戦後の民主化は、まず政治的な民主化をすすめた(5)。治安維持法などの弾圧法規の廃止に始まり、国民主権の原則を樹立し、国権の最高機関としての議会を位置づけ、女性に参政権と二五歳からであった選挙権を二〇歳からと引き下げるなどをすすめた。戦後初の総選挙となった一九四六（昭和二一）年春の選挙では、女性議員を三九名輩出し、新しい女性組織が作られていった。また地方自治制度の導入によって地方分権をおしすすめることになった。そして、これら新しい民主政治をおしすすめるうえで政治教育（公民教育）の必要性が、社会教育に期待されるようになっていく。

次に社会的な民主化としては、イエ制度の廃止と新民法の制定、労働者の団結権の保障や、戦争遂行に重大な役割をもっていたとして町内会・部落会・隣組には解体命令が出された。このような社会生活における民主化は単純にはすすむものではなく、とくに町内会などの地域組織は公民館との関連でみられるように、占領政策による強い命令にもかかわらず、形を変えて生き続けていく。同じ社会生活でも、教育制度においては一大転換を図り、六三制の公教育制度が確立して、男女共学による新制中学がスタートをきった。

さらに経済的な民主化としては財閥を解体する一方で、農地改革がおしすすめられ、地主制が解体する。このことは、日本社会の基盤をなした村落社会の支配構造に大きな転換をもたらすことになっていくのである。

こうして、平和国家、文化国家を目指し、戦後民主主義が形成されていくのだが、軍国主義教育を受けて、国のために死ぬべきだと信じて敗戦を迎えた国民にとっては、そういう過去にどう向き合って生きていくか、そこに国民の主体形成の契機をはらみつつ、次のような地域に個性的な文化・学習活動が芽ばえていたのであった。

(2) 戦後社会教育の源流 —— ある二人の社会教育職員

戦争が終わって、食料不足はますます深刻になるなかでも、国民のなかに自主的な学習や文化・スポーツ活動への要求は広がり、だからこそ充実した生活をしていこうという意欲をもって、文化やスポーツに強い関心を寄せていたことを見逃すことはできない。

敗戦から一年も経たない一九四六(昭和二一)年前後して、全国各地には新しい文化運動の再建の役割を担った文化協会が設立された。埼玉県川口市の文化協会ではレコードコンサートを開いたり、前進座の演劇、藤原歌劇団の公演、狂言、講演会等の企画を打ち出していた。そして、中小企業の多いこの町に住み働く青年たちのなかから、それらに刺激され、楽団を始める人たちも出てきたのである。

一九四六(昭和二一)年九月、その川口市文化協会の嘱託として採用された田辺信一は、労を厭わず、そういう地域の青年たちの文化活動を精力的に援助していた。こうした仕事を足場に田辺は一九四八（昭和二三）年一一月、川口市教育委員会社会教育課に勤務することになって、地域の文化活動の支援を積極的にすすめていく。占領軍から貸与された映写機をリヤカーに乗せて、占領軍が差し出すアメリカの啓蒙映画は町の映画館に任せ、専ら戦前の優れた映画、例えば谷口千吉の『銀嶺のはてに』や亀井文夫の『戦争と平和』などの上映会を地域でやっていくのである(6)。

あるいは長野県の木曾谷では、一九四六（昭和二一）年五月になって、ようやく南方から復員した勝野時雄は、長野県吾妻村（現南木曽町）の役場の書記に就くことになって、「疎開文化人の存在と、これを受け入れている村の人たちの冷たい処遇」が印象に残ったことから、なんとかその橋渡しをかって出てみることにした。ちょうど提唱され始めた公民館の構想を聞くや、「村で現在行っているものを直ちに公民館という名称にかえさえすればよい」のだと判断し、さっそくその年の一〇月、青年倶楽部であった既存の施設に妻籠公民館の看板を掲げ、県下第一号の公民館になった(7)。公民館活動に疎開文化人がむすびついて、自主的な学習活動を展開していくとともに、地域住民の悲願であった御料林払い下げの運動を組織する拠点としても位置づき、公民館は地域の課題を受け止めて展開していった。

とはいえ、戦後初期には川口市や吾妻村のような住民の学習活動を組織する社会教育関係職員の存在はきわめてめずらしく、多くは青年をはじめとする住民たちによって、自主的な学習活動がすすめられていったのであった。

（3）自主的な文化・学習活動の芽ばえ

敗戦間もない時代は、生きていくために食べるものの確保が最大の課題で、インフレがますますひどくなっていき、憲法や労働基準法の公布という時代とは裏腹に、町では栄養失調や闇市が広がっていた。こうしたことは毎日の生活をきりもりしていく女性にとって切実な問題として自覚され、一九四六（昭和二一）年四月末、「米よこせ」の世田谷区民デモに発展し、多くの女性や子どもの行列が皇居に向けて続いたのである。また大阪では、一九四七（昭和二二）年九月、主婦一五人の米よこせの風呂敷デモがきっかけとなって、「大阪主婦の会」が生まれ、やみ値撲滅消費者大会が開催されていた(8)。

一方、町には英語があふれ、一九四六（昭和二一）年二月『カム・カム・エブリボディ』のテーマソングでＮＨＫ「英会話」放送が開始され、『日米会話手帳』は三六〇万部のベストセラーになり、同年、『朝日新聞』に連載された「青い山脈」は、民主主義の明るい未来を情熱あふれる思いで描き、これまた時代の人々の心をつかんで、新しい文化も形成されていった。

これにたいし、占領下にあっては、時代劇映画は封建的・軍国主義的内容であるという理由で規制されていたなかで、戦後間もない時期から全国的に盛んに演芸会が催され、「やくざ踊り」という踊りや、「やくざ芝居」といった寸劇が農村青年の間で広がっていた(9)。戦争から解き放たれた青年たちの解放感と占領下の中での鬱屈が底流となって、股旅ものの生き方に共感して青年たちの思いを表出させていたのである。

このように自由と退廃とを錯綜させながら、平和で文化的な生活を築いていこうとする国民の歩みがしだいに広まっていくのであった。

それとともに、昭和の初年頃から取り締まり・弾圧を受けるようになって姿を消していた戦前の民主主義的学習・文化運動の担い手たちは、敗戦を〈解放〉あるいは〈民主化〉の契機として受け止め、いち早く動き出していた(10)。

戦争中、週刊新聞『土曜日』などを通じて発言していた中井正一は、郷里の尾道市の図書館長に迎え入れられ、治安維持法の廃止によって自由を味わいつつ、ただちに講座を開設し、封建的意識の克服を課題にすえたのである。一九四六（昭和二一）年に入ると、文化史、社会学、哲学、経済史、簿記、法律学、歴史学、英語、独逸語などの夜間成人講座をもつのだが、単なる教養講座ではない姿勢を堅持していた。

また、静岡県三島市では、地域在住の笠井幸弘、河西春子たちによって、一九四六（昭和二一）年二月「庶民大学三島教室」が発足した。講師は一〇〇人に及び、講義は週三、四日で二週ないし三週続けられた。夏季講座には聴講者の三分の一以上が女性、復員学生、労働者、商店主、農民などで、常時一〇〇人をこえていたという。

さらに鎌倉市では、三枝博音を学長とする「鎌倉アカデミア」が、一九四六（昭和二一）年六月、鎌倉のお寺の一隅で開かれた。「鎌倉大学校」と称していたように大学教育をめざし、戦前の民主主義運動に参加した者たちを教授陣に迎えていた。

京都では中井正一とともに反ファシズム運動に参加し逮捕された新村猛を園長とした「京都人文学園」が、これまた同年の一九四六（昭和二一）年六月に創設されている。平和主義とヒューマニズムの精神に立ち、「行動の人として思考し、思考の人として行動する」探求的な市民を形成することをめざし、講師は戦争による暗黒期を抑圧・抵抗の中で生きぬいてきた少壮の研究者たちであった。

しかし、これらの勢いは、強まる経済不況と一九四九（昭和二四）年から五〇年にかけてのレッドパージとによって、しだいに衰えていったのである(11)。

第二節 占領下の社会教育民主化政策の展開とその日本的受容

(1) 動き始めた社会教育政策

対日占領政策が基本的には民主化のための改革であることは言うまでもないことだが、それがアメリカにとっての戦略的な観点で形成されていく面や、日本政府機構を利用する特徴をもっていた。とくに冷戦構造が鮮明になってくるにしたがい、さきにみたような自主的な文化・学習運動にたいする規制が仕掛けられてくる。そのような占領政策の浸透過程で新しい日本の社会教育が形成されていく。

占領軍総司令部による本格的な対日教育政策が開始される覚書「日本教育制度に対する管理政策」(一〇月二二日)までの短期間、日本が最初に示した教育再建策は、敗戦一カ月後の九月一五日に出された「新日本建設ノ教育方針」であった。それは、文部省が先手を打った独自の構想であり、社会教育については「国民道義ノ昂揚ト国民教養ノ向上ハ新日本建設ノ根底ヲナスモノデアルノデ成人教育、勤労者教育、家庭教育、図書館、博物館等社会教育ノ全般ニ亘リ之ガ振作ヲ図」り、同時に「美術、音楽、映画、演劇、出版等国民文化ノ興隆」を図るという戦前から続く社会教育観を踏襲したものである。また戦前からのつながりをもった地域団体の育成を掲げ、たとえば青年においては「新ニ青少年団体ヲ育成スル」方向を示し、「郷土ヲ中心トスル青少年ノ自発能動、共励切磋ノ団体タラシムル」ことをめざした。

このように、戦後スタート段階の前田多門を文相とする文部省の施策は、平和国家の建設を掲げながらも、その根本において天皇制を前提とする国体護持の継承を強調するものであって、戦前の教育の反省が不徹底な内容であったことがうかがえる。

それからまもない一〇月に社会教育局が復活され、一一月には社会教育の振興に関する訓令ならびに通牒が発せられ、学校教職員は「進ンデ社会教育ノ事ニ任ズル」ことが求められた。この段階でも未だ占領政策が届かず、それゆえ再建に乗り出す文部官僚の考えがよく示された施策とみることができる。当時の公民講座、文化講座などは、戦前の社会教育行政の下で展開された成人教育講座の再生といえるものであった。

こうして、敗戦間もない短期間のうちに新しい社会教育の創造はみられず、その後の社会教育を取り仕切る文部省社会教育局の気分は、戦前の経験をもとに、時代に見合う講座開設と関係団体の再編成へとすすめることになって、新しい年を迎える。と同時に、そこには旧来の文部官僚とは別の新しい勢力が参入することになったのである。

社会教育局の局長には戦前より普通選挙、公民教育等の重要性を主張していた政治評論家の関口泰が起用され、関口は社会教育局に公民教育課を新設することにし、その課長には、かつて内務省にいた寺中作雄を起用するといった新風を社会教育局に送り込んできた。寺中の着任間もない一二月には、局内の会議において、社会教育委員制度の復活をもくろむ旧来の社会教育施策の提案を批判し、自らが構想した「公民館」の意義を説いている(12)。そして公民教育課は、新設数カ月後の翌年三月で社会教育課に吸収され、寺中が社会教育課課長に起用されることになる。

(2) 占領政策と文教政策

占領政策の端緒になった社会教育政策は、一九四六(昭和二一)年三月の第一次アメリカ教育使節団報告書であった。特に図書館や学校開放を通じて成人の学習活動を援助していく方向が示されるとともに、

「日本国民の中には民主主義には忠実だった経験をもつもの」が「成人教育活動を開始している」ので、彼等がグループの核になって成人教育を組織することが提唱されている。

しかしながら、この段階でも文部官僚のアイデアが先手を打って、使節団報告書が社会教育政策を決定する直接的効力を弱めているかにみえる。教育使節団報告書によって、六・三制学校制度や教育委員会制度などの戦後教育の基本原理が確立していく構図からすれば、社会教育政策の場合は、明らかな違いが読みとれる。それがほかでもない公民館政策にある。

アメリカ教育使節団の来日とその報告書は、まさに公民館構想の火種段階、すなわち一九四五（昭和二〇）年一二月から公民館設置の次官通牒（翌年七月）に至る過程のただ中にある。寺中作雄が雑誌『大日本教育』の一九四六（昭和二一）年一月号に「公民教育の振興と公民館の構想」と題して発表し、公民館構想が文部省社会教育局内をかけめぐっていた時期に教育使節団の活動があった。したがって日本側の公民館構想が、ＣＩ＆Ｅ（民間情報教育局）の指導・助言によって修正が余儀なくされ、アメリカ型の成人教育へとシフトしていくものと予想して不思議はない。

しかしながら、教育使節団報告書からわずか三カ月後、公民館の設置に関する通牒とその設置要綱が発せられて、その後の社会教育政策を決定づけたのである。

文部省側の政策推進の要にいた寺中作雄は、「アメリカ教育使節団報告書に対応してなにかやるというようなことは全然考えていなかった」と言わしめ[13]、社会教育の振興に図書館や学校施設の開放を位置づけた使節団の報告書を振り切り、文部省の方針どおり、公民館整備の方向へ突きすすんでいくことになる。そこには明らかに、寺中をはじめとする文部官僚による占領政策への工作が、大きく作用していたと思われる。

（3）占領政策の展開

アメリカ教育使節団以後の一九四六（昭和二一）年五月、CI&Eの社会教育セクションには、ネルソン（John M. Nelson）が迎えられた。着任した時点でネルソンは、文部省社会教育局側から構想段階にあった公民館計画の必要性が説かれ、その結果、ネルソンからの示唆は、一つに「公民館委員会」制度の提唱、二つには青年学校と公民館併設の反対、三つには青年学校長、町長による館長兼任制へのクレームであった。そして大筋では公民館は「民主主義の学校」であり、「成人教育活動の地域拠点」であり、さらに「地方分権の手段として存在」すべきであるとする考え方を示して、公民館構想を積極的に支持することになった(14)。

こうして、占領政策において積極的な支持を取りつけた公民館構想は、地域に配属された軍政部によって普及の後押しが続けられていく。

そうした事情とは別に、CI&Eによる独自な社会教育施策は、主としてナトコ映写機とアメリカのグループワークなどを内容とする指導者講習会があった。

「連合軍総司令部貸与の一六ミリの発声映写機及び映画の受け入れについて」の文部省次官通牒は一九四八（昭和二三）年一〇月に出され、アメリカからの貸与による「ナトコ映写機」が各地に広まり、いわゆるCI&E映画が映されていくことになった。このナトコ映画には、社会教育関係職員が動員され、映画を各地で上映するノルマが課せられていた。典型的なアメリカの市民生活を紹介し、アメリカがいかに民主的で近代化された国であるかを強調するものが多く、中には反共的なフィルムもあったという。例えば東京では月二〇回上映しなければならず、デパートの地下で上映したり、芸者さんたちを集めて見せ、神奈川でも遠方の農村に毎晩のように上映にいくなど、当時の社会教育関係職員はこの数年間、その仕事に翻弄されんばかりだった(15)。

もう一つの具体的な施策は日本の教育指導者に対する講習会である。一九四八（昭和二三）年一〇月四日から一五日まで、東京都下の浴恩館（小金井市）を会場に文部省主催、CI&E協催によるIFEL（Institute for Training of Educational Leadership）が開催された。アメリカ人講師が揃えられたこの講習会では、アメリカ式の青少年団体活動を学び、社会教育の分野においてグループワーク理論等のアメリカ流の成人教育方法の普及が試みられたのである。その受講者によって、それぞれの都道府県、市町村段階で青少年指導者講習会が開催され広まっていった。

このアメリカ式の講習会を受けて展開された青年団活動は、オリエンテーション、レクリエーション、ディスカッションなど〈ションション言葉〉中心に進められたため、「ションション青年団」と皮肉られることもあった(16)。

第三節　公民館の提唱と初期公民館活動

（１）公民館の成立

一九四六（昭和二一）年七月、文部次官通牒「公民館の設置運営について」は、戦後の新しい社会教育施設として公民館の設置を奨励した。奨励策であり、設置が義務づけられているわけではなかったが、通牒から一年目の一九四七（昭和二二）年八月には、全市町村の一九％にあたる二〇一六市町村で設置されていた。さらに一年後の一九四八（昭和二三）年九月には設置率三三％、社会教育法制定時の一九四九（昭和二四）年六月には四一六九市町村、四〇％の設置がすすんでいた(17)。戦争による物資の困窮した状態が続くなか、また新制中学校の建設が急務であったことからすると速いテンポで普及していったといえようが、それには次のような要因が挙げられる。

まず第一の要因に公民館の配置が、独立施設というより、既存の施設の集会所や青年学校などの転用、また学校や役場との併設という形をとってすすんだように、多くは既存施設を活用することで「設置」とみなしていたことによる。また実質的な活動は乏しくとも、看板だけの「看板公民館」といわれるものも、あるいはそれとは逆に、建造物としての公民館をもたない活動（組織）中心の「青空公民館」の存在もまた、配置を促進した一側面であった(18)。

第二の要因は公民館活動が当時の生活課題と結びついて展開していったことにある。公民館は学級・講座や講演会といった学習会の開催のみならず、福祉や産業や保健衛生、さらには税金に関するさまざまな生活関連領域の事業を抱え込み、「むらの復興をねがう国民の切実な要求に応え」る積極面があった(19)。福岡県・水縄村公民館がこの時期の代表的公民館として注目されたのも、地域生活とむすびついた郷土建設、郷土復興に取り組む活動を展開していたからであり、総じてこの時期の公民館は地域の課題に応える活動を展開していたのであった。

第三の要因は第二とも関連するが、公民館は当時の民主化政策の推進役を果たすという、社会的な需要に応えていったことがあげられる。大きな歴史的転換期にあって、新しい社会のしくみを体得していく課題が国民のなかに生じていたわけで、なかでも新しい政治教育の必要性は大きかった。憲法を普及していく課題や選挙に対応する施策などと結びつけられ、公民館はそれと関連して初めての補助金の獲得も可能になる。憲法公布の年度駆け込みで、一九四七（昭和二二）年一月末に、公民館には「新憲法精神普及教養講座」開設補助金がすべての都道府県に支給されることになって、公民館事業を促すことになった。

第四の要因に、一九四八（昭和二三）年三月をもって青年学校が廃止されたが、それに代わる青年教育の場を公民館が受け継いだことがある。青年学校の廃止とからんで、公民館主事の配置がすすんでいったことや、特に福岡県では青年学校教員名目で公民館主事の設置策がとられたことから、専任公民館主事の配置が大きく前進したのである(20)。

(2) 公民館構想のリアリティ

以上のような事情もさることながら、何よりも公民館の設置を促した基底的要因は、公民館の構想が、「日本的土着の歴史的イメージ」（小川利夫）の産物であることによるものであり、それゆえに、戦後間もない日本の地域のすみずみに「定着」していくことになったといえよう(21)。すなわち、新生・公民館構想に「歴史的イメージ」を重ね合わせることで公民館が成立したということである。その「歴史的イメージ」は、思想的には戦前平時の公民教育論であり、実態的には地域共同体の組織である地域部落会・町内会組織との関係を基盤にしたものである。そういう戦前とのかかわりを如実に示しているのは、公民館の役職のポストにいわゆる公職・教職追放者が入り混じっていたことがあげられる(22)。

また、公民館の「歴史的イメージ」の一つである公民教育論は大正デモクラシーの下で開花した田澤義舗、下村湖人、小野武夫等の文化・教育観と重なるものであり、牧歌的予定調和に満ちたデモクラシー観に支えられた内容がみうけられる(23)。寺中は「自己の人間としての価値を重んずると共に、一身の利害を超越して、相互の助け合いによって公共社会の完成の為に尽す様な人格を持った人又は其のような人格たらんことを求めて努める人」、つまりそういう「公民」が集う場が「公民館」であると述べている（『公民館の建設』、一九四六年一二月）。そういう公民館構想と、長野県の妻籠において、勝野時雄がこころみた公民館と決定的に異なった点があるとすれば、まさにそのような人間・社会観であり、勝野にして妻籠の公民館活動と「公民館構想とは関係ないものと思っていた」といわしめたのである(24)。

そういう面をもちながらも、寺中の公民館構想には、敗戦直後の国体護持方針とは異なった位置を保ち、また、自己教育としての社会教育観を謳いあげた点においても、戦前とは異質の社会教育観の形成に勢力が注がれてきた歴史的意義は少なくない。

寺中は、「戦前の集会所如き施設とは決定的に異なった施設」をとおしての「自己教育」を説いて、新しい施設像を描いてみせる。すなわち「公民館での教育は教える者と教えられる者とが講壇の上と下に対立する様な形でなく、教える者も教えられる者も融合一体化して互に師となり弟子となって導き合う相互教育の形が取られる」のであって、「公民館の教育は学校式の画一教育ではなく自己教育であり、相互教育であり、環境教育」である(『公民館の建設』)。

こうした社会教育観は社会教育法へと結実し、ともかく、公民館は戦後社会教育理念を具現する施設としての地位を確立していくのである。

(3) 初期公民館活動の展開

公民館は、社会教育機関として立ち上がりながら、同時にさまざまな機能を備えた「町村振興の中心機関」(『公民館の建設』)をも標榜していたことから、社会教育機関としての側面と、それを越えた総合機関としての性格の両面を合わせ持っていたことになる。その意味するところは、公民館の地域定着をすすめる「利点」を獲得することと引き換えに、地域の社会教育機関としての性格を「喪失」して、総合機関としての性格を印象づける結果をもたらしたのであった。

また、一九四七（昭和二二）年五月「公民館経営と生活保護法施行の保護施設との関連について」の通達によって、生活保護法の「保護施設」と公民館の事業とを緊密な関連におくことにしたのも、設置の気運を高めるねらいがあった。生活扶助、医療、助産、生業扶助、託児事業さらには税金に関することまで含み、公民館の設置促進につとめたのである。

こうして、社会教育法が制定される頃の約一万の公民館活動は、①生産復興、生活向上を中心内容とする公民館、②失業救済・生活安定を中心内容とする公民館、③文化・教養を中心内容とする公民館に大別でき、全体としてみると、民主主義理念の啓蒙・普及に一定の役割を果たすと同時に、「市町村行政への協力を軸にした住民の体制順応的姿勢の強化がもとめられ」、「国政従属の地方行政円滑化のための補助機関化している」のであった(25)。しかし、同時に後の発展につながる①活動の主軸に意欲的な公民館主事が生まれ、②公民館活動の実質的な担い手としての住民の集団が形成され、③公民館活動の実際の拠点として隣保館、旧青年学校校舎等の転用・併設による活用が進んでいたのである(26)。

ところで、公民館財源は「一般的村費及寄付金に依るのを原則」（「公民館の設置運営について」）にしているのであるが、困窮する財政状況にある市町村にとって公民館費は大きな重荷であった。各戸からの維持会費にあたる拠出金によって運営費を賄ったり、あるいはまた利用者に薪代などの実費を求めることで公民館財源を確保していた。こうして税金による運営を原則にする姿勢は、結局のところ崩れていたのである。そういう状況から脱皮していく重要な契機は、公民館職員の位置づけによる人件費の計上に大きく関係していたことが注目される(27)。

こうして、一九四八（昭和二三）年の教育委員会法制定、社会教育法の制定、一九五二（昭和二七）年には市町村教育委員会一斉設置が挙行されると、公民館は行政上は教育委員会行政の枠へ移管していくことになって、しだいに、公民館は教育施設として独自の位置を獲得していくことになる。そしてその事業も教育事業として明示され、それまでの初期公民館に展開していた町村民のあらゆる共同的活動を含む事業がしだいに分化していくのであった。

第四節　教育基本法・社会教育法の制定と戦後社会教育理念の形成

(1) 教育基本法の制定

公民館に関する通牒一カ月後の一九四六（昭和二一）年八月、教育刷新委員会が発足し、日本の教育の根幹をなす教育基本法の制定を目指して急ピッチで動き始めた。その年の瀬に仕上げられた教育刷新委員会第七特別委員会による教育基本法案の社会教育条項では、「新聞、出版、放送、映画、演劇、音楽」と、「文化施設」である図書館、博物館、美術館が掲げられて、幅広く社会教育をとらえる考えが示される。他方、すでに公民館の設置奨励策が発せられているものの、法案文には公民館は取り上げられていない。

年が明けて一九四七（昭和二二）年一月一五日、文部省調査局によって示された教育基本法案における社会教育条項は、大幅に書き改められていた。すなわち、「国及び地方公共団体は、教育の目的を達成するために、家庭及び学校における教育活動の外、あらゆる手段方法による教育の実施に努力しなければならない。工場、事業所、その他国民の勤労の場所においてなされる教育の施設は、国又は地方公共団体によって奨励されなければならない」。ところが、この案文は一月三〇日になるとさらに変化して、現行法規定に接近してくる。

国及び地方公共団体は「教育の実施に努力」する（一月一五日案）というように、国や地方公共団体は社会教育の「主体」を表明していたのであるが、国及び地方公共団体はあくまで「奨励」（一月三〇日案）の姿勢へと転換し、その方法として「学校、図書館、博物館、公民館その他適当な施設」の設置策を明確にした。言い換えるなら、公民館を含めた社会教育施設の設置をとおして社会教育の奨励を図るという戦後の新しい社会教育理念の表出となっているのである。こうして三月には教育基本法第七条に社会教育条項が法文化されることになって、戦後社会教育体制の根幹にかかわる法理を読み取ることができるものになっていった。

（2）社会教育法の理念と現実

以上のように、国や地方公共団体は社会教育を「実施」する主体としての位置づけから、あくまで「奨励」の立場にたったものの、国民が社会教育の主体であるとの思考は、必ずしも成熟したものではなかったのであろう。教育基本法制定後直ちに動き出した社会教育法制定に向けての第一歩となった一九四七（昭和二二）年四月の法案内容は、学校教育法に相対する図書館、博物館をも含む総合的な立法が意図されていたが、そこでは「国や地方公共団体ニヨツテ実施又ハ奨励」するものであった。

この後、二カ月後の六月に出された第二次案は、一章総則、二章社会教育委員、三章社会教育施設、四章社会教育団体、五章通信教育事業、六章労働者教育の奨励という、内容的な違いはあるものの、現行法案の構成の骨子を読み取ることができる。この第二次案が七月三〇日の読売新聞にスクープされて、一般の関心を呼び起こすことになった。しかし、そのことは、図書館についての立法化を進めてきていた図書館関係者の反対にあうことになって、約一年あまり経過して後、一九四八（昭和二三）年八月ようやく第三案がまとまってきた。

並行して、一九四八（昭和二三）年二月の教育刷新委員会の建議「労働者に対する社会教育について」において、「労働者に対する社会教育としては、労働問題並びに労働関係諸法規に関する理解の促進と職業的知識及び技術的熟練の習得と、更に社会的、文化的教養を高め、人格の陶冶を期する教育とを有機的統合的に実施すること」にし、文部省と労働省との協力が強調された。しかし、現実には労働省は労働組合運動にかかわる教育について、また文部省は労働者の教養・公民教育について受け持つというように機能分担を図る方向にすすみ、労働教育行政の一元化をはかることができなかった。

また一九四九（昭和二四）年一月に入り、社会教育法案がいよいよ固まってくる段階に至って、当時の体育局振興課の西田泰介らが、「社会体育法」の成立に向けて原案作成をすすめていた。しかしネルソンの同意を得ることができず、法案成立の計画が不発に終わってしまったことから、ネルソンと寺中は社会教育法第二条の社会教育の定義に「体育・レクリエーションを含む」ことを決め、二月三日の社会教育法案に結びつけることになった。

こうして、社会教育に関する法体制は、図書館、博物館についての法は切り離し、労働者の教育についても縮小し、かつ体育・レクを取り込んだ方向へと終結していく。

社会教育法案は、一九四九（昭和二四）年四月三〇日に第五回国会に政府原案として提出され、五月七日には審議が開始され、五月二二日、衆議院本会議において可決成立し、六月一〇日に公布施行された。社会教育法は国民が社会教育の主体であること、その社会教育の自由が保障されるべきこと、国や地方公共団体はそのために必要な奨励と環境醸成に努めること、社会教育委員や公民館運営審議会の制度に見られるような住民自治の原則を盛り込むなどの社会教育理念が示されたのである。法制定に深く関係した寺中作雄による解説書『社会教育法解説』は、そういう精神をよりよく示したものとなった。

たとえば、公民館館長や主事については、次のようにその趣旨が説かれている。すなわち、公民館は「事業遂行に必要な所属職員を持った施設であって、単なる管理人だけをもっているような公会堂或は集会所の如き施設とその趣を異にしている」のであり、公民館は「事業主体であり、有機的活動体であることから必然的に公民館専任職員を常置ということが必要」になることを補っているのである。と同時に社会教育は自己教育であるという社会教育理念をつよく打ち出しているのである。それは寺中が公民館の設置を通牒した後に記した『公民館の建設』においても同様の趣旨が述べられている。

ところで、こうした戦後の社会教育理念が、戦後数年間の間に、どのようにその実質を形成してきたかを問うてみると、明確な社会教育実践が必ずしも展開していたといえるものではない。

たしかに、教育基本法・社会教育法では、国や地方公共団体は社会教育を「奨励」する立場にあることを示しているものの、社会教育の主体論を鮮明に示し得ていない。社会教育は国民の自己教育であることを法文に明記されているとは言いがたい。社会教育法に結実していく教育刷新委員会での社会教育論調も社会教育が重要であるということは語られても、「社会教育の議論は不活発、思いつき的、散発的で」社会教育とは何かということを深める風潮は乏しかった(28)。「家庭教育及び勤労の場所その他社会において行われる教育」（教育基本法第七条）とか「青少年及び成人に対して行われる組織的な教育活動」（社会教育法第二条）という法文では、社会教育の主体は国民であるという社会教育理念が鮮明とはいえない。

こうした事情は、戦後の国民の自己教育としての社会教育理念を深める努力が制度的には必ずしも十分ではなく、教育基本法や社会教育法の法理の実質は、あるいはまた新しい学びの創造は、結局のところ、その後の戦後社会教育実践のなかでこそ鍛えられ深められていくのである。そして、すでにみてきたように、それらは妻籠の公民館活動において、また川口の文化運動のなかに、確実に戦後の社会教育理念を作り上げる営みがあったということをうかがい知ることができるのである。

（注）

（1）たとえば小川利夫「歴史的イメージとしての公民館」、小川利夫編『現代公民館論』東洋館出版社、一九六五年、または大串隆吉・笹川孝一「戦後民主主義と社会教育」、碓井正久編『日本社会教育史発達史』亜紀書房、一九八〇年。

（2）碓井正久「社会教育の概念」『社会教育』お茶の水書房、一九六一年、三九頁。

（3）横山宏「混乱の中からの芽生え」『戦後社会教育実践史』第一巻、民衆社、一九七四年、一二九頁。

（4）大江健三郎『厳粛な綱渡り』一九六五年（上）文春文庫版、一九七五年、一九二頁。

（5）以下の戦後民主化については、高畠通敏「戦後民主主義とは何だったか」『戦後民主主義』岩波書店、一九九五年による。

（6）「戦後初期の地域文化運動」『戦後社会教育実践史』第一巻、民衆社、一九七四年。

（7）「むらの改革にとりくむ公民館」『戦後社会教育実践史』第一巻、民衆社、一九七四年。

（8）詳細は千野陽一『近代日本婦人教育史』ドメス出版、一九七九年。

（9）藤田秀雄『社会教育の歴史と課題』学苑社、一九七九年、二一二〜二一五頁。

（10）大串隆吉『日本社会教育史と生涯学習』エイデル研究所、一九九八年、一五二〜一五四頁。又は、大田堯編、『戦後教育史』岩波書店、一九八〇年。

（11）大串隆吉、前掲書、一五四頁。

（12）『日本近代教育百年史』国立教育研究所編、一九七四年、八九〇頁。

（13）寺中作雄「公民館の起こり」『公民館史紀要』一九九四年。これは三〇年経ての寺中による証言であり、その証言の信憑性については議論がある。

（14）詳しくは小川利夫・新海英行編『GHQの社会教育政策』大空社、一九九〇年。

（15）「戦後三多摩における社会教育のあゆみ」『三多摩の社会教育』一九八八年三月。

（16）『社会教育実践史』第一巻、民衆社、一九七四年、一五九〜一六四頁。

(17) 文部省『社会教育十年のあゆみ』一九五九年、一八〇頁。
(18) 上田幸夫「初期公民館における『併設』配置の特性」『東洋大学文学部紀要』第三六集、教育学科・教職課程編、一九八三年。
(19) 千野陽一「初期公民館活動の性格」、小川利夫『現代公民館論』、一九六五年。
(20)「公民館創設のおもいでと忠告」『月刊社会教育』、一九六一年一一月号。または、社会教育学会『社会教育法制研究資料』03、一九七二年、六〜二〇頁。
(21) 小川利夫「歴史的イメージとしての公民館」、前掲。
(22) 公民館職員や役職に公職追放者及び教職追放者等が「維持経営に干與するのは望ましくない」ことを最初に問題にしたのは、一九四七（昭和二二）年一月の「新憲法公布記念公民館設置奨励について」においてであった。その数カ月後の五月、正式に「公民館関係者の粛正について」の通達が出され、これらの者が公民館の運営に関係している場合は「即時辞任せしめること、右は選挙その他民主的方法により就任した場合といえども同様に扱うこと」になった。さらに同年九月、「公民館の役員の審査について」が出され、「公民館の社会教育上に及ぼす影響は大きいのでその館長、委員又はこれらに準ずる役員は今般教職員適格審査の対象」になったのである。このように度重ねての通知から、公民館役職ポストがいかに地域の旧保守層の行き場であったかがうかがえる。
こうして一九四六（昭和二一）年一〇月の指令の「軍国主義教員の即時追放」によって、公民館関係者のなかからも「追放」該当者が出てくることになるのだが、実際のところどの程度追放者が出たのかは定かでない。
(23) 大串・笹川「戦後民主主義と社会教育」、前掲。
(24) 勝野時雄「むらの改革にとりくむ公民館」、前掲。
(25) 千野陽一「初期公民館活動の性格」、前掲。
(26) 国立教育研究所編『日本近代教育百年史』一九七四年、八九九〜九〇四頁。
(27) 上田幸夫「初期公民館の財政基盤に関する研究——主として人件費をめぐって」『東洋大学文学部紀要』第三七集、教育学科・教職課程編、一九八一年。
(28) 碓井正久「戦後社会教育観の形成」碓井正久編『社会教育』東京大学出版会、一九七一年、一九頁。

第2章

学習運動の発展と逆流する社会教育政策

第一節　社会教育政策の逆流と高度経済成長の準備

第二節　近代的・民主的主体形成のために

第三節　公的条件の充実のために

第一節　社会教育政策の逆流と高度経済成長の準備

はじめに

一九五〇（昭和二五）年九月に、第二次アメリカ教育使節団は報告書を発表した。それには、「極東において共産主義に対抗する最大の武器の一つは、日本の啓発された選挙民である」と述べて、冷戦状態に入った世界で日本の成人教育の位置づけを行っていた。この前年には、CI&E顧問W・C・イールズが大学から共産主義者及びその同調者の教員を追放すべきだと国立大学を演説してまわったため、大学の教員・学生の強い反発を受けたイールズ事件が起こった。さらに、一九五〇（昭和二五）年に入ると小・中・高教員を皮切りにレッドパージ（共産主義者及びその支持者と見なされる者を解雇すること）が広がった。

これらの共産主義者への対抗措置は、一九四八（昭和二三）年の北朝鮮（朝鮮民主主義人民共和国）、一九四九（昭和二四）年の中華人民共和国、ドイツ民主共和国の成立という社会主義国の増加、それに対する一九四八（昭和二三）年の大韓民国、一九四九（昭和二三）年のドイツ連邦共和国の成立と東西の亀裂と対立が強まったことが要因となっていた。特に、一九五〇（昭和二五）年五月二五日、ソビエト連邦の暗黙の支持を得て北朝鮮が朝鮮の武力統一をかかげ、大韓民国に侵攻したため、国連軍が反撃し、中国が北朝鮮を援助するに及んで東西の対立は抜き差しならないものとなった。

一九五二（昭和二七）年四月、前年に結ばれたアメリカ合衆国を中心とする西側諸国との講話条約と日米安保条約が発効した。ここに敗戦による全面占領状態は終わりをつげ、日米安保条約による従属的軍事同盟をもとにして、沖縄県及び奄美群島をアメリカ合衆国の全面占領状態においたいわゆるサンフランシスコ体制がはじまった。また、朝鮮戦争は続いていた（休戦協定が結ばれたのは翌年六月）。

この体制のもとでわが国は国際社会の仲間入り（一九五六〈昭和三一〉年国際連合に加盟）した。また、一九五二（昭和二七）年に経済団体連合会（経団連）と日本経営者団体連合会（日経連）が結成され、大資本の意見集約の機関が出来た。一九五五（昭和三〇）年からいわゆる「高度経済成長」が開始された。それとともに、占領下における民主的改革の反動的手直しが始まった。それは、憲法第九条の解釈改憲による保安隊（自衛隊の前身）の創設、破壊活動防止法の制定などにみられる。

また、政党の再編も行われた。一九五五（昭和三〇）年一〇月に、講話条約の評価をめぐって分裂していた社会党が合同し、同年一一月には保守二政党が合同して自由民主党が発足した。このような一九五二（昭和二七）年の講話条約発効から以降の数年間は、一九六〇年代の高度経済成長と政治体制の起点となった。

社会教育においても、講話条約発効の前年一九五〇（昭和二五）年に図書館法、一九五一（昭和二六）年に博物館法が制定され、同年に社会教育法が改正され社会教育主事が都道府県におかれるようになったが、講話条約発効後手直しが始まった。その手直しは、一九五一（昭和二六）年五月に総理大臣の私的諮問機関として設置された「政令の改正に関する諮問委員会」で始まっていた。その一方では一九六〇年代につながる社会教育活動が活発となった。

一九五三（昭和二八）年一〇月ＭＳＡ協定の受け入れ交渉のために池田勇人自由党政調会長とロバートソン国務次官補との後によく知られた秘密会談がワシントンで行われた。この会談で、日本政府が「教育および広報によって日本に愛国心と自衛のための自発的精神が成長するような空気を助長することに第一の責任を持つこと」と自衛隊を発足させることが合意された。

当時の吉田内閣の与党であった自由党の一部と改進党は、憲法を改正して再軍備を行うことを主張していたが、池田・ロバートソン会談の合意は、憲法改正を行わずに実質的に再軍備を行おうという路線であり、その後の保守党の基本路線となった。従って、再軍備を支持あるいは黙認する国民を育成する教育政策が重要な意味を持つことになった。

(1) 青年学級振興法

このような戦略がたてられた時に、青年学級振興法が制定された。青年学級振興法の目的は、職業教育とともに愛国心を養成することにあった。寺中作雄文部省社会教育局長は、一九五三(昭和二八)年の第一六回国会で青年学級で「一つの国を愛する魂というものが自主的に発散するように」すると答弁した。この答弁は、同年八月に文部省の出した「社会科改善についての方策」に社会科の目的として「社会公共のために尽くすべき個人の立場や役割を自覚し国を愛する信条を養う」ことが新たに掲げられたことと目的を同じくしていた。青年学級の目的とされた愛国心養成は、先に述べた秘密会談での合意から出ていたと言える。

愛国心養成のために、運営にあたって教育の自由に制限が加えられた。法案では、青年学級主事は「上司の命を受けて……学級生の指導に当たる」ことになり、青年学級主事と学級生の自主性を制限することがねらわれた。また青年学級で「特定の政党その他の政治団体の利害に関する事業を行」うことが禁止された。これは、当時の大達文部大臣の国会答弁によれば、再軍備の是非のような、各党が主張を異にしている問題は取り上げないようにするために設けられたのである。

青年学級法制化のもうひとつの問題は、後期中等教育の代位形態として青年学級が位置づけられたことであった。文部大臣は、青年学級振興法案提案理由で、勤労青年にたいする教育施設として高等学校の定時制課程があるが、「勤労青年に等しく教育の機会を与えるため」に青年学級をつくると述べた。これは、高等学校の代わりとして青年学級を位置づけることを意味した。そしてまた、中卒青年の職業教育機関でもあった。

日本青年団協議会（日青協）は、一九五一（昭和二六）年五月の第一回大会で法制化に賛成し、文部省と折衝していたが、両者の意見に食い違いが生まれ、かつ法案の意図が明らかになると、反対するようになった。しかし、全国公民館連絡協議会や全日本社会教育連合会などの会長が法制化促進運動をする中で、法案は一部修正されて国会を通過した。

法制化された青年学級は、一九五五（昭和三〇）年をピークに生徒数、学級数とも減少の一途をたどった。これへの対応策が、一九五七（昭和三二）年の社会教育審議会答申「青年学級の改善方策」と翌一九五八年の中央教育審議会答申「勤労青少年教育の振興方策について」であった。これらは、経済成長を担う技術者の育成をめざすため、青年学級を職業技術教育の機関として重視することにあった。しかし、大資本家は中等教育の多様化と工業高校の充実、職業課程の定時制高校の充実を要求していた。その要求を、日経連は「新時代の要請に対応する技術教育に関する意見」（一九五六〈昭和三一〉年）、「科学技術教育振興に関する意見」（一九五七〈昭和三二〉年）で表明した。

また、一九五八（昭和三三）年には職業訓練法が制定され、職業安定法による失業対策としての職業技術教育は労働基準法による技能者養成と統合された。その結果、公共職業訓練と企業内での認定職業訓練が活発となった。また、企業内教育の組織化も進んだ。中卒就業者はこれらで職業技術教育を受けられることになった。これらのほうが、職業技術教育の面では青年学級より充実していたことはいうまでもない。従って、青年学級は職業技術教育の面では工業高校と公共職業訓練に代わることはできなかった。しかも、国民の教育要求は、高等学校への進学であり、農村部からは次三男の中卒青年が都市部に多く移動するようになり、農村部の青年学級は不振にならざるをえなかった。かわって、都市部では、農村出身の中卒青年を対象にした青年学級が一時活発化した。

後述するように、青年学級は共同学習運動や生活記録運動と結びついた場合には活発化した。それは、職業技術教育ではなく青年の生き方をめぐっての学習であった。

(2) 新生活運動協会の発足

青年学級の目的であった愛国心の育成と経済成長のための教育を、政府は青年教育だけではなく、成人教育にも行おうとした。それは、一九五五(昭和三〇)年九月に政府のきもいりで設立された新生活運動協会にあらわれた。

一九五五(昭和三〇)年九月に発足した新生活運動協会は、翌年三月に財団法人として認可された。この協会の目的は、「国民が自らの創意と良識により物心両面にわたって日常生活をより民主的、合理的、文化的に高めることをめざして行う」ことによって、「健康で住みよい新日本の建設に寄与する」(新生活運動協会寄付行為)ことにあった。そして、発足とともに発表された「新生活運動の基礎理念並びに実践項目とその進め方」は、基礎理念として次のことを強調していた。

新生活運動は、個人、地域、職域すべてで行われるものであって、生産、分配、消費における生活態度の刷新を目的とし、国家民族の上だけでなく、世界に共通な人間の幸福と繁栄を築く運動だとした。そして、当面の研究課題には家庭生活の合理化、婦人及び青少年の地位向上、生産性の向上などと並んで、祖国愛、人類愛の高揚、遵法精神の徹底を目的とした新しい道徳運動の展開もあげられていた。これは、学校教育における愛国心、道徳教育の強調と軌を一にするものであった。また、生産性の向上には、経営の合理化、産業の公益的・社会的意義の高揚がもりこまれており、これらは後に述べるように日経連や経団連が新生活運動の音頭をとったことと関係がある。

新生活運動の性格を理解するために、その設立の経過を述べよう。新生活運動は、一九四七（昭和二二）年に片山内閣が「新日本建設国民運動要領」を閣議決定したことから始まる。文部省はこの運動を自主的な国民運動として政府の補助をうけずすすめるよう指示し、社会教育の一環として新生活運動を提唱した。その後一九五一（昭和二六）年に経済同友会が新生活運動委員会をつくり、さらに日経連・経団連・経済同友会・日本商工会議所は新生活運動団体連絡会をつくり、企業の再建と国際競争力をつけるため企業経済の合理化を促進することをねらいに、翌年二月「新生活運動の促進に関する声明」を、一〇月には「新生活運動の推進を再び要望する」を発表した。そして、一九五三（昭和二八）年一二月には新生活運動の会が結成された。他方、読売新聞社は一九五一（昭和二六）年に『読売新生活』を発刊し、新生活モデル団体の表彰を開始した。

これらの動きに着目した文部省では、一九五四（昭和二九）年一一月、吉田内閣の大達文部大臣が社会教育審議会に新生活運動について諮問をおこなった。社教審は、翌年三月に答申「社会教育の立場から新生活運動をいかに展開してゆくべきか」をまとめた。この答申は「真にみずからの生活を高め、幸福な暮らしのできる家庭、社会ならびに国家を築き上げるために、地域に、また職域に、共同して生活を改善し、因習を打破し、物質的にも精神的にも豊かな生活を打ち立てようとする動き」を新生活運動と総称し、人間の尊厳を根底において国民自身が自主的におこなうこと、衣食住などの生活様式の改善・近代化と国民の生活意識をたかめる民主主義的な教育運動であることを提案した。

一方、一九五五（昭和三〇）年当時鳩山内閣の与党であった日本民主党は、その年のはじめ政界浄化、汚職追放、民族の純潔運動の展開、労資協力による勤労増産、自主外交の精神の確立を骨子とする新生活運動組織化の方針を決めた。新生活運動協会の結成は、この政策の具体化であった。政界浄化、汚職追放は、財界・政界・官界をまきこんだ造船疑獄と法相の指揮権発動にたいする国民の政治不信に対応するものであったが、政府与党はそれをテコにして反動的・保守的色彩の強い精神運動にしようとした。

こうして、政界・財界の提唱によって新生活運動は組織された。しかし、新生活運動協会の役員は、政界からは共産党をのぞく各党の代表と財界、各種中央団体の代表、学識経験者からなり、政府は超党派的な国民運動として展開しようとした。実際は協会の財源はほぼ全額国庫補助で、政府の支持がなければ何もできない状況であり、先に述べた文書「新生活運動の基礎理念並びに実践項目とその進め方」にみられるように政府の意向は色濃く反映されていた。

とはいえ、新生活運動協会は内部矛盾をもって出発した。野党の代表も参加し、婦人有権者同盟や日青協の代表も役員になっていた。また、先の社教審答申をだした社教審委員は、政府の方針に危惧を表明し、純粋の民間団体であること、全体主義的運営をしないことを要求した。そのため、台所の改善、結婚式の改善などの活動が、生活記録運動、共同学習と結びついて、村、家庭、団体の民主化や女性の地位向上運動に発展していった例もあった。

協会の組織は、一九五七（昭和三二）年までに全都道府県に推進組織がつくられ、一九五九（昭和三四）年までには市で八五％、町で八三％、村で七〇％につくられた。そして、地域では生活改善運動と結びつけられて公民館や青年団、婦人会の重要な事業となった。

また、企業体にもつくられた。企業体の組織も都道府県の推進組織に参加したが、協会が企業体における新生活運動に本格的にのりだすのは、一九六〇（昭和三五）年である。これは、職場と家庭双方で行われるものであり、職場では明るい職場づくり運動と名づけられた。その実態は、企業内教育とかわらないものであった。また、家庭の活動では、従業員の家族を組織し、家計簿のつけかた、貯蓄奨励などを行わせた。この企業体の新生活運動は文部省より労働省との結びつきが強かった。

企業における教育活動は、新生活運動協会とは別に独自にも行われ始めた。それは、労務管理へのＨＲ（ヒューマンリレイションズ）の導入と一九五四（昭和二九）年の政府と日経連などの企業団体によって作られた生産性向上をめざす日本生産性本部に象徴される。生産性本部の設立は、高度経済成長開始ののろしであった。

（３）社会教育団体への統制の試み

このように社会教育関係団体が、政府のきもいりであらたにつくられたが、他方で政府は、既存の社会教育関係団体に管理を強めようとした。ここでは、自主的な活動を展開しつつあった日青協とＰＴＡをとりあげる。

日青協にたいして、文部省は一九五三（昭和二八）年の第二回全国青年大会の際、日青協を主催団体からはずそうとした。その理由は、日青協が政治活動をやり、政治色をもって行動していることは好ましくないという意向からでたものであった。文部省の寺中作雄社会教育局長は、「政治活動とは、政府の施策に反対したり、また協力したりする活動を行うことである」としばしば発言し、日青協が青年学級法制化反対の活動をおこなっていることを政治活動であるとみなしていた(1)。後述する社会教育法大「改正」による社会教育関係団体にたいする補助金支出も管理をつよめるねらいがあった。この頃から補助金を打ち切ることで青年団活動を牽制することがあり、また愛媛県連合青年団の場合のように、県連合青年団を分裂させることも教育委員会で試みられた。

ＰＴＡにたいしては、文部省は一九五四（昭和二九）年にあらたにＰＴＡ参考規約を公表した。これは、ＰＴＡによる市民の権利義務の学習、条件整備要求やＰＴＡの自主独立の規定というＰＴＡ発足当初の特質が削除されていた。さらに、同年に教員の政治活動を禁止し、教育の自由を抑圧するために文部省は、「偏向教育の事例」二四例を国会に提出した。この事例には、京都市大将軍小学校ＰＴＡの給食補助金獲得運動が入っていた。これに対し、当ＰＴＡは事実無根で誹ぼうであるとの抗議声明をだし、この点は国会での証人喚問であきらかにされたのだが、文部省に偏向していると情報をもちこんだ父母との対立が生じ、ＰＴＡ運営を困難にした(2)。一九五四（昭和二九）年のこれらの文部省のＰＴＡにたいする対策は、子どもの教育権・学習権を守り、そのために父母と教師の学習組織として、また教育条件の改善などの運動母体として成長しつつあったＰＴＡを教育委員会、文部省の従属物とするねらいがあった。しかし、それは単に文教政策の次元にとどまるものではなく、保守勢力の政権維持にかかわる政治問題だった。それを示すのは、一九五七（昭和三二）年に実施された教員の勤務評定だった。

この時期、教員組合の教師はＰＴＡや青年団と結びつき、地域の民主化の活動を行っており、また青年団も共同学習などで地域の民主化の活動を行っていた。これらは、地域の保守勢力の基盤を揺るがし始めていた。勤務評定は、教育委員会と学校長の権限を強めて学校を統制すると共に、教員組合を弱体化させ、ＰＴＡ、青年団、婦人会などの地域団体を保守勢力の基盤として再編・強化しようとするものだった(3)。

このような社会教育活動への統制に対し、日本図書館協会は一九五四（昭和二九）年「図書館の自由に関する宣言」を採択した(4)。

（４）社会教育法大「改正」

このような社会教育関係団体および公民館への統制と教育委員会および文部省の権限の強化を法制化したのが、一九五九（昭和三四）年の社会教育法大「改正」だった。この経緯については、『社会教育法成立過程資料集成』（横山宏・小林文人編著、昭和出版、一九八一年）にくわしい。

一九五八（昭和三三）年一〇月の第三〇回国会に提出された「社会教育法等の一部を改正する法律案」の改正点は次の内容だった。①社会教育主事の講習を文部大臣の委嘱を受けた大学及びその他の教育機関、文部大臣及び都道府県教育委員会が行うことができるようにする。②社会教育関係団体に関する補助金禁止条項を削除する。③公民館に関して、分館の規定を設け、文部大臣は公民館の設置及び運営の基準を定めると共に、市町村に対し指導・助言その他の援助に努める。④市町村の社会教育委員が青少年に関する特定の事項について、関係団体・指導者等に助言と指導ができるようにする。

このうち、社会教育主事養成の改訂は、政府と教育委員会に従順な社会教育主事を養成するためであり、補助金禁止条項の削除などは政府・教育委員会が、指導・助言の名目で職員・施設への統制を強め、社会教育関係団体への統制を強めることによって、住民の学習・教育活動に影響を与えようとするものであった。

この社会教育法「改正」原案に対し、日青協は補助金支出を求めながらも「不当な支配」を禁止することを守ることを要求し（日青協がこれに敏感だったのは、すでに前年までに愛媛県や大分県で教育委員会や地域保守層の働きかけで助成金停止、青年団の分裂が行われ、全国青年大会の日青協推薦講師を文部省が拒否した事件があったからである）、日本社会教育学会は批判、東京ＹＷＣＡ、子どもを守る会は反対、全国公民館連絡協議会は公民館主事設置を要望したうえで賛成、ボーイスカウト日本連盟、日本健青会など一三団体の賛成などの意見が出された。全国地域婦人団体連絡協議会は賛否の意見を出さなかった。このような中で、国会では自民党、社会党、緑風会による修正案が通過した。これは、文部省・教育委員会による社会教育主事養成をけずり、社会教育団体に補助金を交付する場合、国は社会教育審議会の地方自治体では社会教育委員の会議の意見を聞いて行うことにしたものであった。

この「改正」によって地方教育委員会の役割が重要になった。しかし、すでに一九五五（昭和三〇）年に地方教育行政の組織及び運営に関する法律（地教行法）が制定されていた。この法律は、教育委員を公選から首長による任命制にし、上部機関による都道府県教育長の承認制など教育行政の中央集権化を目的とするものであった。先の社会教育法「改正」は、この地教行法と結びついていたから、社会教育行政を中央集権化する試みの重要な一歩となった。そして、それは補助金行政を手段とし地域諸団体の保守勢力へのとりこみ、すなわち保守勢力の地域支配の援助も意味した。教員の勤務評定が真先に全国の先導として行われた愛媛県で、県連合青年団の分裂が教育委員会によって行われたのはその意味で象徴的である。

ところで、この地教行法は、教育委員の首長による任命制を導入し、教育委員会の予算・条例制定権を廃止したから、教育行政と一般行政とを結び付けやすくした。その試みが、総合社会教育計画であった。

文部省は、一九五二（昭和二七）年に地方教育委員会が全国市町村につくられた際、『社会教育の手引――地方教育委員会の手引』を出し、地方教育委員会設置の目的は教育の民主化、教育の地方分権、教育の自主制の確立にあるとし、「教育は、人間をつくることを目的としているので、本質的に他の一般作用と異るものがある」から教育行政は独立しなければならないと主張していた。

総合社会教育計画は、もともとこの『社会教育の手引』で、社会教育活動が福祉活動など一般行政分野と重なる所があるため、教育行政の独立制を確保したうえで「広範多岐な社会教育諸活動を総合調整」するために提案されていた。この総合社会教育計画に、一九五八（昭和三三）年頃から取り組む自治体がうまれていたが、文部省は一九六〇（昭和三五）年からこの普及に力をいれ、一九六一（昭和三六）年度から補助金を交付しはじめた。一九六二（昭和三七）年度になって「社会、経済の進展にともない、国家的視野に立って地方における社会教育のいっそうの充実振興を図る」ことが全面に出され、全国総合開発計画にともなう諸施策に対応するものとされた。そのため、社会教育行政の独立制を前提とした総合化という発想は、開発計画という総合行政に従属する総合社会教育計画によって自己否定された。（このような教育計画は、富山県総合開発計画の一環としての総合教育計画にはやくあらわれていた。富山県総合教育計画の特色は「単に学校教育、社会教育を総合した教育計画に止まらず、県土の開発、県勢の伸展を背負う〈人間づくり〉」であり、「県総合開発計画の一環であり産業性の見地から教育全面を検討し、これを中心に教育構造を近代化する」ことにあった。『富山県教育史』第二巻、一九七二年参照。）

第二節　近代的・民主的主体形成のために

（1）平和運動とかかわって

日本は一九五一（昭和二六）年対日講和条約を締結し、アメリカによる全面占領状態から脱した。この条約はソ連、中国を除いていたこと、沖縄・小笠原・奄美地域は依然としてアメリカの占領下に置かれ、日米安保条約が結ばれたこと、千島地域が依然としてソ連の下にあったことなど問題を持っていた。しかし、アメリカの全面占領状態から抜け出し、国際社会に復帰することにより、日本独自の学習・教育運動が発展するようになった。

朝鮮戦争の最中に、この戦争に核兵器が使われることを恐れ、第三回平和擁護世界大会委員会総会（委員長ジュリオ・キュウリー）は核兵器全面禁止を訴え、その署名活動を呼びかけた（この会議がストックフォルムで開かれたため、ストックフォルム・アピールと呼ばれた）これに応え、全世界で八カ月間に五億人の署名が集まったといわれる。我が国でも、青年や女性によってこの署名活動がとりくまれ、長野県下伊那郡では青年たちが四万六〇〇〇人の署名を集めた。

原水爆禁止運動が我が国で広がるのは、第五福竜丸事件をきっかけにしてであった。一九五四（昭和二九）年静岡県焼津港所属のマグロ漁船第五福竜丸は操業中、アメリカのビキニ環礁での水爆実験に被爆した。漁船長の久保山愛吉氏が死亡し、福竜丸だけでなく南洋でとれたマグロが放射能に汚染されていたことは衝撃を与えた。人は魚を買わなくなり、そのため東京杉並の魚屋さんたちの組合は早急な解決を要求した。また杉並公民館長の安井郁は公民館での読書会に集っていた女性たちと共に、水爆禁止署名運動杉並協議会を結成し、事務所を公民館に置いた(5)。

この運動は各地にひろがり、八月には安井郁を会長とする原水爆禁止署名運動全国協議会が結成され（一二月までに署名は二〇〇〇万人を突破した）、翌一九五五（昭和三〇）年九月に原水爆禁止日本協議会が結成された。この協議会は保守的な人も含めた超党派的な色彩を持っていたから、しばしば公民館に町村の原水爆禁止協議会の事務局が置かれ、また被爆者から被爆の実態を聞く学習活動が始まった。

朝鮮戦争は一九五三（昭和二八）年七月に停戦となったが、その最中から米軍演習地の拡大が行われ、それは朝鮮戦争後も続いた。

一九五三（昭和二八）年四月に米軍は日本政府の承認のもとに、長野県・群馬県にまたがる浅間山を演習地とすることを長野県の軽井沢町に通告してきた。直ちに軽井沢町議会は全議員一致で反対を決議し、五月三日には町民大会が開かれ、町民の反対の意志は強かった。この反対運動は長野県全県に広がった。五月末には長野市婦人会館で県民代表者会議が開かれ、政党以外では労働組合だけでなく、部落解放委員会、県ＰＴＡ連合会、県連合婦人会、県連合青年団、県公民館運営協議会などが参加して、浅間山演習地化反対期成同盟が結成された。特に、青年団などの社会教育関係団体の活動はめざましかった。

一方、東京都の砂川町では立川基地の拡張問題が起こった。一九五五（昭和三〇）年五月に砂川町長に対し政府より立川基地拡張の通知があった。町議会と町長はこれに対し反対を声明し、反対同盟を結成した。町議会が反対したこともあって、反対同盟には町内各婦人会、青年団が参加した。しかし、条件賛成派が生まれる中で青年団は団としての参加を見合わすようになった。

この反対運動で注目したいのは、公民館の存在である。反対運動の中心となったのは拡張予定地とその周辺に住む進歩的な人々であった。その組織として勤労者組合があり、その参加者には公民館関係者がおり、婦人会、青年会の民主化を働きかけ、住民の学習する場の必要性を訴えていた。この働きかけを受け、砂川町の婦人会が公民館建設と主事の配置を要求した結果、公民館は建設された。そのときの、位置づけを当時砂川婦人会会長であった砂川ちよは次のように語っていた。「この町の民主団体（会員に両派の集まり）が一同に集まって講演をきき、討議もし、また、コーラスにダンスにうち興じ得る根城獲得のためならいかなるチャンスをもみのがしてならぬと思った」（砂川ちよ『砂川・私の戦後史』一九七二年、たいまつ社）

それではなぜ、社会教育関係団体や公民館が基地反対運動や原水禁運動に関わったのであろうか。第一に戦争の被害体験から戦争を嫌悪する気持ちを持つ人々が多数であったこと。長野県の青年団は一九五三（昭和二八）年の郷土振興大会で再軍備反対を決議していたし、砂川ちよは、第一回原水爆禁止世界大会における婦人会を代表した決議文の中で広島、長崎、ビキニのような惨状を防ぐために基地拡張に反対し、平和憲法を守り抜くとその決意を述べた。第二に基地周辺の生活が子どもや、女性に悪影響を与えることに対する危機感であった。当時『基地の子』が出版され、横須賀市教育研究所によって報告書「教育にしのびこむ基地の問題」がつくられ、基地の文化が子どもに与える影響が明らかにされていた。

（2）自主的な学習活動の展開

共同学習

共同学習は、一九五三（昭和二八）年に日本青年団協議会が提起したもので、青年だけでなく、女性の学習でも広がった。その発端は、青年学級法制化にあった。先述したような経過で青年学級振興法が成立した翌年、日青協は「勤労青年教育基本要綱」をまとめた。これは、一〇項目からなり、中学校後の完全・平等な中等教育の確立を要求するとともに、青年の学習運動として共同学習を打ち出した。そして、『共同学習の手引』が発行された。この書で吉田昇は、共同学習は一五人以下の小グループで共通の問題の発見と問題解決を軸にして、連帯を作り出す自己学習・相互学習であると規定した。問題の発見と解決はデューイの問題解決学習を本音と建て前の分裂という日本人の心性に適用させたものであり、本音の発見、「困難を感ずる」問題の発見と限定、解決方向の示唆とその根拠の検討、実践による検証の順で小集団で行われる。その問題とは、村・職場・家庭の近代化と生産の向上にかかわる問題であった。そしてまた、人間の成長にとって教育よりも学習が中心であることの宣言であった。

共同学習は、『共同学習の手引』に例示されているのが農村文化協会長野支部の影響下で取り組まれた実践だったように、農村での実践を踏まえたものであった。当時、我が国では、貧困からの脱出が第一の共通課題であり、そのために農事研究会、４Ｈクラブなどの自主的な農業問題・技術の学習組織が作られていた。また、もうひとつの学習課題は近代化であった。それは、蠅や蚊を駆除し、台所や結婚式の改善など働きやすく生活しやすい環境をつくることと憲法理念を定着させること――男女平等、結婚の自由など――を意味した。

ところで、こうした近代化は憲法によって正義となったものであったが、町村、集落と地域の生活では正当化されていない場合が多かった。嫁は家計に口出しできない、風呂の順番は決まっているなどの男尊女卑は、依然として強かった。

身辺から本音を出し、自らの状況を掴むために導入され、成果をあげたのが大人の生活綴り方――生活記録であった。一九五一（昭和二六）年に出版された無着成恭の指導による山形県山元村の中学生の生活綴り方文集『やまびこ学校』は人々に衝撃を与えた。それは、どこにでも転がっている村社会の問題を書くことにより深くえぐり、学級のなかで集団的に解決しようという意欲と展望を作り出そうとした教育実践の記録であった。もともと、青年団の機関誌や公民館報、さらに新聞、雑誌などには身の上相談や投稿などの形で、「書く」ということが広く存在した。この経験と結びつき学校教育での生活綴り方は、大人や青年の生活記録として広く受け入れられていった。そこには、生活綴り方教師の協力があったことも注目してよい。生活綴り方教師の全国組織である日本作文と教育の会は全国大会の分科会に生活記録を設けた。一九五五（昭和三〇）年一月には日本生活記録研究会が結成された。

各地の青年団、婦人会、青年学級、婦人学級などで生活記録文集が作られ、さらに生活記録のサークルが職場でも作られた。その代表的なものは、大田堯が指導した埼玉県川口市郊外土合村の「ロハ台グループ」、新潟県藪上村で村の中学校教師高橋明が指導した『村の生活記録運動』、三重県の東亜紡績泊工場の女子労働者による『母の歴史』、東京の「生活を綴る会」による『エンピツを握る主婦』、長野県下伊那郡の農村女性の書いた『伊那谷につづる』などがある。これらは、出版あるいは雑誌に記録されている代表的なものであるが、それ以外に村、工場などで作られた生活記録文集は膨大な数に上る。

共同学習は、多人数の集団によって行われるものではなく、後に述べるサークルのような小集団によって行われた。当時、巨大な社会教育団体であった青年団や婦人会は地域の網羅型の組織であった。また、婦人会に支えられた婦人学級、母親学級も婦人会員は全員参加の網羅型であった。小集団学習はこれら網羅型組織のなかで学習を活性化させ、読書会や文集発行、生活記録が生まれた(6)。これは、文部省指定による静岡県稲取町の実験社会学級（実験婦人学級）でも見られたように、「小グループの話しあい学習の重要性を認識させ、伝統的な『うけたまわり学習』の不毛性を明らかにし」(7)、戦後の学習運動の大きな転換となった。

サークル活動の発展

サークル活動とは、個人の自由意志をもとにした自主的な集団によって行われる学習活動をいう(8)。サークル活動には、何を主な目的とするかで、読書サークル、文学サークル、合唱サークル、映画サークル、社会科学研究サークル、詩のサークルなどがあった。文学サークルや合唱サークルのように、単に学習だけでなく文学同人雑誌の発行や合唱団などによる表現を伴うものであった。そして、その表現活動は実践であり、その実践は個々人の自由意志によるとはいえ、政治的実践にもなった。

戦後のサークル活動は、講和条約発効の一九五二（昭和二七）年を境にしてこの時期までに大きく二期に分けられる。敗戦から講和条約発効の前期は、インテリゲンチャ（特に疎開文化人）中心であったため、彼らがいなくなると潰れる場合が多かった。他方では共産党の指導下で作られたため、占領軍により共産党が弾圧されると解消した。

この時期、すなわち後期にサークル活動が広がった。先述した「母の歴史」グループ、ロハ台のグループ、リレー日記のグループ、「うたごえ」のサークル、『朝日新聞』の投稿欄「ひととき」から生まれた「草の実会」、人生雑誌『人生手帳』『葦』の読者組織である「緑の会」「葦の会」、『学習の友』や『経済学教科書』などのテキストを使った読書サークル、農業技術を学び合う農事研究会などであった。一九五一（昭和二六）年に発足した緑の会は翌年には全国の市町村に八〇〇余りのサークルを持つようになった。

『人生手帳』のサークルである緑の会の場合は、いかに生きるかを求めて、日常生活を基礎にした話し合い、文学や社会科学書の読書会、うたごえ、時にはハイキングなどを行う総合サークルであった。そして、会員を結ぶものとして生活記録的な落書き帳や回覧ノートが使われた。話し合いにしろ、読書会にしろ「生活の中から生活の中へ」が目標とされ、「生活の中から」の題材は話し合いの場だけでなく落書き帳や人生手帳の生活記録から取られた。それを発展させるために「親しみをつくりだす」ことが必要であった。フォークダンス、うたごえ、ハイキング、合宿さらにたまり場を作ることなどが行われた。

話すことと書くこと、すなわち表現することは、言語（方言）、労働、貧困、学歴、知識などの程度により持っている劣等感と抑圧的な社会により萎縮させられた精神を解放することであったからである。また、それに止まらないで「生活の中から」は経験であり、「生活の中へ」は実践であった。それは、「矛盾を自らの力でとこうとする」学習であった(9)。このような方法は、人生手帳のサークルだけに見られたのではなく、当時のサークルに共通したものであった。

こうしたサークル活動は、学習運動に必然的に伴う文化創造運動でもあった。知識人と民衆、中央と地方との乖離と知識人あるいは中央からの働きかけ―啓蒙だけではなく民衆による文化の創造を切り開こうとするものでもあった。『人生手帳』・緑の会責任者寺島文夫はこうした意味づけをサークル活動に与えたし(10)、石母田正が提唱した「国民的歴史学運動」もそうであった(11)。うたごえ運動もそうであった。

こうしたサークル活動は、指導者論の不足、身近第一主義、実感依存主義、学習の系統性あるいは社会科学学習の軽視と批判されながら、一九六〇年代も続いていく。しかし、これらの批判は正当性を持っていた。すぐれたサークル活動といわれた経験は、活動家あるいは指導者を持っていた。「母の歴史」の沢井余志郎、「私の大学グループ」の千野陽一、「ロハ台グループ」の大田堯、長野県農村文化協会の島田武雄などであったが、指導者論が深められたわけではなかった。

「私の大学グループ」は身近第一主義が同じ主題のくりかえしになり深まらないことの反省から、身近な問題を取り巻く社会状況を学習するために生まれたものであった。そして、そうした学習要求が生まれてきたことは、一九五五(昭和三〇)年に出版された『経済学教科書』が多くの人に読まれたことに表れている。(この発行部数は確定できないが、一九五五〈昭和三〇〉年六月に大阪中之島中央公会堂でこの本の普及のため行われた「働くものの大学習会」には二〇〇〇名余りが集まったといわれる。宮川実他著『経済学教科書の学び方』一九五五年、三一書房。ただし、この本がスターリン主義に基づいたものであったことは後に否定的影響を与えた)こうした学習要求を土台に労働者教育協会の援助による学習組織が生まれつつあった。

うたごえ運動についてふれておこう。藤田秀雄は、一九五〇年代を通じて、どんなむらやまちに行っても、青年たちが、集まれば、日本やロシアやイギリスなどの民謡、「原爆許すまじ」に代表される平和の歌、「しあわせのうた」などをうたうことがあたりまえになっていた、と書いているが(12)、そのとおりであった。大都市にはうたごえ喫茶がつくられ、職場や地域にはうたごえのサークルがつくられていった。集まりが始まる前や途中で歌がうたわれ（しばしば、アコーディオンの伴奏がついた）、集まりを活性化させた。

その中心になったのは、関鑑子が指導した中央合唱団（一九四八〈昭和二三〉年発足）と音楽センター（一九五一〈昭和二六〉年七月発足）であった。これらは、合唱指導者の養成につとめるとともに、発行した『青年歌集』を手に「みんなでうたう会」を組織していった。芥川也寸志や林光が新しい歌を提供し、専門家だけでなく一般参加者の作品もうたわれるようになった。

うたごえは、下手であっても誰でもうたえ、共にうたうことで気持ちを伝えあえることに特徴があった。そして、その歌は、日本人の感性とリズム感にあい、同時に平和、仲間づくり、仕事への希望がうたわれたことに特徴があった。そして、政治的あるいは論理的に表現できない、端緒的な平和や仕事への希望を表現できるところに特徴があった。そしてまた、人々の隠されていた音楽能力に火をつけ、歌い手、作曲家を生み出していった。一九五三（昭和二八）年に全国うたごえ祭典が開かれ、以後毎年開かれている。

全国集会活動の創造

以上述べた地域、職場での学習活動を全国的に交流し発展させようとする取り組みが生まれた。社会教育の分野では日本青年団協議会（日青協）が主催した全国青年問題研究集会（全国青研、第一回は全国青年問題研究大会）と母親大会が代表的である。

一九五一（昭和二六）年に全国の青年団組織の協議体として結成された日青協は、全国青年大会、全日本産業振興大会を主催していたが、一九五五（昭和三〇）年二月に四日間にわたる第一回全国青年問題研究大会を開催した。この目的は、日常の実践活動をふまえて青年に問題意識を起こさせ、成功や失敗の経験を交流してよりよいもの、すなわち力を合わせてどう解決していくかの実践の方法を掴み取ることにあった。

この開催をきっかけに、地域の青年団の研究集会から郡、都道府県の研究集会へと積み重ねていく方式が確立し、その過程で討議と問題が深められ、その集約として全国青研が位置づけられた。日程は全体会議と三日間にわたる分科会が組み合わされ、分科会は〈身近な問題をふだんのコトバで話し合おう〉〈裸になって共通の悩みを語り合おう〉を合い言葉に行われた。第一回に三〇〇余名であった参加者は一九六〇（昭和三五）年の第六回の際には一〇〇〇名にふくれあがった。（全国青研参加者の経験と感想については、例えば『石川県青年団史』一九七〇、石川県青年団協議会発行第一一章第二節を参照されたい。夜を徹しての話し合いや、沖縄青年団との交流、同和問題、女子活動の学習の様子が書かれている。）

ここで注目してよいのは、沖縄青年団との交流と同和問題が取り上げられていることである。沖縄の社会教育運動についてはあとにゆずる。同和教育は一九四八（昭和二三）年から全国同和教育研究大会が始まっていたが、一九五〇年代前半に表面化した部落差別事件とそれへの抗議の中から、学校教育だけでなく社会教育での同和教育の必要性が自覚され、一九五八（昭和三三）年七月には京都で「社会教育における第一回全国同和教育研究大会」が開催された。社会同和教育の運動には、運動団体と共に部落問題研究所（京都）の果たした役割は大きい(13)。

第一回母親大会は、一九五五(昭和三〇)年六月七日~九日にかけて全国から二〇〇〇人の女性が参加して東京で開かれた。第一日目は全体会、二日目が分科会であった。分科会は、「子どもを守る分科会」、「婦人の権利を守る分科会」「平和を守る分科会」の三つであった。これらの分科会では女性と母親としてかかわる問題がほぼ出されていた。

母親大会のきっかけは、国際民主婦人連盟(国際民婦連)による世界婦人大会参加のよびかけであった。すでに、一九五三(昭和二八)年に国際民婦連主催の世界婦人大会に参加するために日本婦人大会が開かれ、コペンハーゲンで開かれた世界婦人大会には代表一〇名が参加し、帰国後五〇〇回、二五万人を対象に帰国報告を行った。国際的な結びつきがつくられると共に、国内では婦人大会は第二回目も開かれ、「母と女教師の会」の結成、原水禁運動への参加など女性の活動は活発化していた。

国際民婦連は、一九五五(昭和三〇)年三月に「世界母親大会を開くためのアピール」を出した。それは、冷戦構造が強化される中で、ふたたび戦争の犠牲に女性と子どもをしてはならないということであった。これは、日本の女性運動参加者の心を強くうち、同年七月に開かれる世界母親大会に呼応して作られた第一回母親大会実行委員会には、日本婦人団体連合会、日本子どもを守る会、婦人民主クラブ、日本教職員組合(日教組)などの全国組織のほかに、生活をつづる会、単位PTA、炭坑主婦協議会など六〇団体以上が参加し、第一回日本母親大会が開かれたのであった。

第二回大会の時には、全国農協婦人組織協議会、日本青年団協議会なども加わり、大会参加者も六〇〇〇人に達した。分科会も「すしづめ教室をなくすために」「入学試験や就職の問題」「PTAの問題」「共かせぎ」「家庭の健康を守るために」「職場の婦人の問題」など関心と問題に即応したものにし、話し合いから学ぶだけではなく、課題の解決に向けて行動が提案されるようになっていった(14)。

この時期、我が国が国際的に認知されたことにより、国際交流も開始された。女性の活動については先に見たとおりである。日青協は、一九五一（昭和二六）年にアメリカ合衆国で行われた世界青年会議を皮切りに国際農村青年集会（一九五四〈昭和二九〉、一九五七〈昭和三二〉年）、アジア・アフリカ諸国会議（一九五七〈昭和三二〉年、カイロ）、第六回世界青年学生平和友好祭（一九五七〈昭和三二〉年、モスクワ）などに代表を派遣し、中国青年団訪問と招待、東南アジアへの視察などが行われた。

第三節　公的条件の充実のために

（1）沖縄県における社会教育運動

敗戦後アメリカ占領軍の直接統治下にあった沖縄県は、講話条約後も依然として占領下にあった。一九五二（昭和二七）年の「琉球教育法」後、一九五九（昭和三四）年の社会教育法第一次「改正」にいたる経過は、『民衆と社会教育―戦後沖縄社会教育史研究』（小林文人・平良研一編著、エイデル研究所、一九八八年）にくわしいのでこれにより概括しておく。

一九五二（昭和二七）年四月に琉球政府が発足し、アメリカ占領軍政府―米民政府による間接統治に移行するが、その一カ月前に米民政府による布令六六号「琉球教育法」が発せられた。これは、第一章に教育基本法をおき、ついで文教局、中央教育委員会（委員は任命制）、学校教育法、教育区及び教育委員会（教育委員は公選制）、職業学校、琉球大学などの規程をおく総合法であった。

すでにこれ以前、沖縄側民政府（琉球政府の前身）は本土の社会教育法から公民館制度を受容して公民館の普及に努力していたから、「琉球教育法」に満足せず、日本教育法制と全面的に同一の教育法規を実現しようとした。また、沖縄教職員会を中心とする教育運動側も同一の立場であった。琉球政府文教局は、教育基本法・学校教育法・教育委員会法・社会教育法の「教育四法」立法運動をおこなった。しかし、琉球政府の提出した四法案は、二度にわたって米民政府によって拒否され、認可・公布されたのは、一九五八（昭和三三）年一月一〇日であった。拒否されたのは、四法が教育権独立と日本復帰の思想に立っていたからである。そして、沖縄民衆の島ぐるみ土地闘争、那覇市長選挙をめぐる民主主義擁護運動、そして祖国復帰への熱望は、米民政府をして四法を認めざるを得なくしたのである。（四法の社会教育法には、通信教育の規程がないこと、沖縄の教育行政組織による違いなど本土の社会教育法と異なる部分がある。この点について前掲書八七から八八頁にくわしい。）

付言すれば、前述したようにこの時期は本土においても基地反対闘争がおこった。一九五五（昭和三〇）年一一月には日青協、全国地域婦人団体連絡協議会、中央農業会議、全日本仏教会、沖縄復帰協議会を発起団体として沖縄返還国民運動協議会が発足していた。

（2）「公民館単行法」制定運動

一九五一（昭和二六）年一一月に全国公民館連絡協議会（全公連、一九六五〈昭和四〇〉年より全国公民館連合会と改称）が結成され、全公連は翌一九五二（昭和二七）年に第一回全国公民館大会を福島市公民館で開催した。公民館大会は以後毎年開催され、大会では分科会で研究討議も行われた。ちなみに、第一回大会の分科会は公民館と行財政、公民館の施設、公民館の職員、事業運営であった。

全公連が取り組んだのが公民館単行法の制定運動であった。第一回大会で、公民館職員の身分保障、国庫補助金の増額を図るために社会教育法の改正が決議されたが、第二回大会で青年学級振興法が出来ることから、公民館単行法制定を決議した。当時、全日本社会教育連合会事務局長であった岡本正平によれば、青年学級法制化が議論となった第二回大会で西崎文部次官が公民館単行法の必要を述べたからであったという(15)。理由は次の点にあった。

1、国並びに地方公共団体の公民館に対する責任を明確にする。
2、公民館の最低基準を設定する。
3、基準に達したものについて、国、都道府県、市町村の三者で予算を計上する。
4、単行法は一種の基準法とし、助成法的なものとする。
5、公民館主事の身分を明確にし、その資格、研修などを法制化する、等であった。
(「公民館単行法」立法化促進運動要項)

この単行法制定の声は、第四回全国大会(一九五五〈昭和三〇〉年)で最高潮に達した。これに対し、文部省が消極的な態度をとったため、議員立法で制定する運動をすることを決めた。この運動の盛り上がりの背景にあったのは次のことであったろう。

大きな背景として地方財政危機と町村合併の進行があった。一九五〇年代に入り、地方自治体は深刻な財政危機に見舞われ、一九五四(昭和二九)年度には都道府県の約七割の三四団体、市町村の約四割の二万二二四七団体が赤字に転落していた。政府はこの事態を解決するためと称して、一九五三(昭和二八)年に三年間の時限立法である町村合併促進法を施行し、一九五六(昭和三一)年までに九八九五町村のうち六一五二町村が姿を消し、一九六一(昭和三六)年には三四七二町村となった。この合併により、公民館の統廃合、旧町村の公民館の分館化、それに伴う職員の削減が進んだ。したがって、国庫補助の増額と公民館の基準を明確にする必要が意識された。

さらに、一九五四（昭和二九）年度の政府予算で公民館が補助金削減の対象となったこと、（これに対して全公連は日本図書館協会と日本博物館協会と連名で「社会教育施設予算の絶対確保要望について」という陳情書を提出した）及び一九五二（昭和二七）年でも公民館の専任職員は全職員の一八％足らずであったことである。

文部省は、単行法制定を制止することに動いた。第五回全国大会では文部省により大会議事日程が強引に変更させられ、公民館法制定の議題は「公民館関係法規の問題について」とあいまいにされてしまった。しかし、それに抗議する力は全公連にはなく、単行法制定の動きも足並みが乱れていった(16)。

（3）全日本社会教育連合会の再編成と『月刊社会教育』の創刊

社会教育職員、特に公民館職員の仕事の条件は改善されなかった。雑誌『社会教育』には、仕事の条件の過重が訴えられている。熱心になればなるほど仕事が増え夜勤が増える。病に倒れたからといって十分な保障があるわけではない等であるが、それだけではない。事業に対する圧力が、首長や地域保守層から直接かかるようになり、それにより配転される事例も続いた。『社会教育』は、これらへの批判・不満の声を掲載し、公民館が一部の住民の者ではなく、広く住民に根ざし、その自主的な学習を発展させる声を掲載した。当時の全日本社会教育連合会事務局長岡本正平が『社会教育』の一九五七（昭和三二）年五月号から六月号にかけて三回連載した「公民館十年の歩み」はそれを代弁した論説であった。

こうした、『社会教育』誌の編集に対し、一部保守層から不満の声があがり、それは全日本社会教育連合会の改組と『社会教育』誌編纂の保守化、『月刊社会教育』誌の発刊につながっていった。

この当時、全日本社会教育連合会の会長は不在で、大谷贇雄《よしお》参議院議員が代行していた。大谷代行は戦前以来の「国家に貢献した先輩会長の功績」を引き継ぐために役員を変えた。理事一〇名の内二名は元文部次官、四名は植村経団連副会長を筆頭に大物財界人であり、社会教育関係者は家の光協会会長一名だけであった。いわば、文部省と財界に厚いベルトを作ろうとしたのである。

機関誌であった『社会教育』も九月号を休刊として、一〇月号から新しい体制でいくことにした。そのため、この雑誌や全日本社会教育連合会の性格変更を批判し、不満とする人達は、戦後の社会教育の原点である憲法・教育基本法の理念を社会教育に根づかせるため、新たに『月刊社会教育』を国土社から同年一二月創刊した。この雑誌の創刊は、社会教育推進全国協議会の結成、社会教育研究全国集会の開催という民間の民主的な社会教育運動の組織化につながっていった。

(4) 一九六〇年代への展望

学習運動に集まった人達の中から、警職法や安保条約の問題から、政治学習を積み重ね、積極的に政治活動に参加するものもあらわれた。一九五〇年代の学習運動は、民主主義に敏感な層を作り出したと言っても過言ではない。しかし、同時に次の点も考慮しなければならない。

一九五〇年代後半から、一九六〇年代前半にかけて、経済、文化はその基礎部分が変わりつつあった。農村の婦人会、青年会を支えていた農業従事層は減少し、一九五一(昭和二六)年に中卒中の農業就業者は三割であったのが、一九五九(昭和三四)年には一割を切るにいたった。この現象の背後には、復興、拡大していく工業生産、人手不足があり、そのための農村から都市、あるいは工業都市への若者の移動が生まれた。

それは、すでに一九五四(昭和二九)年に始まっていた集団就職(大都会の集団求人に応じて新卒者が集団的に、すなわち同じ故郷・中学校ごとに故郷から遥か離れた大都会およびその近郊の職場に就職すること）に典型的であった。そして、農村から都市への移動は、次三男だけでなく長男も巻き込み始めていた。そして、また開発政策による農村部に於ける工業の拡大は、自宅通勤の青年・女性の増加と賃労働者化を促した。

したがって、一方に労働者─勤め人の大群が生まれ、他方で農家は兼業農家と専業農家に分解し、専業農家は少なくなりつつあった。専業農家であり続けようとする青年から生まれたのが「農業近代化への道」への学習であった(17)。それは、一九六〇年代の農業基本法体制のなかでどう展開したのであろうか。

労働者化していた人々にとって、連帯が必要とされたが、それを獲得するために依然としてサークルが必要とされ、一九五〇年代のサークル活動の経験は継承されていった。依然として、文化的、経済的劣等感は若者を束縛しており、青年の気持ちを解放する過程は必要であったし、いかに生きるべきかが若者の関心であり続けたからである。

また、依然として地域・職場には学習運動に対し抑圧的な傾向があった。うたごえサークルやサークル活動に対しアカ攻撃があること、依然として女性への偏見があった。人々の政治意識の高まりは、企業にも対策をせまり、企業は労務政策を強化し始めていた。

他方で、大都市の地域には、移住してきたいわゆる「新住民」が増加していった。その増加に対応できない公共施設の不足、公害などの都市問題の拡大が生まれた。それらにたいし、農村の地縁的関係から「自由」となった新住民層はどのような学習をくりひろげていったのであろうか。

（注）

（1）日本青年団協議会編『日本青年団協議会二〇年史』日本青年館、一九七一年、四二頁。

（2）郷原久雄『ＰＴＡ』三一書房、一九五九年参照。

（3）佐々木隆爾『世界史の中のアジア』お茶の水書房、一九八八年、第五部参照。

（4）この宣言の裁決の経過については、塩見昇『知的自由と図書館』青木書店、一九八九年参照。

（5）座談会〈主婦も黙らない〉『平和』一九五四年八月号、千野陽一編『資料集成・現代日本女性の主体形成』第二巻、ドメス出版、一九九六年。

（6）青木孝寿『信州・女の戦後史（戦後編）』信濃毎日新聞社、一九九〇年、二〇一頁。

（7）戦後社会教育実践史刊行委員会『戦後社会教育実践史』第二巻、民衆社、一九七四年、一七〇頁。

（8）五十嵐・大田・山住・堀尾編『岩波教育小辞典』一九八二年及び緑の会編『サークル活動』文理書院、一九五六年参照

（9）大田堯「社会教育と学習運動」『社会教育』一九五五年一一月号。

（10）緑の会編前掲書参照。

（11）石母田正「村の歴史・工場の歴史」『民族と歴史の発見』東京大学出版会、一九五二年。

（12）藤田秀雄『社会教育の歴史と課題』学苑社、一九七九年、三〇三頁。

（13）村上博光「社会同和教育の経過と問題点」、津高正文編『戦後社会教育史の研究』昭和出版、一九八一年。

（14）日本母親大会一〇年史編纂委員会編『母親運動一〇年の歩み』日本母親大会連絡会、一九六六年及び千野陽一編『資料集成・現代日本女性の主体形成』第三巻、ドメス出版、一九九六年参照。

（15）岡本正平「公民館十年の歩み（三）」『社会教育』一九五七年七月号。

（16）全国公民館連合会編・発行『全公連二五年史』一九七六年。

（17）玉井袈裟雄「農業の変貌と農村実力派の抬頭」『月刊社会教育』一九五八年一一月、木下春雄「『農村実力派』の抬頭と青年運動」同一九五九年三月号。

第3章

高度経済成長下の住民運動と社会教育実践

第一節　高度経済成長政策と地域問題の深刻化

第二節　青年・女性による教育文化運動の前進

第三節　地域問題と向き合う住民の学習

第四節　民主的社会教育運動の発展と社全協

第一節　高度経済成長政策と地域問題の深刻化

一九六〇年代は安保闘争で明けた。岸信介内閣が総辞職し、一九六〇（昭和三五）年七月に池田勇人を首班とする内閣が発足した。池田内閣は「国民所得倍増計画」を閣議決定し、「高度経済成長」政策の時代を迎える。いわゆる「高度経済成長」期には、国民所得の総額が一〇年間にちょうど二倍になるように年七・二％の成長率を設定する政策によって、国民の消費や企業の投資行動が刺激され、一九七三（昭和四八）年のオイルショックに至るまで一〇数年間にわたって年平均一〇％を超えるＧＮＰ（国民総生産）の実質成長率を維持した。その結果、日本の経済規模は一九六〇（昭和三五）年からの一〇年間で二・五倍に膨れ上り、日本の産業や地域構造に急激な変動をもたらした(1)。

高度経済成長によって伝統的な地域社会が崩壊し、地域婦人会や青年団の活動が弱まる中で、一九六〇年代の公民館はひとつの「曲がり角」を迎えていた。しかし、こうした混迷の中で新しい公民館像の模索が行われた。ひとつは公民館の「近代化」である。一九五九（昭和三四）年の社会教育法「大改正」を機に出された「公民館の設置及び運営に関する基準」とその「取扱いについて」（一九六〇〈昭和三五〉年二月）は、公民館の設置と規模に関する基準を明示し、施設面から後の公民館設置に大きな影響を与えた。たとえば、「公民館の対象区域」について「公民館の事業の主たる対象となる区域については、一般的にいえば、市にあっては中学校の通学区域、町村にあっては小学校の通学区域を考慮することが実態に即すると思われる」と規定することで、公民館のイメージはより具体的に統一されることになった。さらに、（１）施設のモダン化・デラックス化、（２）公民館活動の「構造化」、（３）公民館職員の「職業集団化」と「専門化」、(4)公民館主事と社会教育主事の性格と役割の分化、(5)公民館の「教育機関」化、などの傾向(小川利夫)が見られるようになる。こうした公民館「近代化」論の延長に、国立市の母と子の勉強会による「公民館付属保育施設の件」に関する請願(一九六七〈昭和四二〉年六月)、全国公民館連合会の「公民館のあるべき姿と今日的指標」(一九六九〈昭和四四〉年九月)などが提起されて一九七〇年代の公民館づくりに大きな影響を与えた。

一九六〇年代の公民館をめぐるいまひとつの重要な動きは、自治体の公民館職員集団が自らの実践を基礎に新しい公民館像・職員像を追求し、新たな実践が生まれたということである。共同学習運動の停滞をのりこえて青年の「生産学習」と「政治学習」を統一しようとした系統学習(生産大学・農民大学)、市民大学の試み、生活記録による婦人学級、集落を基盤に自治意識を育てる公民館(自治公民館、ろばた懇談会)、公害学級、社会同和教育の実践などである。これらの実践には共通して、地域課題・生活課題に関する実践の中心に公民館主事の活躍があった。こうした地域課題が政治的な課題とも深く結びつくため、それに正面から取り組む社会教育職員に対する不当配転問題が頻発した。また、こうした実践と闘いを背景として、社会教育と公民館に関するいくつかの新たなテーゼがつくられた。はじめて「社会教育とは何かを、具体的かつ大胆に規定した点で画期的」な文書(野呂隆)であると評価された大阪府枚方《ひらかた》市教委の「枚方テーゼ」(一九六三〈昭和三八〉年二月)、地域の中での公民館主事と公民館活動の積極性を、教育専門職と自治体労働者という視点に立って長野県飯田・下伊那地方の公民館主事集団がまとめた「下伊那テーゼ」(一九六五〈昭和四〇〉年三月)、都市型公民館の原形を示し、東京・三多摩各地の実践を三多摩社会教育懇談会が理論化した「公民館三階建論」(一九六五〈昭和四〇〉年二月)がそれらである。

農林水産業就業者の割合は、一九六〇(昭和三五)年の三二・七%から一九七〇(昭和四五)年の一九・三％にまで減少する。農業基本法（一九六一〈昭和三六〉年公布）にもとづく農業「近代化」政策は、農業経営の規模拡大なしに機械化をすすめる一方、出稼ぎや兼業化、都市への大規模な人口流出がすすむことで、農業従事者の急激な減少をまねいた。こうした情勢に対抗する農民の本格的な学習運動として「信濃生産大学」の実践（一九六〇〈昭和三五〉年～一九六六〈昭和四一〉年）が取り組まれ、山形県の北村山農民大学（一九六四〈昭和三九〉年～）をはじめとした農民・労農大学運動の端緒となった。

さらに池田内閣は、一九六二（昭和三七）年一〇月に「全国総合開発計画」（全総計画）を決定した。国民所得倍増計画にもとづく新たな「工業基盤拡大」と「地域間格差の是正」を目標として、低開発地域工業開発促進法（一九六一〈昭和三六〉年一一月公布）・新産業都市建設促進法（一九六二〈昭和三七〉年五月公布）・工業整備特別地域整備促進法（一九六四〈昭和三九〉年七月）などの法律によって、地域開発をすすめようとするものであった。全総計画の推進は、一部の地域で深刻化しつつあった公害・開発問題を、全国の多くの地域問題として急速に国民の関心を高めた。北九州市戸畑区の公民館の婦人学級においてはじめて系統的な公害学習が取り組まれた（一九六三〈昭和三八〉年四月）ほか、東駿河湾工業整備特別地域に指定された三島市・沼津市・清水町では、広範な住民による学習と反対運動（一九六三〈昭和三八〉年一二月～翌年一〇月）がはじめて石油コンビナートの建設を阻止するという画期的な成果をおさめた。また、同和問題の分野においても第一回部落問題研究全国集会が開催された（一九六三〈昭和三八〉年六月）ほか、西宮市芦原における同和教育講座（一九六七〈昭和四二〉年九月）の取り組みなどの典型的実践が生みだされ、一九六九（昭和四四）年七月には同和対策事業特別措置法が公布された。

政府の国土開発計画は、大都市圏への大規模な人口流入と急激な都市化をもたらした。経済成長がもたらした生活水準の上昇にもかかわらず、地域格差の拡大と消費者物価の上昇が国民の不満を生みだしていた。一九六四（昭和三九）年一〇月の東海道新幹線の開業と東京オリンピックの開催のあと、池田首相の病気と高度経済成長政策批判により、一九六四（昭和三九）年一一月に佐藤栄作を首班とする内閣が組織される。一九六五（昭和四〇）年八月には「安保条約廃棄と基地撤去を前提とする祖国復帰」を求める沖縄祖国復帰協議会の抗議デモのなかを、戦後はじめて日本の首相が沖縄を訪問する。こうした沖縄における祖国復帰運動の高揚を背景に、一九六八（昭和四三）年一一月に実施されたはじめての琉球政府主席公選で革新系の屋良朝苗が当選する。他方、一九六四（昭和三九）年八月のトンキン湾事件をきっかけにベトナムへの本格的な軍事介入に踏み切ったアメリカは、一九六五（昭和四〇）年に「北爆」を開始するとともに大規模に地上軍を投入し、一九六九（昭和四四）年には五四万人の米兵が送り込まれた。沖縄が北爆の基地になったほか、日本本土でも反戦平和運動が活発に行われるようになる。

高度経済成長政策を批判して一九六四（昭和三九）年に登場した佐藤内閣が、不況への懸念から景気拡大策をとったことで、以前にまして高い経済成長率が実現した。その結果として、国民の所得・消費水準は上昇したものの、企業活動や地域開発による公害・環境破壊が深刻化した。熊本の「水俣病」＝有機水銀説の発表（一九五九〈昭和三四〉年）、「新潟水俣病」の発見（一九六五〈昭和四〇〉年）、富山県神通川「イタイイタイ病」の認定（一九六八〈昭和四三〉年）、川崎や四日市での石油化学コンビナートによる大気汚染、光化学スモッグの発生、水銀化合物や有機燐系農薬による汚染など、国民の生命と健康にかかわる汚染物質による被害が頻発した。こうした状況のなかで政府はようやく本格的な環境行政に取り組みはじめる。通産省に産業公害課（一九六三〈昭和三八〉年）、厚生省に公害課（一九六四〈昭和三九〉年）がそれぞれ設置されたのにつづいて、公害対策基本法（一九六七〈昭和四二〉年制定）、大気汚染防止法（一九六八〈昭和四三〉年）、騒音規制法（一九六八〈昭和四三〉年）などの環境行政の基本が一応確立される。

こうした高度経済成長にともなう地域問題の深刻化や政治の腐敗に対する国民の政府への不信感の高まりを背景に、一九六七（昭和四二）年四月の統一地方選挙において東京都に美濃部革新都政が誕生し、都市部を中心に革新自治体が広がった。

第二節　青年・女性による教育文化運動の前進

（1）能力主義的・国家主義的教育政策に抗する運動

高校進学率は、一九六〇（昭和三五）年以降の一〇年間に二四・四％という驚異的な上昇（一九七〇〈昭和四五〉年八二・一％）をとげた。しかし政府は、これにみあう対策をおこたり、高校の「多様化」、通学区の拡大によって切り抜けようとした。そのために、マンモス化・すしづめ学級の解消や高校の「多様化」反対などの要求が、高校全入運動の重要な課題となっていった(2)。

他方で、中卒労働力は不足し「金の卵」といわれたものの、その実態は依然として「低賃金労働力の供給源」の役割を担わされたことを示した(3)。求職者にとっては明瞭な差別として現われるそうした格差が、企業にとっては合理的な従業員採用行動の結果としてもたらされるものであり、かつ中学校・職業安定所による就職指導のあり方がその格差を存続させる役割を果たしたことも見逃せない。

一九六〇（昭和三五）年一一月に経済審議会は、高度経済成長政策の一環として教育政策を対応させるべく「国民所得倍増計画による長期教育拡充計画」を答申した。こうした状況のもとで、日本教職員組合（日教組）と日本高等学校教職員組合（日高教）がそれぞれの定期大会（一九五九〈昭和三四〉年と一九六〇〈昭和三五〉年）において「高校希望者全員入学制」の確立を運動方針として決定したほか、日本母親大会（一九六一〈昭和三六〉年）も「高校希望者全入」を決議した。さらに、一九六二（昭和三七）年四月には日本子どもを守る会、日本労働組合総評議会（総評）、日教組、日高教、日本母親大会連絡会、日青協、農民団体などによって「義務教育無償・すしづめ解消・高校増設・高校全入問題全国協議会」（全入全協）が結成された。全入全協は民主教育推進国民大運動（一九六二〈昭和三七〉年〜一九六七〈昭和四二〉年）をよびかけ、活発な中央行動を成功させる。こうして高校全入運動は全国各地で発展し、高校新増設や教育予算増額、定時制の統廃合阻止など数多くの成果をあげた。

他方で、政府は高校進学率の急上昇を、高校「多様化」政策によって乗り切ろうとしていた。一九六三〈昭和三八〉年一月の経済審議会答申「経済発展における人的能力の開発の課題と対策」は、「教育においても、社会においても能力主義を徹底する」として、企業における職務給や成績評価の強化と一体的に、高度の能力をもった三〜五％の「ハイタレント・マンパワー」の育成と、細分化された職務に短絡するせまい技能にかぎられた労働者を大量に養成することを教育に求めるものであった。中央教育審議会（中教審）答申「後期中等教育の拡充整備について」（一九六六〈昭和四一〉年一〇月）は、これらの動きをいっそう助長し、高校教育の全面的な再編成を意図するものであった。さらに高校の「多様化」は、通信制の拡大や隔週定時制の設置など安易な教育水準の引き下げと、小学科への就学保障などを理由として、高校間と課程間の格差の拡大による不本意入学者の数を急速に増やすことになった。

また、この中教審答申の別記として「期待される人間像」が付されている。「社会人として仕事に打ち込むこと、社会規範を重んずること」と企業への従順が説かれ、「国家を正しく愛することが国家に対する忠誠である」として、「日本国の象徴たる天皇を敬愛することは、その実体たる日本国を敬愛することに通ずる」と述べられていた。

高度経済成長政策と高校進学率の急上昇を背景とした政府による能力主義的・国家主義的な教育政策の推進は、文部省による「全国一斉学力テスト」の実施と教科書検定における統制強化にたいする家永教科書裁判として父母・教師との間にいっそう大きな争点をつくりだした。一九六一（昭和三六）年四月に文部省が「中学校生徒全国一斉学力テスト実施要綱」を発表して、全国のすべての中学二・三年生を対象とした一斉学力テストと小学校・高校の抽出学力テストを実施しようとしたが、日教組と日高教は「学力テスト反対」の方針を決定し、生徒の自主的な批判と抵抗の行動も全国にひろがった。その後、文部省は軌道修正によるテストの存続をはかったものの、一九六九（昭和四四）年には中学一斉学力テストと高校生に対する「人的能力開発研究所」（能研）による学力テスト（能研テスト）を完全に中止せざるをえなかった。

他方で、一九六三（昭和三八）年一二月に「義務教育諸学校の教科用図書の無償措置に関する法律」（教科書無償措置法）が成立したことによって、無償のかわりに教科書の広域採択が一挙に広がったばかりか、文部省による教科書検定はますます露骨に国家主義的な様相をおびてきた。こうした状況の中で、家永三郎・東京教育大学教授は現行の教科書検定は違憲であるとして訴訟を起こした（一九六五〈昭和四〇〉年六月）。この訴訟は、多くの国民の関心をあつめ、一〇月には「教科書検定訴訟を支援する全国連絡会」が結成された。

また、一九六八（昭和四三）年から一九六九（昭和四四）年にかけて学費の一方的な引き上げ、不当処分、不正経理、学生の自治権の侵害に対する学園民主化闘争が、全国の大学で取り組まれた。全国の大学の約九〇％にあたる一六五大学で紛争がおこり、七〇大学が「全学共闘会議」（全共闘）を名のる学生によってバリケードで封鎖された。こうした中で、一九六九（昭和四四）年八月に政府は文部大臣が「紛争」と認定した学部等の教育・研究機能を停止し、解体できるとした「大学の運営に関する臨時措置法」（大学臨時措置法）を成立させた。

（２）経済成長のひずみと女性・青少年文化運動の展開

一九六〇（昭和三五）年安保闘争を皮切りに、多くの女性や女性団体が積極的に政治的運動に参加するようになった。しかし、一九六四（昭和三九）年の全国地域婦人団体連絡協議会（全地婦連）の原水協脱退、働く婦人の中央集会や主婦連合会の「分裂」、母親大会からの総評と日教組の脱退など、さまざまなイデオロギー攻撃や路線対立のもとで女性運動にも困難がもちこまれてくる。

とはいえ、こうした困難をかかえながらも母親運動、子どもを守る運動の前進には目覚ましいものがあった。小児マヒから子どもを守る運動、保育所づくり運動、高校全入運動、子どもの健康を守る運動などで大きな成果が見られたほか、農村地帯でも母親運動や子どもを守る運動、平和運動などが広がりはじめた。この時期の全国農協婦人大会などで、営農と政治、女性の過重労働と健康管理、育児と保育所づくり、出稼ぎと家庭生活の危機などの問題が真剣に討議された。他方で、地域婦人会が全国レベルで消費者団体としての性格を強くもちはじめ、県レベルでも大学と結んでリーダー養成が試みられはじめる。一九六〇（昭和三五）年から鹿児島ではじめられる親子二〇分間読書運動の発展は、一九六〇年代後半に本格化する親子文化運動の素地の一つとして重要な役割を果たした(4)。

また、一九六三（昭和三八）年にはじまる文部省・厚生省や経済審議会などの「家庭重視」政策と子どもの教育に対する女性の不安を背景に、国庫補助を受けて「家庭教育学級」が盛んに開設された（一九六六六〈昭和四一〉年度の一万一一五八学級のうち、七五・六%が国庫補助もしくは半国庫補助学級)。これは他方で、兼業化による農村婦人会の停滞から「ジリ貧」と言われた「婦人学級」の参加者を盛り返す意図と、中高齢化した女性労働力を家庭に返そうとする労働政策の反映であるともいわれた。しかし、ここに参加する家庭女性の層が幅広く、「お授け学級からぬけ出して、自分で学習をくみ立てていく」可能性をもっていた(5)。東京都目黒区教育委員会は一九六四(昭和三九)年から、一定の条件を満たせば女性の要求によって学習の自由を保証された婦人学級を援助する「申請婦人学級」制度を発足させた。こうして女性の主体形成に向けた確かな運動をもとに、一九六〇年代後半に消費者問題の市民的解決に迫る消費者運動がひとつの高揚をむかえる。

さらに、商業主義的・国家主義的傾向を強める子どもの文化状況に対して、すぐれた文化財を媒介に親と子が育ちあおうとする親子文化運動が姿を見せる。地域の親と子を主体にした親子読書運動、親と子と教師を主体にした親子映画運動、親と子と青年を主体にした子ども劇場・おやこ劇場運動である。とりわけ、「福岡子ども劇場」は全国最初の子ども劇場運動として一九六六(昭和四一)年に発足し、一九七〇(昭和四五)年にはすでに六〇〇〇人の会員と高学年部会を設置するまでに発展していた。その後の子ども劇場・おやこ劇場運動の質量両面における発展を支えたものが、「観る会」ではなく「子どもの文化を皆で考えあい、創造していく会」であるという理念だったと言われている。より具体的には、①子どもと親の受け身の文化状況から抜け出すためには、「お母さん集団と子どもの集団が、対等になれる関係をつくりだすこと」、②観劇も自主活動も、「子どもが創造性を集団的に発揮できるような場」にすること、③子どもの文化状況を正しくとらえるために、「大人自身の生活のなかから感動できるものをつくりだしていくこと」、④母親、青年、子どもが対等に結ばれ、「いきいきとした研究、創造活動を定着していくこと」、⑤「みんなで考えあい、皆で決めたことだけを実行する」こと、⑥「地域のなかに深く根をおろした全市民的運動であること」、などであった(6)。

また、乳幼児を抱える若い母親達の学習権の保障という視点から、一九六八(昭和四三)年に東京都国立市で初めて公民館保育室が完成し、一九七〇年代の公民館保育室づくり運動に大きな影響を与えた。国立市の母と子の勉強会による「公民館付属保育施設の件」に関する請願(一九六七〈昭和四二〉年六月)は、「婦人も社会の進歩に貢献するために、勉強しつづけなければなりません。私達、母と子の勉強会では、乳幼児をかかえ、公民館に集まって、勉強会をつづけてきました。乳幼児をかかえた母親が勉強するためには、安心して子どもをまかせられる施設が必要です。地域の文化活動の中心である公民館に、附属の保育施設をぜひつくって下さい。以上のことを請願いたします」と母親たちのおかれた状況と心情を切々と表現している。

他方で、一九五八(昭和三三)年の勤評闘争をひとつの契機として「運動ときりはなされた学習」の場と化していたPTAは、一九六七(昭和四二)年の小尾通達によって東京都区部のPTA後援費全廃が実施されたことによって、あらためてその役割と意義を問い直されはじめる。高度経済成長の矛盾が表面化し、革新首長の誕生と住民運動の高揚という状況の中で、PTAは再び地域課題に目を向けはじめ、「学習と実践と運動の統一体としてのPTA」へと脱皮してゆかざるをえなくなった。こうして一九六〇年代の終わりから一九七〇年代にかけて「PTA民主化のとりくみ」が各地で見られるようになる(7)。

一九六〇年代の高度経済成長政策は、農村における農業構造改善事業の推進による急速な農民層分解・賃労働者化をおしすすめ、太平洋ベルト地帯の重化学工業都市部に、多くの農村青年が勤労青年として流入しつづけることになった。とくに名古屋市では、中・高卒にあたる一五〜一九歳の青少年が、一九六〇年代後半に毎年二万五〇〇〇人から三万人転入しつづけ、青少年の増加は全国第二位、女子は第一位であった。このような状況を背景に、名古屋市では勤労青年の多数のサークルが生まれ、一九六一（昭和三六）年四月にその連絡協議会として名古屋サークル連絡協議会（名サ連）が二〇サークル、約七五〇名の参加で誕生した。発足から三年間は、①組織・運営・活動が手探りと論議の中で形を整え、②行政や関係機関の認知と庇護に頼った「現実主義的な姿勢」、③レクリエーションを軸とする行事中心の活動、などを特徴としていた。活動のマンネリ化からサークル会員が減少するなかで、一九六四（昭和三九）年以降、名サ連は「サークルは、レク活動のみでおわるのではなく、そこから進んで、自分達の生活を考え、社会の問題を話し合って、ものの見方、考え方を身につけて行く中で、人間として成長していく場所であるというサークル観」へと転換し、活動の充実と組織の整備がはかられた。名サ連の活動の中で、①話し合いの機会の増加、②サークル間の交流、③学習活動の重視、④機関誌活動の強化、⑤文化・体育・レクリエーション活動の一層の活発化、がすすめられた。まさに、一九六四（昭和三九）年から一九六七（昭和四二）年ごろにかけては、「名サ連の脱皮と飛躍の段階」であった。しかし、一九六七（昭和四〇）年一〇月の五七サークルを頂点に、六九年二月には退会・休会・解散・所在不明などを除く会費納入サークルは再び二三に減少し、活動全体に停滞が見られるようになる。量的な飛躍を支える質的な充実が問題になっていた（8）。

第三節 地域問題と向き合う住民の学習

（1）「信濃生産大学」の実践

戦後日本の社会教育研究のなかで、一九六〇年代の「信濃生産大学」運動の意義がさまざまな側面から高く評価されてきた。「主権者としての農民を『生産学習と政治学習の統一』によってつくりだす」ことを基本理念とし、「学習の三重構造」と呼ばれる独特の学習方法を確立した信濃生産大学の実践は、単に農民教育運動の一形態にとどまらない教育実践としての普遍性をもっている。

本格的な「生産学習」の展開の時期は、一九六〇（昭和三五）年の信濃生産大学に始まる。共同学習運動の中心があくまで身辺問題の話し合い学習であったのに対し、信濃生産大学運動は名実ともに「生産学習と政治学習の統一」を目ざす実践であった。それは、農業基本法の制定をテコに急速にすすめられる農業構造「近代化」政策に対し、中小農民が自らの農業経営を守ろうとする、まさに生き残りをかけた運動であった。それゆえ、農業共同化にともなう経営・技術学習と「近代化」農政の批判的検討が一体となって、「生産学習と政治学習の統一」を実現した。そのなかで生産大学に参加する農民の視点も、農業近代化志向から「農民の経営と生活と権利を守る」観点へと次第に深化していった。

高度経済成長による農村生活の急速な変貌と一九六〇（昭和三五）年の農業基本法の成立にいたる農業構造「近代化」政策の推進は、農村青年の農業経営の近代化に対する関心をいやがうえにも高め、新しい農業技術・経営方法が強く求められるようになった。とはいえ、農業経営の安定化のためには農業政策の動向が大きな問題となっており、「農政学習」と「生産・技術学習」とは結びつく条件があった。これを

「生産学習と政治学習の結合の可能性」ととらえることもできるが、それには社会科学の系統的学習による（社会）法則の理解が不可欠の要素となる。その意味で、「社会科学」の学習と「農政学習」「生産・技術学習」を有機的に結びつけ、これを学習運動にまで高めた実践が信濃生産大学運動であると考えられる。

戦後の農村青年の学習集団には「生産学習を中心とする学習集団」と「政治学習を中心とする学習集団」の二つの流れがあって、「両者のあいだにはほとんど接触がなかった」と言われている。この農村青年の二つの学習集団の乖離が、「農村青年の学習運動の中で、もともと統一的に展開されねばならなかった生産学習と政治学習とが、戦後、どうしてもしっくりかみあわずに分離したままになっていた」事実上の原因と捉えられている。しかしながら、一九六〇（昭和三五）年前後に至ってようやく両者を統一する動きが「芽生え」ていた。「生産活動と政治問題の関係を統一的に把握することのできる集団」が誕生した背景には、農業構造の急速な変化のもとで政策的にすすめられる農業「近代化」路線から排除された中農層以下の農業青年たちが、自らの経営の生き残り（農業専業）を賭けて取り組んだ生産共同化の実践があったのである。こうした生産共同化への期待と意欲的な取り組みは、信濃生産大学における第一期の統一テーマ「農業経営共同化」と完全に一致するものであり、さらにそこから発展した第二期のテーマ「構造改善事業にどう対処するか」は生産共同化をめぐる政治的・政策的な問題として農業構造改善事業の導入に対する評価を問題としたものである。その意味で、信濃生産大学における「生産学習と政治学習の統一」と「生産活動と政治問題の関係を統一的に把握することのできる集団」の誕生とは、生産共同化を軸とした農民の自主的な農業「近代化」への模索の過程から生まれてきたものである。

しかしながら、信濃生産大学は一九六六（昭和四一）年の第一二回を最終回とし翌一九六七（昭和四二）年に次のような解散声明書（八月二〇日）を発表、さらに信濃労農大学から地域住民大学へと、その歩みを続けてゆく。

「信濃生産大学は、一九六六（昭和四一）年八月に開かれた第一二回信濃生産大学をもって最終回とし、ここに解散することになりました。歴史的な意義をもついくつかのことが、信濃生産大学の運動のなかから生み出されました。第一に、地域における日常的なサークル学習、市郡単位の一泊二日のセミナー、全県の生産大学という三重構造の学習運動組織があみ出されました。第二に、生産学習と政治学習との統一が実現されました。第三に、地域と日本と世界とを一本化してとらえる研究方法が追求されました。第四に、つねに事実と調査から出発し、数量化しうるものは数字でしめし、経験を大切にすることを通して理論化に進むという作風が確立されました。第五に、四回をもって一期とし、同一基本主題で貫き、理論学習——実践——より高い理論学習——より高い実践のサイクルを生み出す方式が試みられました。第六に、討論と講義とを動的に組み合わせ、討論の密度を濃密にしていく学習方法が工夫されました。第七に、数箇の小集団のそれぞれに社会教育専門のリーダーおよびチューターとしての学習を配することによって小集団討論の効率を高め、この方式の有効さを実証しました。最後に第八に、第九回ごろから労働者の参加を積極的に求め、その端緒を実現し、農民大学の労農大学への発展の見通しを明らかにしました。

今日、農業をふくめて地域の問題はどれひとつとして、労働者・農民・勤労大衆の連帯なしに対処しうるものはありません。信濃生産大学は、たとえ今度の終幕がおとずれなくとも、早晩、労農大学へと転化・発展すべきものでありました。…」

解散声明書は、駒ヶ根市の一方的な事情によって生産大学が解散することがなかったとしても、いずれ労農大学へと転化・発展すべきものだったと述べている。この信濃生産大学運動の実践は、各地の農民・労農大学運動に大きな影響を与え、一九六四（昭和三九）年には山形県で北村山農民大学が開学したのをはじめ、一九七五（昭和五〇）年には同県東根で第一回全国農民大学交流集会が開催されるようになった。

（2） 地域開発と住民の学習

一九六三（昭和三八）年から六四年にかけて取り組まれた三島市・沼津市・清水町の石油コンビナート建設反対運動を、経済学者・宮本憲一は『石油コンビナート阻止』（星野・西岡・中嶋編、技術と人間社、一九九三年）で、次のように評価した。「戦後の環境政策の転機となっただけでなく、戦後政治の転換をうながす重大な意義をもったものであった」、なぜなら「企業対市民という戦後社会の典型というかたちで公害反対運動が勝利をおさめたのは三島、沼津・清水町の運動が最初であったといってよい。その意味では、この運動こそ近代的人権を主張する『市民の誕生』であり、また産業間の利益をこえた生活者の論理による最初の住民運動であったといってよい」からである。宮本憲一は、この住民運動の特徴を、①「美しい生活環境を守ろうという郷土愛にもとづいて、市民的統一戦線をつくったこと」、②「学習会を武器にした科学による公害予防運動であったこと」、③「たんに公害反対であっただけでなく、地方自治にもとづく住民のための地域開発のあり方を問うものであった」、とまとめている。

一九六三（昭和三八）年の新産業都市建設促進法によって指定された東駿河湾工業整備特別地域は、もっとも石油コンビナートが進出できる条件のある候補地として期待されていた。静岡県は誘致計画を立て、地元における説明会を開催したが、住民はいいことづくめの説明に納得せず、自分たちで見学をし、学習をはじめた。住民は各地の新しいコンビナートや最新の石油火力発電所があった三重県尾鷲などへ調査に出かけ、その実態を見聞し、まちに帰って報告会をもった。

静岡県は通産省に「学術的な調査」を依頼し、一九六四（昭和三九）年三月に「沼津・三島地区産業公害調査員」を任命する。最初の政府の公害調査として委嘱された四日市地区大気汚染特別調査団（黒川調査団）が補強され、現地調査や風洞実験（一九六四〈昭和三九〉年四月~六月）を実施して、『沼津・三島地区産業公害調査報告書』（同年七月）を発表した。これに対して地元の科学者や教師たちは、三島市長に石油問題の検討委員会設置を申し入れ、三島市長が公害予察調査員（松村調査団）を委嘱した。住民運動のなかで調査し、研究し、学習してきたことを集約して「中間報告」（一九六四〈昭和三九〉年五月）を発表した。住民たちは、通産省と厚生省の調査団の「権威ある」報告書よりも、住民が参加し、協力した地元の科学者たちが行った手づくりの調査の結果を信頼した。沼津市長が誘致計画を撤回（一九六四〈昭和三九〉年九月）、ついに静岡県知事も誘致を断念せざるをえなかったのである。

また、宮原誠一も『青年期の教育』（岩波書店、一九六六〈昭和四一〉年）で「高校生が地域の大衆の生活現実としっかりとりくんで調査活動を展開している事例」として県立沼津工業高校や県立沼津東高校の生徒の活動を高く評価し、それを指導した教師と住民の学習運動の役割に注目した。

住民運動の先頭に立つ教師のひとりは、当時の住民による学習運動をつぎのように語っている。

「石油化学コンビナートについての知識を持つことの必要性が沼津市民の間に浸透し始めたのは、沼津市民協議会が発足する三月一五日以前の約二カ月の間であったろう。二月九日に下香貫連合自治会は、『下香貫地区火力発電所反対期成同盟』を結成したが、このときには沼工講師団による学習会が始まっていた。学習会には二つのタイプがあった。一つは広く県内外の研究者などによる積極的な知識の導入である。他の一つは、こうした知識を具体的な地域問題に照らし合わせながら、数万の市民を対象に数百回おこなわれた住民学習会である。語り手たちは、夜の長い冬の間は、一夜に三会場も駆け巡ったし、夏の夜は街路わきの空地での学習会にも参加した。…小人数の学習会では、不平や不満は出やすいし、生活の場の共通性が強いだけに、相手の立場の理解の上に立ちこれが批判されていく。そして憎むべき、責むべき対象は誰であるかが明確にされていったのである。生活体験に立脚した知識が交換されるうちに、荒削りながらも鋭い、重厚ではあるが微を見逃さぬ科学が誕生していった。学問が息を吹き返し、科学には花が咲いた。

語り手は次第にふえ、青年、ジャーナリスト、視察帰りの多くの人々がこれになったが、とくに教師たちは次の事項に留意した。それは、住民として参加する、住民の力を信ずる、学習素材は日常生活の中から求める、内容は同じでも表現を変え日常語で話す、話を聞いたら聞かない人より利口になったと思われる内容を持つ話をする、聞いた翌日から近くの人々に自信をもって話ができるように納得いくまで質疑をかわす。」(9)

(3) 公民館婦人学級における公害学習

戸畑市(当時)三六《さんろく》地区は住民のほとんどが労働者であり、密集した住宅地は線路を挟んだ向い側にある八幡製鉄所戸畑製造所(当時)からの公害の被害をもっとも受けやすい地域であった。「ここに来る途中の卵の腐ったような鼻をつく変な匂いにはまいりましたよ。戸畑に来て鼻毛が異常にノビることに最近気がつきましたが、三六は特に汚いですね」という職員の言葉をきっかけに、それまで一言もしゃべらなかった婦人学級開設準備委員会の女性たちの口から次々と公害で苦しんでいる実態が「一人一人の切実な悩み」として語られはじめた。「自分たちが苦しんでいるのはなぜか」「人間らしい生活をするにはどうすればよいのか」を徹底して話し合った女性たちは、一九六三(昭和三八)年にグループごとに行動計画をたてて調査・整理し、婦人学級の全体学級に資料として提出した。こうして講師なき婦人学級、女性自らが講師となり、学級生となる公害学習がはじまった。

二年目にも引き継がれた公害学習は、調査・整理・検討・評価を繰り返し、女性たちに大きな自信をうえつける。「公害問題から手をひけ、俺のクビが危い。俺が職を失ったらお前達は飯が喰えないぞ」という夫の圧力に直面した女性たちは、自分たちの学習が自分たちだけで終わり、家族や地域の人たちに理解されていなかったことに気づく。こうした二年間にわたる三六婦人学級の緻密で粘り強い調査研究は幅広い市民の支持を受けるようになり、一九六五（昭和四〇）年からは戸畑区全体の問題として戸畑区婦人会協議会の組織をあげての本格的な調査・学習の取り組みへと発展した。

しかし、学校を出てからすでに十数年たった女性たちには、特に大気汚染度や病欠率・死亡率の計算、はじめて使う計算機や平方根を開いて対数グラフに書き込む作業は困難をきわめた。調査結果を市民にPRするためにカラー映画『青空がほしい』を自主制作し、資料『青空がほしい 一～四』を精力的に発刊する。こうして科学的なデータと学習にもとづいた運動は市当局や企業を動かし、公害対策として工場に防塵装置が取り付けられるようになった(10)。

（4）自治公民館と「ろばた懇談会」

一九六〇（昭和三五）年前後の町村合併と急激な地域開発のもとで、自治体社会教育は中央公民館の建設や「総合社会教育」の推進等の施策でこれに対応しようとしていた。鳥取県倉吉市で誕生し、京都府熊野郡久美浜町で展開した「自治公民館」方式、京都府の「ろばた懇談会」も、こうした地域開発に対する民主的な社会教育施策の模索のひとつである(11)。

倉吉市に自治公民館が発足した直接の契機は、公民館の組織を集落に取り入れることで「ムラ」の改革を求めた市民の要求、まちづくりの起点として教育を重視する市長の施策、サークルやグループの学習を生活改善やムラの民主化につなげようとする教育委員会・公民館関係者の模索という、三者の思惑の一致にあった。一九五八（昭和三三）年に市長から「区と部落公民館を一体化すること」が自治連合会に提案され、翌一九五九（昭和三四）年の総会で決定された。こうして発足した倉吉市の自治公民館は、宇佐川満によって「一つの先進的な意義をになうもの」と積極的に評価・紹介された。それを受けて、行政組織の「合理化」や「近代化」による矛盾を住民にしわよせした「地域開発の『後進的』地帯における現代公民館の典型的な再編成方式」であるとする小川利夫の批判、倉吉市の朝倉秋富や久美浜町の友松祐賢の反論が繰り返された。これは、いわゆる「自治公民館論争」として注目された。

他方で、久美浜町の自治公民館は、町村合併にともなう中央公民館構想に反対して、あくまで地域住民の生活に根ざすという視点からすすめられてきた地区公民館と集落公民館活動の中から生み出されたと言われている。この集落公民館活動を組織したのが、戦後の社会教育のなかから育った三〇代の青年団ＯＢである地区公民館主事集団であり、彼らと社会教育職員は地域民主化の視点から倉吉市の自治公民館方式に注目し、一九六〇（昭和三五）年の区長会で自治公民館方式の採用を決定した。典型的な農漁村社会である久美浜町において、自治公民館方式が倉吉市のように「再編成」にとどまることなく、地域の民主化をめざした旧来の集落（区）自治組織の「再建」にまですすみえた条件は、以下の六点にまとめられている。①地主階層の没落、②組織労働者や農民組合員の増加、③農業のみでは生活できない状況の進行、④合併・合理化反対運動などの主体的な住民運動の展開、⑤組織労働者の指導的な役割の発揮、⑥社会教育職員の役割、である。久美浜町の自治公民館方式の基本的性格は、組織労働者を中核とする地域民主主義運動に依拠して、権力支配機構の最末端連絡組織としての集落（区）自治組織を自らの暮らしを守る「連帯」の場へと止揚しようとするものであった。

しかしながら、①自治公民館方式が集落（区）自治組織の改革に力点を置いたとりくみであったため、住民が日常的にすすめる学習活動が困難となりやすかったこと、②話し合い学習を中心とする自治公民館方式の社会教育像が定着しているため、系統的な科学の学習を組織する教育機関としての地区公民館像が生まれにくかったこと、③社会教育における専門職制の確立が不十分であり、地区公民館の非常勤専任主事制を含めて新しい飛躍が求められていたこと、などの課題が指摘されている。

一九六四（昭和三九）年に策定された京都府総合開発計画は、施策の前提として「住民自身の統治・管理能力の成長」を目指すものであったと言われている。一九六七（昭和四二）年にはじまる「ろばた懇談会」は、①京都府政という民主的自治体施策の中から、②社会同和教育における多くの教訓を下に、③京都府の自生的な総合社会教育の模索を源流として生まれ、「くらしを守る組織」としての自治体という理念とともに住民自治理念の地域レベルからの実現を目指していた。「ろばた懇談会」はそのための学習活動組織として構想され、地域実態把握を基礎にして、「自治体共闘」の力をもって、住民主体の地域計画が現実化することを期待するものであった。

（５）芦原同和教育講座の展開

「西宮の教育は同和教育に始まって同和教育におわる」と言われた。芦原同和教育講座は、西宮市芦原地区にまだ公民館がなかった一九六七（昭和四二）年九月に隣保館や小学校の教室ではじまり、翌年三月までのべ二四回にわたって開催された。常に差別の現実から出発するという同和教育の基本は、差別の集中点としての部落で講座が開催されることによってより強くうち出され具体的で現実的な問題が数多く出された。学習方法は、部落問題研究所の東上高志を主任講師にすえ、各回ごとに、項目にそって実際にそのことに関係している人のなかから問題提起者を出して、問題提起を中心に全員で話しあい、学習を深めていく方法をとった。講座では二四回にわたって、芦原が現実に直面している問題があらゆる角度から提起され、差別の実態が赤裸々にされた。①開講・映画『人間みな兄弟』、②子どもの願いと教育、③部落の歴史と解放運動、④むらの歴史（二回）、⑤むらの仕事、⑥『橋のない川』を書いたころ、⑦むらの労働、⑧芦原の教育、⑨芦原の解放運動（三回）、⑩差別をなくすために、⑪芦原の労働、⑫芦原の歴史、⑬学童疎開のころ、⑭乳幼児保育について、⑮健康と労働、⑯生活の変化と教育、⑰むらの仕事（三回）、⑱まとめ（二回）(12)。

しかし、芦原同和教育講座は一九六七（昭和四二）年度で終わらず、一九六八（昭和四三）年度以降には毎週水曜日に自主的な定例講座として継続された。講座を指導した東上高志は「芦原方式」の特徴を、以下の六点に整理している。①徹底した事例報告主義（自らの生きてきた道や実践やたたかいを人間変革の教材として報告する、捨身の教材づくり）、②学習と実践との結合を一貫して追求してきた、③長期かつ曜日を固定して講座をつづける（芦原では三六五日同和教育が学ばれている）、④講座内容が参加者の手によって民主的・自主的に決められた（運営委員会）、⑤生きた差別の現実とその闘いから学ぶことを終始一貫して追求してきた、⑥民主的な諸運動とともに教育活動を発展させる。こうした特徴をもつ講座を支えていたものは、繰り返し行われる講座への攻撃が講座参加者に危機感をもたせ、部落解放運動に一定の責任を負っているという自覚を高めたことにある(13)。『月刊社会教育』誌上で一九六八（昭和四三）年八月号から一二回にわたって連載された東上高志の「芦原同和教育講座」は、直接に同和教育を担当していない全国の社会教育職員や研究者にも刺激を与え、学級・講座のあり方に一定の影響を与えた(14)。

一九七〇年代に入って識字教育を含む同和教育講座は全国的な広がりがみられた。

第四節　民主的社会教育運動の発展と社全協

（1）第一回社会教育全国集会と社全協の発足

一九五七（昭和三二）年に創刊された『月刊社会教育』は、一九六〇年代に一〇周年を迎えた(15)。この一〇年間に「ゆるぎない路線」を求めて民主的な社会教育のあり方を模索し続けた『月刊社会教育』の編集部と読者の運動は、一九六一（昭和三六）年の第一回社会教育全国集会の開催と一九六三（昭和三八）年の社会教育推進全国協議会（社全協）の結成に結実した。一九五九（昭和三四）年の社会教育法の「大改正」と一九六〇（昭和三五）年安保闘争を経験した『月刊社会教育』は、主観的な「おれたちが民主主義を守るんだ」という発想から、「社会教育の民主主義は、大衆とともに守り創造していくんだ」という意識に転換していた。とりわけ、社教法「大改正」に際して『月刊社会教育』は、日本社会教育学会のそれとともに大きな世論をつくり出した。

こうした『月刊社会教育』の運動の中から「民主的な社会教育」の実践を支援する組織づくりが必要であるとの要求が生まれ、そこに至る段階として全国集会を開催しようとする動きがあらわれてきた。それまで『月刊』編集部と読者との交流は、編集委員が個人的に地方へでかけた時に行われたり、誌上に寄せられる原稿や手紙を通じての限られたものであった。このような交流をさらに組織的に行うために、一九六〇（昭和三五）年五月に第一回『月刊社会教育』ゼミナールが山形県鶴岡市大山町で開催された(16)。つづいて七月にも第二回『月刊社会教育』ゼミナールが長野県飯田市中央公民館で開催され、二日間でのべ三五〇名の参加者があった(17)。

こうして二回にわたる『月刊社会教育』ゼミナールを成功させた編集部は、翌一九六一（昭和三六）年九月号に「第一回社会教育全国集会へのおさそい　主催月刊社会教育編集部」を掲載した。集会は九月二三〜二四日にかけて東京都豊島区目白・うづら荘で開かれ、首題を「日本の変貌に社会教育はどう対処するか」とし、冒頭提案・分科会討議・懇談会・全体討議を行った。五つの分科会の首題と幹事は、（1）青年運動と青年教育（吉田昇・堀恒一郎）、（2）婦人の学習と運動（西清子・田辺信一・北田耕也）、（3）社会教育施設の役割（三井為友・斉藤峻）、（4）社会教育職員の身分と任務（福尾武彦・横山宏・藤田秀雄）、（5）都市の社会教育をどこからはじめるか（宮原誠一・岡本包治）であった。準備期間が短かく宣伝も不十分であったにもかかわらず学生も含めほぼ一〇〇名を超える参加者があり、兵庫県や岩手県などからも参加があったほか、社会教育職員以外にも社会教育委員や図書館・児童館関係者など多様な人々が「自費」で参加するという新しい研究集会の形を生みだした(18)。

その後、一九六二（昭和三七）年の第二回社会教育研究全国集会（九月二二日〜二三日、東京都練馬区向山・豊島園ホテル）へ向けて、山梨ゼミナールや北陸ゼミナールが開かれたほか、全国集会への提案を懸賞論文として募集するなど意欲的な準備が行われた。そして、『月刊社会教育』一九六二（昭和三七）年一二月号には「社会教育研究全国協議会（仮称）準備会のよびかけ！」が掲載され、翌一九六三（昭和三八）年九月号に「社会教育推進全国協議会趣意書（案）」が発表された。さらに、第三回全国集会（一九六三〈昭和三八〉年九月二一日〜二二日、神奈川県立社会教育会館）の全体会の場で「趣意書」と「規約案」が議論され、九月二二日、正式に社会教育推進全国協議会（社全協）が発足した。「趣意書」は、民主的社会教育をおしすすめるために、①「われわれは、民主的な社会教育を推進するために尽力しているひとびとを、全国的につなぎ、必要な情報交換と連絡にあたります」、②「われわれは、社会教育職員の民主的な活動を守り、その地位を高めていくことに、すべての自治体労働者とともに、努力します」、③「われわれは、社会教育予算や施設が拡充され、それが自主的な社会教育活動に使われるように努力します」、④「われわれは、民主的な社会教育推進のため、社会教育の実践的研究をおしすすめます」と四つの重点を確認している。社全協の発足にともなって運営委員が選出され、宮川淳一（北海道）、佐藤新市郎（山形）、笹島保（栃木）、伊勢宗治（富山）、田中貞之助（大阪）、堀内正嗣（高知）、田岡鎮男（福岡）、吉田昇、田辺信一、藤田秀雄、徳永功、野呂隆（以上、東京）が選ばれた。初代委員長には吉田昇が、事務局長には野呂隆が就任した(19)。

（2）社会教育職員の不当配転撤回闘争

公民館の「近代化」や社会教育専門職員の配置がすすんでいくなかで、自治体当局による人事の「自由裁量権」と「特別権力関係論」による、社会教育主事や公民館主事の「不当配転」が発生するようになった。一九六六（昭和四一）年四月に発生した長野県喬木村の島田修一主事の不当配転問題と一九六七（昭和四二）～一九六八（昭和四三）年の浦和市における公民館攻撃・職員の不当配転問題は、こうした社会教育専門職員の不当配転撤回闘争の典型として位置づけることができる。

喬木村教育委員会事務局員・青年学級主事、村立喬木中学校講師・社会教育主事であった島田主事に対して、一九六六（昭和四一）年一月三一日に二月一日付けで村立小・中学校図書係に配置換を行なうとの内示があった。島田主事はこれを拒否し、村民有志による内示撤回要求署名が村の有権者の過半数を越えた（二五六五名）ことから、二月七日付けでこの内示は撤回された。しかし、同年四月二一日付けで再び週に村内三小・中学校をそれぞれ二日間勤務し、学校図書館主任の下に属する雑務に従事させる「命令」を喬木村教育委員会が出したことから、島田主事は五月一六日に下伊那郡町村公平委員会に対して「不利益処分審査請求」を行なった。一九六六（昭和四一）年一二月の第一回公平委員会口頭審理から一七回の審理が行われ、一九六九（昭和四四）年七月三一日の最終陳述をもって終結した。その後、一九六九（昭和四四）年八月の喬木村村長選挙で「事態収拾」を公約した木下丈男村長が当選し、当時の責任者である教育委員長と教育長が任期途中で辞職したことから村長を仲介とする調停を受入れ、一九六六（昭和四一）年一二月一七日付けで「協定書」の調印と現職復帰がかちとられた。「協定書」の合意内容には、「原命令については地方公務員法、社会教育法、教育公務員特例法の諸規定に照らして適当でないと思われるので、原命令撤回、現職復帰の基本線にそう協定を行なうこととなった」と明記されている(20)。

この喬木村島田主事不当配転撤回闘争から、社会教育専門職員の不当配転と闘い、現職復帰をかちとるための多くの教訓が得られた。一七回にわたる公平委員会での審理において、「この配転命令は、住民の意思と本人の意思を無視して、労働者の基本的な権利を侵害し住民に奉仕する活動を阻害するものであって、実際に住民の自由に学習する権利を奪うものであるから、民主教育の理念に逆行する措置であって、直ちに撤回されるべきだ」と一貫して主張されてきた。それは、「格下げ人事であるから不当」というだけではなく、「配転の動機・理由の不当性」、「命令そのものの違法性」、「配転後の社会教育活動の低下」という住民の学習に奉仕する社会教育職員の専門性の中身が正面から取り上げられるというものであった。問題の根っ子に教育の反動化と自治体の「合理化」政策があり、住民の権利の重大な侵害であると認識されたことで、県の総合開発に反対する農民とつながり、「自治研実行委員会」という住民共闘組織をつくるようになった。当局の激しい反撃と分裂工作の中で公平委員会の審理を村の政治のあり方を考える大衆闘争の場と位置づけ、全戸に新聞折り込みの「守る会ニュース」を配って報告集会を繰り返すことで多くの村民の理解と支持を獲得することができた。しかし、こうした闘争が可能となるためには「何年かにわたる民主的な学習活動の一定の蓄積」が必要であり、「真の専門性とは真に大衆的であるかどうかで決まる」という確信があったことを忘れてはならない(21)。

また、一九六七(昭和四二)年四月の浦和市長選による市長の交代を機に、市当局と一部政党機関紙などによる公民館と職員への露骨な攻撃が行われるようになった。一九六七(昭和四二)年八月には婦人学級の講座や講師への干渉がはじまり、子ども新聞「ベトナム特集」号が没収されるという事態も発生した。人事面でも一九六八(昭和四三)年度公民館主事採用予定者の不明朗な全員不合格決定、市職組に加入した公民館主事に対する「アカ」攻撃と一九六八(昭和四三)年四月に発生した社会教育主事及び公民館主事の不当配転などが行われた。組合と主事会は当局との交渉や住民への宣伝活動にとりくみ、「覚え書き」をとりかわすなどの成果をえたものの、配転の撤回には至らなかった(22)。

(3) 学習権論自覚化への胎動

一九六〇年代の公的社会教育の前進は、これまでみてきた地域問題の深刻化に対応した住民の自己教育運動の発展と、そこに示された学習課題を自治体の中で積極的に保障していこうという機運が生まれ、いわゆる「テーゼ」などのまとまった形で提案されたものにみることができる(23)。

一九六三(昭和三八)年二月に出された「枚方テーゼ」と呼ばれる大阪府枚方市教育委員会(社会教育委員の答申)の『社会教育をすべての市民に』もそうした提案の一つであり、とくに「第一章　社会教育とは何か」において、①社会教育の主体は市民である、②社会教育は国民の権利である、③社会教育の本質は憲法学習である、④社会教育は住民自治の力となるものである、⑤社会教育は大衆運動の教育的側面である、⑥社会教育は民主主義を育て、培い、守るものである、と定義したことが注目された。このテーゼが生み出された背景には、大阪郊外の新興住宅地域を中心にした保育所づくり運動や婦人会館建設運動などの住民運動があったものの、職員論や施設論を欠き社会教育を民主化する理論が不明確であったと言われている。とはいえ、「枚方テーゼ」が教育委員会の公式文書の形で、積極的に住民運動の学習的側面を評価し、自治の担い手としての市民の学習権と憲法学習を結びつけ、公的に保障しようとした意義は大きい。また、雑誌『部落』が「枚方テーゼ」を最初にとりあげて全国に紹介したことから、社会同和教育講座の広がりにも一定の影響を与えた。

他方で、一九六五（昭和四〇）年の日本社会教育学会年報『現代公民館論』に長野県飯田・下伊那主事会による「公民館主事の性格と役割」（下伊那テーゼ）が掲載された。これは下伊那地方での公民館実践の蓄積をふまえた、公民館職員論であった。「公民館の仕事」を「民主的な社会教育活動の発展」につくすものであると定義し、「民主的な社会教育」とは国民の諸要求に根ざして行われる教育・学習活動が自由に発展していくことであるとした。また、「地域における活動」を、①自主的なグループ活動、②労働運動、農民運動、青年運動等における学習文化活動、③公民館が育てた学習集団の、三つの学習・文化活動があるとし、公民館主事が、オルガナイザー、リーダー、チューター、その一員など多様な役割を果たしていると指摘した。さらに「公民館主事の性格と役割」について、「教育の独立性」を基礎に、①教育の進歩性を守っていく課題、②教育の専門技術者としての課題をもつ「教育の専門職」であると同時に、「低賃金労働者」として労働運動に参加し、「地方自治を住民の手で確立することを課題とする」自治体労働者であるとする実践的な主事像を提起する。

これに対して、一九六五(昭和四〇)年二月に三多摩社会教育懇談会が「公民館三階建論」を提案していた。「一階では、体育、レクリエーションまたは社交を主とした諸活動が行われ、二階では、グループ・サークルの集団的な学習・文化活動がおこなわれる。そして三階では、社会科学や自然科学についての基礎講座や現代史の学習についての講座が系統的におこなわれる。そして、それらの学習・教育活動のそれぞれについては、おそらく今日のような公民館主事のイメージとは相当異なった『学習・知的要員』としての社教職員が積極的な役割を果たすようになるであろう。」これは後に、東京都教育庁『新しい公民館像をめざして(三多摩テーゼ)』(一九七四〈昭和四九〉年三月)へと発展させられる。

さらに、一九六九(昭和四四)年九月には全国公民館連合会の「公民館のあるべき姿と今日的指標」が『公民館の設置及び運営に関する基準』の取扱いについて」(一九六〇〈昭和三五〉年二月)とはちがい、「公民館創設当時の社会的条件が一変した現時点」の公民館のあるべき姿を提示する公民館論として発表された。社会変貌に対応して新しく脱皮すべき公民館の基本的役割は、①集会と活用、②学習と創造、③総合と調整、の三つとされた。その「今日的指標」及び課題とすべき「各論」が、条件整備の基準も含めて、具体的に展開されている。第二次専門委員会報告では「あるべき姿」の三つの役割論のうち、もっとも重視すべき中心的役割は「学習と創造」の機能に集約される必要があるとし、「教育機関」としての公民館像が基調となっている。これに即して、公民館設置の義務化、専門職制の確立、事業、管理、財政制度についての意欲的な改善が提起されている。

一九六三(昭和三八)年に図書館の分野でも日本図書館協会が『中小都市における公共図書館の運営(中小レポート)』を発表し、中小都市の公立図書館こそが学習権を保障する中核であると主張した。

注

（1）正村公宏『図説戦後史』ちくま学芸文庫、一九九三年、二六六～三三二頁。
（2）全日本教職員組合編『教職員組合運動の歴史』労働旬報社、一九九七年、一八九～三四九頁。
（3）加瀬和俊『集団就職の時代』青木書店、一九九七年。
（4）千野陽一「総解説」、『資料集成・現代日本女性の主体形成』第四巻及び第五巻、ドメス出版、一九九六年。
（5）「実験学級『月刊』家庭教育学級」『月刊社会教育』一九六八年五～七月号。
（6）高比良正司『夢中を生きる～子ども劇場と歩んで二八年』第一書林、一九九四年、二六～二八頁。
（7）西村文夫「ＰＴＡ民主化のとりくみ」、千野陽一・野呂隆・酒匂一雄編『現代社会教育実践講座』第三巻、民衆社、一九七四年。
（8）酒匂一雄「あたらしい地域青年集団の創造」前掲書。
（9）西岡昭夫「科学はだれのものか」『全書国民教育六公害と教育』明治図書、一九七〇年、二〇〇～二〇二頁。
（10）林えいだい「婦人団体の公害学習活動」『月刊社会教育』一九六八年一一月号。
（11）津高正文編『戦後社会教育史の研究』二二五～二九七頁、昭和出版、一九八一年。
（12）西宮社会教育研究会「『芦原同和教育講座』について」『月刊社会教育』一九六八年六月号。
（13）東上高志「芦原同和教育講座」『月刊社会教育』一九六八年八月号～六九年七月号。
（14）「座談会『芦原同和教育講座』に学ぶ」『月刊社会教育』一九六九年四月号。
（15）「座談会『月刊社会教育』十年を語る」『月刊社会教育』一九六七年一一月号。
（16）「第一回本誌ゼミナール報告」『月刊社会教育』一九六〇年七月号。
（17）「第二回本誌ゼミナール報告」『月刊社会教育』一九六一年九月号。
（18）「報告　第一回社会教育全国集会」『月刊社会教育』一九六一年一一月号。
（19）「社会教育推進全国協議会趣意書」『月刊社会教育』一九六三年一一月号。
（20）「資料　長野県喬木村島田主事原職復帰の協定書」『月刊社会教育』一九七〇年四月号。
（21）島田修一「不当配転撤回闘争をふりかえって」『月刊社会教育』一九七〇年三月号。
（22）社全協十五年史編集委員会『権利としての社会教育をめざして』ドメス出版、一九七八年、五二～五四頁。
（23）大串隆吉『日本社会教育史と生涯学習』エイデル研究所、一九九八年、二一三～二一五頁。

第4章

「権利としての社会教育」の自覚の広がり

第一節　低成長時代の社会教育政策と自治体の動向

第二節　広がる「権利としての社会教育」の自覚

第三節　主体性を重視する社会教育実践

第四節　社全協運動の前進

第一節　低成長時代の社会教育政策と自治体の動向

（1）低成長時代の緊張と生活意識の変容
地域生活の歪みと低成長時代の地域政策

一九七〇年代の日本経済は一九七二（昭和四七）年のドルショック、一九七三（昭和四八）年のオイルショックに直面して以降、低成長時代に入り、政府は新たな経済構造を模索しはじめる。他方、それまでの急激な経済発展による社会の歪みが、この時期、人々の日常生活にも広く現れてくる。

政府は「公害国会」と呼ばれた一九七〇（昭和四五）年一一月からの臨時国会で公害関連一四法案を成立させ、一九七一（昭和四六）年七月には環境庁を発足させたが、一九七〇年代の「公害」問題は、光化学スモッグ、生活雑排水による水質汚染、食品公害など、原因が複合的で、より多くの人々を巻き込むものになっていた。また人口の過疎・過密化も進んだ。核家族化も進み、「老人問題」も注目されてくる。高校進学率は一九七四（昭和四九）年に九〇・八％、大学進学率も一九七六（昭和五一）年に三八・六％にまで上昇し、同時に学歴競争が激化した。また、激しい人口移動による地縁組織の崩壊、乱開発による自然環境悪化の中で、子どもの成長の場としての地域の崩壊も問題となっていく。さらに母親の孤独な子育て、減量経営下の労働者に対する管理強化などの問題も浮上する。

このように一定の経済発展を背景にした上での社会の歪み（生活基盤整備の立ち後れも含めて）と人々の精神的疎外状況は、この頃、経済的貧困（古典的貧困）に対して「新しい貧困」、「現代的貧困」と呼ばれるようになる。

政府はこのような問題状況を地域社会崩壊の危機ととらえ、一九六九（昭和四四）年の国民生活審議会コミュニティ問題小委員会の報告「コミュニティ・生活の場における人間性の回復」を受けて、地域社会再構築のためにコミュニティ政策に取り組んでいく。他方一九七〇年代後半には、財政危機の中での「合理的」自治体経営が示唆され、とりわけ都市部では自治体に「都市経営論」が浸透していった。

生活意識の変容と新たな運動の展開

一九七〇年代はまた、耐久消費財の普及など消費生活面での一定の上昇と、週休二日制の大企業での導入などを背景に、いわゆる「中流意識」が広がり、これに呼応するように、一九七四（昭和四九）年には朝日カルチャーセンターが登場し、カルチャーセンターブームの先駆けとなる。一九七九（昭和五四）年には立教大学法学部が社会人入学制度をはじめて導入して注目された。一九六〇年代後半に引き続いて一九七〇年代にも多様な住民運動が展開した。革新自治体が増え、一九七〇年代中頃には国政レベルでも保革勢力の緊張が高まった。しかし、保守勢力の巻き返しの中で、後半にはこの緊張も一般に弱まった。

一九七〇年代初頭の激しいインフレ、オイルショック時の日用品不足による混乱と企業による在庫隠しに対し、消費者の不満が高まった。消費者団体は二重価格販売が発覚したカラー・テレビの不買運動や、再販制度による価格統制批判などにとりくみ、消費者運動の新しい力を示していく(1)。生活協同組合も組合員の増加、班活動の成長により発展し、さらに米の生産調整の中で新しい経営を模索していた農家と結びついて、産直運動も始まる(2)。一九七五（昭和五〇）年の国際婦人年とこれに続く「国連婦人の一〇年」は、「〈女性解放〉、〈性差別撤廃〉を女性自らの手で実現させよう」と、新しい運動と既成の女性全国組織とが「大同団結」する契機になった(3)。

なお、一九七二（昭和四七）年には、沖縄が日本に返還され、また日中共同声明のもと、日本と中華人民共和国との国交が回復する(4)。

(2) 国の社会教育政策の動き

「生涯教育」論下の社会教育政策

社会教育審議会は一九六八(昭和四三)年七月の諮問「急激な社会構造の変化に対処する社会教育のあり方について」にこたえて、一九七〇(昭和四五)年九月に中間報告を、一九七一(昭和四六)年四月に本答申をまとめた。また中央教育審議会は、一九七九(昭和五四)年一二月に「生涯教育に関する小委員会」の「報告」を、一九八一(昭和五六)年六月に本答申「生涯教育について」をまとめた。

これら社会教育に関わる審議会答申では、社会構造と人々の生活が変化し、教育要求が多様化・高度化しているという認識にもとづき、「社会教育」のあり方が「生涯教育」理念の下に検討されはじめた。しかしそこでの「生涯教育」論は、社会の「豊かさ」を前提に、社会の変化への「適応」を目的とし、教育・学習課題の提示もライフサイクル論によっており、階層格差、「教育無権利層」の問題をふまえたものではなかった。また前述の社会教育審議会答申における「社会教育主事」に関する記述や「現行法令の改正」への示唆などは次節にみるような社会教育統制強化政策に連動していった。

なお一九七三(昭和四八)年一一月には、文部省告示「公立博物館の設置及び運営に関する基準」が出され、公立博物館における学芸員・学芸員補設置の基準が明示された。

社会教育法「改正」問題

文部省社会教育局内では一九七〇(昭和四五)年から社会教育法「改正」が検討されはじめ、同年一〇月には「社会教育法改正にあたって検討すべき問題点」が全国社会教育委員協議会に示され、さらに一九七一（昭和四六）年一月には「社会教育法改正に関する一五の問題点」が都道府県社会教育主管課長会議に提示された。この「一五の問題点」は「改正」条文案といえるもので、「社会教育団体」の登録制、「社会教育振興財団構想」、社会教育主事十年以上の経験者などから選ばれる社会教育主事上位職「社会教育参事」の設置などが提案されていた。現行法第三条に相当する部分では、「国民」は、社会教育を「受ける」対象とされ、「国及び地方公共団体」が社会教育の「主体」の一つと位置づけられ、現行法の「環境の醸成」という表現は消されていた。これは立法当初の法理念から明らかに後退したものだった。

この社会教育法の抜本的「改正」案は一九七二（昭和四七）年五月に正式に断念されるが、同年一一月には、市町村社会教育主事について、その定数を政令で定め、かつその任命権を都道府県教育委員会に移管し、給与を都道府県負担とし、その半分を国で補助するという法一部「改正」案が「社会教育主事給与国庫補助問題」として再浮上する。これも結局は法「改正」に至らなかった（大蔵省の了解を得られず、国会に上程されなかったという）が、次項でみる「派遣社会教育主事」国庫補助施策が打ち出される(5)。

派遣社会教育主事の推進

文部省は三度目の提案「派遣社会教育主事国庫補助」を、今度は法「改正」を伴わない予算措置によって実施していく。

実は一九七一（昭和四六）年四月の社会教育審議会答申では、「すでに十数県」が学校教員による「派遣社会教育主事の方式を採用実施して」いる実態を認め、この方式を「学校教職員と社会教育主事との交流」として勧奨していた。この「方式」に対しては、社会教育主事への職階制導入による社会教育の官僚・中央統制の強化、市町村主義の破壊、学校管理職への道としての教員人事による社会教育の変質などの批判が当時から出されていた。にもかかわらず、一九七四（昭和四九）年度から「派遣社会教育主事」給与への国庫補助が七五〇人分予算化され、次年度にはスポーツ担当三〇〇人を含む計一三〇〇人分に拡大する(6)。

また、一九七〇年代の諸答申や一連の法「改正」案では、「公民館主事」の専門職制度化（資格制度の整備等）が検討されないまま、公民館や青年の家等の社会教育施設への社会教育主事有資格者の配置が提案されていた。さらに派遣社会教育主事国庫補助に先立ち、一九七二（昭和四七）年度には、市町村の嘱託社会教育職員としての「社会教育指導員」（すでに自前で置いている自治体もあった）に新規に国庫補助金が予算化された。

（3）自治体の社会教育政策の後退と前進

社会教育施設の統廃合・委託化

国の社会教育施設費補助額はもともとそれほど大きいものではなかったが、一九七〇年代には増加していった。公民館施設費の国庫補助額についてみると、一九七一（昭和四六）年度の一〇億円から、一九七九（昭和五四）年度一一六億円、一九八〇年度一二八億円へと増加した(7)。社会教育施設設置数も全国的にみると、一九七〇年代を通じて増加し、とりわけ公民館、婦人教育施設、青少年教育施設は他の年代と比較して、一九七〇年代（とりわけ前半）の設置が際立った(8)。しかし、自治体財政悪化と対応した自治体経営「合理化」や、自治省のコミュニティ政策の影響を受け、社会教育施設の統廃合、「事業団」への委託、職員引き上げ、職員の嘱託化、コミュニティセンター化、運営の地域委託などを行う自治体も登場してくる。

福岡県北九州市では、自治体「合理化」政策下、一九六〇年代からの公民館統廃合と職員削減に続いて、一九七〇年代には市職員大量整理政策の一環として、公民館からの用務員引き上げ、大量の職員配転、新設公民館の館長嘱託化、中央公民館の「市民センター」への名称変更等の問題が浮上した。一九七六（昭和五一）年四月には教育文化事業団が発足し、「市民センター」と市民文化会館、体育施設等の管理業務がこの「事業団」に委託され、事業団委託に反対した公民館職員の報復的配転まで行われた(9)。

同年、一九七六（昭和五一）年には兵庫県西宮市で、「累積赤字解消の一環として」、一七館ある公民館の職員五八名を「希望退職によって空いた本庁職場へ配置転換」する計画が示された。結局、東西に一つずつ拠点公民館をおき、そこに職員を集中し、他館は住民管理とする方式に一九七七（昭和五二）年から移行した(10)。

福岡県福岡市では一九六〇年代、小学校区に一つを目標に公民館建設が進められてきたが、一九七七（昭和五二）年には「市民センター」の各区への設置と引き換えに、公民館正規職員の「市民センター」への引き上げと公民館職員の嘱託化が実施されはじめる。

山形県鶴岡市では一五館並列の公民館体制をとっていたが、一九七三（昭和四八）年、大山地区が自治省のモデル・コミュニティ指定を受け、コミュニティセンター建設とひきかえに大山公民館が廃止された。これをきっかけに、「住民自主管理への改革の名のもとに」、一九七五（昭和五〇）年から一九八〇（昭和五五）年にかけて、一五の地区公民館のうち一三館がコミュニティセンターに「切り替え」られ、職員が引き上げられていった(11)。

社会教育職員の不当配転撤回闘争の展開

一九七〇年代には、職員の社会教育実践への政治的攻撃として、また社会教育施設の統廃合・委託化、自治体「合理化」政策の中での専門職制度の否定として、社会教育職員の配転が、社会教育事業の継続、社会教育職員の専門性を無視して、多数、進められた（非常勤職員の不当解雇問題も含む）。社会教育職員の不当配転はすでに一九五〇年代末から問題とされていた。一九六〇年代末から一九七〇年代にかけては、職員・住民による社会教育行政民主化運動の力量の高まりによって、不当配転に対する撤回闘争が各地で展開されていった。

一九七〇（昭和四五）年から一九七七（昭和五二）年までは、一九七〇（昭和四五）年長野県望月町（六〇年代末から）、岡山県加茂町、一九七一（昭和四六）年大阪府富田林市、埼玉県入間市、埼玉県蕨市、三重県四日市市、一九七二（昭和四七）年埼玉県大井町、一九七三（昭和四八）年東京都荒川区、東京都青梅市、神奈川県相模原市、一九七四（昭和四九）年東京都小平市、東京都東大和市、群馬県笠懸村（六六年から同一人物について三度目）、一九七五（昭和五〇）年埼玉県越谷市、東京都稲城市、長野県上田市、一九七六（昭和五一）年千葉県佐倉市（二回）、埼玉県蕨市、一九七七（昭和四六）年東京都清瀬市で不当配転が顕在化している。その後では、千葉県船橋市で、一九七一（昭和四六）年に採用されて郷土資料館開館事務等を担当し、一九七二（昭和四七）年の開館と同時に学芸員補の発令をうけて同館に勤務していた職員が一九七八（昭和五三）年に公民館に配転され、ここでも不当配転撤回闘争が行われた。なおこの件は一九八一（昭和五六）年に和解となった(12)。

特に一九七〇年代には、船橋市の事例に見られるように、社会教育施設間の異動についてもその不当性をつく不当配転撤回闘争が展開された。そこでは、社会教育施設には施設ごとの専門性があり、その専門性を生かす職員配置こそ住民の学習の自由を保障する重要な条件整備要件であるとする考え方が示された(13)。

社会教育職員専門職化のとりくみ

一方、この時期、社会教育行政を充実させようとする職員・住民の運動におされて、社会教育職員の専門性を重視した任採用を行う自治体も複数あった。

たとえば、千葉県君津市では社会教育主事と公民館主事を専門職として位置づけ、これを一九七一（昭和四六）年一一月の「君津市における社会教育体制の整備について」という文書の中で明確にした。そして翌年度の職員採用において「君津市教育委員会社会教育担当専門職員」として募集した。東京都品川区では職員常勤化の運動によって、一九七七（昭和五二）年に、非常勤の社会教育指導員・体育館専門指導員がすべて常勤となり、社会教育主事有資格者三名は社会教育主事補に、また無資格者は社会教育主事講習を受講することとなり、画期的事例として注目された(14)。

長野県松本市では一九七六（昭和五一）年に教育委員会組織規則を改正した際に、「松本市教育委員会職員の職及び職種名に関する規則」の中で、「社会教育主事、体育指導主事、公民館主事、司書、学芸員、社会教育主事補、司書補、学芸員補」を「専門職員」として明記した。また東京都田無市では、公民館運営審議会の一九七五（昭和五〇）年の答申、一九七七（昭和五二）年の要望書と社会教育委員の会議の一九七六（昭和五一）年の建議を受けて、一九七八（昭和五三）年、公民館条例と公民館処務規則に公民館職員として公民館主事、公民館主事補が明記され、さらにその任用要件として社会教育主事有資格者であることが明記された(15)。この他にも一九七〇年代に社会教育職員を一般職員とは別に採用した自治体が複数あった。

なお、都道府県の社会教育行政施策では、一九六〇年代からの京都府の「ろばた懇談会」の実践のほか、一九七〇（昭和四五）年の東京都図書館振興プロジェクトチームの提案を受けた東京都による区市町村図書館建設への積極的財政援助や、一九六八（昭和四三）年開館の都立立川社会教育会館による「自主的企画及び運営参加方式」による市町村社会教育職員セミナーの実施、同館内に一九七二（昭和四七）年に設置された市民活動サービス・コーナーによるさまざまな形での「市民活動」の援助が注目された(16)。

（4）成人教育の権利を明確にする国際的動向

この時期の「社会教育」に関連する国際的動向をみておくと、一九七二（昭和四七）年にユネスコ主催の第三回国際成人教育会議が東京で開催され、「教育無権利層」の生涯教育への参加の必要性が確認され、この会議を契機にＩＣＡＥ（International Council for Adult Education 国際成人教育協議会）が結成された。一九七四（昭和四九）年にはＩＬＯ（International Labor Office 国際労働機関）が有給教育休暇条約及び勧告を採択した。一九七九（昭和五四）年のユネスコ総会（ナイロビ）では、「生涯教育の観点から成人に教育の機会を与えることは、教育を受ける権利の基本的な側面である」と主張する「成人教育の発展に関する勧告」が採択された。また一九七二（昭和四七）年にはユネスコが、「公共図書館は完全に公費によって運営されるべきで、サービスの対象となるいかなる人からも直接費用を徴収してはならない」と主張する公共図書館宣言をまとめている。さらに一九七五（昭和五〇）年にはヨーロッパ会議で「ヨーロッパ・スポーツ・フォア・オール（みんなのスポーツ）憲章」が、一九七八（昭和五三）年にはユネスコ総会で「体育・スポーツ国際憲章」が採択され、体育・スポーツの権利が明確にされていく。

第二節 広がる「権利としての社会教育」の自覚

(1)「権利としての社会教育」の主張
「住民の学習権」、「権利としての社会教育」の自覚

一九七〇年代には住民運動が多様に展開され、「権利」意識がさまざまな場面に広がりはじめ、また住民運動の担い手が、その学習・集会活動の場、機会として社会教育に出会い、これを積極的に活用するようになる。こうした中、「学習権」という言葉を当時多くの人に印象づけたのは、学校における「教育権」論争の中で一九七〇(昭和四五)年七月に出された、第一次教科書検定裁判第一審判決、いわゆる杉本判決だった。また『月刊社会教育』で一九七〇(昭和四五)年五月号から連載された小川利夫の論文「社会教育をどうとらえるか」の中では「権利としての社会教育」という概念が提起され、これは一九七一(昭和四六)年八月の第一一回社会教育研究全国集会の集会テーマにもすえられた。

当時、住民運動団体が自治体と教育委員会に対し、みずからの「学習権」を高らかに宣言して注目された事例として「住民の学習権尊重を要求する決議」(「志布志アピール」)がある。これは一九七二(昭和四七)年の「九州自然を守る志布志研究大集会」のための学校使用を教育委員会から拒否されたため、「住民の学習権」を主張し、その保障を強く要求した参加者により決議されたものであった(17)。

こうして、前章で紹介した「枚方テーゼ」が提起した「社会教育は国民の権利です」という考え方は、一九七〇年代になって社会教育関係者の間で住民の「学習権」及び、社会教育を「権利」と捉える意識として共有され、これにより社会教育行政・社会教育事業へのさまざまな要求、参加・参画要求が発展し、

具体的には次にみるような社会教育施設づくり運動や社会教育事業企画への参加を生み出していく。

なお自治体問題研究所開催の自治体学校では一九七一（昭和四六）年の第一〇回から新たに社会教育の分科会を設け、「自治体労働運動と社会教育」、「自治体社会教育労働者像」の追求をはじめた。日本母親大会でも一九七三（昭和四八）年に新たに「社会教育の問題——婦人学級・生活学校——」の分科会を設けた(18)。このようにさまざまな運動分野からの社会教育への関心も高まっていた。

社会教育施設づくり運動

この時期、大都市郊外の住民が自治体に要求し、建設過程にも参加していく社会教育施設づくり運動が活発に展開された。一九六〇年代からの図書館づくり運動もその重要な一つだが、一九七〇年代にはその対象に他の社会教育施設、とりわけ公民館が大きく浮上してきた。

東京都下三多摩およびその周辺の自治体では、住民による公民館づくり運動が活発に展開された。都下では昭島市で一九七一（昭和四六）年に「昭島に公民館をつくる会」が結成され、福生市でも一九七〇年代はじめに「ふっさ公民館をつくる市民の会」がつくられ、東村山市では一九七五（昭和五〇）年に「東村山に公民館をつくる会」が発足した。神奈川県茅ヶ崎市でも一九七四（昭和四九）年に「公民館について勉強する会」が、そして翌七五（昭和五〇）年には「茅ヶ崎市に公民館をつくる会」が発足した(19)。これら「つくる会」は社会教育法、公民館の歴史・理念の学習や他市の公民館の見学調査、自分たちの求める公民館のあり方の検討等、地道な学習・運動を重ね、自治体にその建設を要求し、一九八〇年代に公民館建設を実現していった。

また神奈川県川崎市の菅生地区では児童館づくりの運動が展開し、一九七三（昭和四八）年一月発足の住民団体「児童館をつくる会」が、全国各地の調査などをもとに望ましい児童館のあり方を学習、提言し、これを市が受け止め、「菅生こども文化センター」が一九七五（昭和五〇）年に建設された[20]。

この時期の「社会教育施設づくり運動」は、その多くが都市化の中での新住民を中心とする「住民運動」として展開された。そこでは調査・学習が重ねられ、施設建設過程への参加はもとより、開館後の運営への参加、施設関連の条例案や自治体全体を見渡した施設配置計画の提言にまで活動を発展させていくものもあった。またそれらの運動は学習権の自覚のもとに、社会教育を権利ととらえる意識に裏打ちされてすすめられていった。たとえば、東村山市と茅ヶ崎市での公民館づくり運動は、社会教育の講座に参加した地域の主婦らがさらなる学習の場を求めて（茅ヶ崎市の場合には、講座保育のための保育室を求めて）展開された。児童館を求めた川崎市の事例では家庭教育学級がそのきっかけとなっており、運動をになってきた住民たちは「菅生子ども文化センター」を「おとなが学ぶ場」としてもとらえていた[21]。

『新しい公民館像をめざして』（三多摩テーゼ）の影響

ところで一九七三（昭和四八）年三月には、東京都三多摩の公民館職員と研究者により、三多摩各地の公民館での実践を踏まえて、これからの公民館のあり方（役割と理念）を描いた提言『新しい公民館像をめざして』がまとめられ、東京都教育庁社会教育部から公刊された。これがいわゆる「三多摩テーゼ」である。これは次年度に公民館職員のあり方についての提言（第二部）を追加して、一つにまとめられた。

この「三多摩テーゼ」は公民館のあり方を、「四つの役割」（住民の自由なたまり場、住民の集団活動の拠点、住民にとっての「私の大学」、住民による文化創造のひろば）、「七つの原則」（自由と均等の原則、無料の原則、学習文化機関としての独自性の原則、職員必置の原則、地域配置の原則、豊かな施設整備の原則、住民参加の原則）として提示し、それぞれの項目について、考え方、これまでの実践の蓄積と今後のあり方を示した。また「公民館の標準的施設・設備の規模と内容」についても指標を明示し、「このレポートは、まだ中間報告の域を出ていません。…略…〈新しい公民館像〉をめざす一つのてがかりにしていただきたい」と訴えた。当時の関係者によると、『新しい公民館像をめざして』の提示には図書館建設には熱心だが公民館にはあまり注目していなかった東京都に対し、「公民館」の存在をアピールする意図もあったという。

この「テーゼ」は、公民館づくり運動をはじめた住民たちが公民館について学習し、また運動への共感を広めていく有効なテキストとして広く各地で生かされていった。しかも住民たちは、この「公民館像」をふくらませ、自分たちの求める「公民館像」へと発展させていった。たとえば「茅ヶ崎市に公民館をつくる会」は自分たちで「茅ヶ崎市における公民館像」をまとめ、八館構想を提起した(22)。

住民参加のための努力

一九七〇年代には、住民からの要求を受けて、社会教育事業への住民参加がさまざまな方法で取り組まれていく。東京都練馬区では一九七〇（昭和四五）年度の家庭教育学級「ＰＴＡを考える」の実施に際し、住民と職員と講師とが事前学習を行ってその企画を練った。この方法は「三者事前学習方式」と呼ばれるようになる。東京都国分寺市では、ある青年の「公民館は一方的に事業を展開している」という批判を真摯に受け止めた職員が、職員集団での検討の上で、講座の企画過程に住民が直接参加し、職員とともに講座の企画を練っていく方法を、一九七二（昭和四七）年度の教育講座で「準備会」としてとりいれた。これは「準備会方式」として他の自治体にも普及していく(23)。

また東京都小金井市では、戦後初期の公民館時代にあった住民による「企画実行委員」の経験が一九七二（昭和四七）年から再評価され、一九七四（昭和四九）年度に、住民が企画実行委員となり、公民館事業の全体を見渡して全ての学級・講座を企画する「企画実行委員会方式」がはじまった(24)。公民館づくり運動が展開された東京都東村山市でも、住民の要求を受けて、類似の方法が一九七七（昭和五二）年度から実施された(25)。

学習団体を援助する方法として、学級・講座の終了後に自主グループをつくる働きかけが各地で積極的に行われるようになった。そして、学級・講座から生れたグループだけでなく、広くグループを援助する方法や、また学習団体の自主性を尊重して援助する方法が工夫されていった。たとえば、公民館に印刷設備を整え、団体・サークルに利用の便をはかるところが増えた。また団体統制につながる危険のある補助金支出を避けつつ団体を援助していく方法・考え方として、いわゆる講師派遣制度が生み出され、東京都国立市では一九七三（昭和四八）年度からこれを実施した(26)。これは講師謝礼を出す力のない小さな団体にその謝礼分を援助するものとして、有効に機能していく。

すでに一九六四（昭和三九）年度から東京都目黒区の婦人学級で実施されていた申請学級方式や、神奈川県相模原市で従来の「委託金制度」を一九七二（昭和四七）年に変更して実現した「委託制度公募方式」も、グループの自主性を尊重する援助制度といえる。目黒区ではさらに「目黒区婦人学級連絡会」が一九七四（昭和四九）年に発足し、区と交渉し、申請学級公募条件の改善にも取り組んでいった(27)。

このような社会教育事業企画への住民参加やグループ援助方法もまた、住民の「社会教育」に対する主体としての自覚の下に、普及・発展した。

また、住民が地域の社会教育のあり方全体を積極的に考え、提案していく「社会教育を考える会」等の組織が各地で結成された。大阪府枚方市では、婦人学級で学んできた女性たちが、一九七二（昭和四七）年の社会教育研究全国集会ではじめて「枚方テーゼ」の存在を知り、次の年に「枚方の社会教育を考える会」を結成する(28)。神奈川県川崎市でも一九七七（昭和五二）年住民と職員が「川崎の社会教育を考える会」を結成した。神奈川県相模原市では婦人学級の「委託公募方式」を実現させた住民たちが、予算増額を求め、また「研究集会」自主編成を実現させた。そして、相模原市婦人グループ連絡協議会の正式発足のあと、「派遣社会教育主事問題」への危機感から職員とともに「社会教育をよくする市民の会」を結成した(29)。この他、社会教育職員不当配転撤回闘争を契機に住民による「社会教育を考える会」などが結成される事例もあった。一九七三（昭和四八）年には、「東京の社会教育を考える都民の集い」がはじまった。

教育委員などの教育行政関連委員への住民参加制度活性化の取り組みも進んだ。東京都中野区では教育委員準公選制度を求める住民運動が展開された。一九七七（昭和五二）年に「中野の教育をよくする会」が結成され、「教育委員候補者選定に関する区民投票条例」が区議会の可決を得て、一九七九（昭和五四）年八月公布された(30)。また、地域の教育運動団体のメンバーが教育委員の一員になる事例も生まれ、教育委員会の審議への住民の関心が高まっていった。

社会教育委員二号委員(31)や公民館運営審議会二号委員の選出過程に住民が参加する試みも少しずつ進んだ。東京都世田谷区の「社会教育を考える会」は一九七五（昭和五〇）年に、社会教育委員の二号委員についてより住民の声を反映させるべく改善を要求し、一九七七（昭和五二）年度から団体間で候補者を推薦する「準公選」制度を実現していく(32)。また、東京都保谷市では一九七七（昭和五二）年度から、公民館運営審議会二号委員の選出に際し「市民の意志に委ねる」方法が採用されていく(33)。

（2）学習・文化・教育運動の広がり

一九七〇年代にはさまざまな学習・文化・教育運動が、分野ごとに、地域を越えて連携していく動きも活発化した。

「社会教育機関としての博物館に対する国民の要求の高まりに応じて、より科学的で進歩的な博物館活動を目指してさまざまな調査・研究ならびに博物館理論の確立」にとりくむため、一九七〇（昭和四五）年一一月に「博物館問題研究会」が結成される。また全国PTA問題研究会が一九七一（昭和四六）年四月に発足し（七月創立大会）、「今こそPTAは、豊かな人間形成をめざし、地域の教育力を回復するために、ひとりひとりの知恵と力をよせあい、連帯の輪を広げていかなければならないのです」と、活動を開始した(34)。

一九七〇（昭和四五）年四月には「親子読書・地域文庫連絡会」が結成された(35)。親子映画運動では一九六七（昭和四二）年発足の「親子映画運動推進連絡会」が一九七三（昭和四八）年一一月に東京連絡会に発展し、全国各地の会との連絡、国際映画祭への代表派遣等「事実上、全国組織といってもよい」活動を展開していく(36)。子ども劇場・おやこ劇場運動も全国に広まり、一九七三（昭和四八）年には「入場税問題」をきっかけに、地方連絡会をまとめて、全国子ども劇場・おやこ劇場連絡会が組織されていく。なお一九七五（昭和五〇）年には全国一四七ヵ所に「劇場」がつくられていた(37)。一九七二（昭和四七）年二月には「少年少女組織の自主的・民主的な活動の発展を援助すること」を目的とする「少年少女組織を育てる全国センター」も結成された(38)。

農民大学運動は山形、福島、宮城、三重、北海道へと輪をひろげ、一九七五（昭和五〇）年六月には、全国農民大学交流集会がはじめて開催された。長野でも一九六九（昭和四四）年三月に信濃労農大学が終結した後、一九七三（昭和四八）年三月の長野県地域問題研究集会を経て、一九七四（昭和四九）年には第一回長野県地域住民大学が開催される(39)(40)。

なお日本図書館協会は、一九五四（昭和二九）年に採択した「図書館の自由に関する宣言」を一九七九（昭和五四）年五月に改定し、主文に「図書館は利用者の秘密を守る」の一項を加えると共に、副文で「知る自由」を「表現の自由」と結びつけてとらえ、図書館の任務を改めて提起した(41)。

第三節　主体性を重視する社会教育実践

(1) 学習機会の保障

一九六〇年代には学習機会を人々に一層広く保障しようとする社会教育実践の取り組みがはじまったが、一九七〇年代にはその取り組みが各地に広まっていった。

たとえば一九五九（昭和三四）年に東京都世田谷区の婦人学級で、また一九六五（昭和四〇）年に大阪府枚方市の婦人学級、東京都国立市公民館の「若いミセスの教室」、東京都練馬区の家庭教育学級で始められた「講座保育」は(42)、一九七〇年代に各地に広まり、公民館等の社会教育施設に保育室を設置するところも増えていく。東京都三多摩についてみると一九八三（昭和五八）年度に保育を実施した社会教育施設四〇のうち、一九七〇年代に実施していた施設は二九に及んでいた(43)。

一九六四（昭和三九）年東京都墨田区教育委員会主催の「すみだ教室」からはじまる障害者青年学級も一九七〇年代には実施する自治体が増えた。東京都でみると、一九六四（昭和三九）年から一九六九（昭和四四）年にかけては九区で開設され、一九七〇（昭和四五）年から一九八〇（昭和五五）年の間には一三区一三市に拡大された(44)。

また、行政管理庁（当時）による夜間中学早期廃止勧告に反対して、一人の夜間中学の卒業生が、一九六七（昭和四二）年から全国行脚を始めた。この運動をきっかけとして「夜間中学増設の市民運動が起き」、一九七〇年代には大阪で九校が増設されるなど、夜間中学の増設が幾つかの自治体で行われた。夜間中学は「成人非識字者の識字学習の場」としても大きく位置づいていく(45)。

(2) 主体性を育む社会教育実践への展開

一九七〇年代にはこのようないわば学習権を保障する社会教育実践が広がっただけでなく、それらの実践の多くが学習者の生き方を問い、また主体性を高めていく実践へと発展していく。

例えば、「講座保育」では、特に国立市公民館の実践の中で、子どもを預けて学ぶ意味が女性の自立した生き方とつなげられ、講座保育の意味が理論的に深められていった。しかしその後、保育をつける社会教育事業の種類と保育の実施方法という具体的場面で、講座保育の考え方にちがいが生まれてくる(46)。

また町田市公民館で実施された障害者青年学級は、親からの開設要求にこたえて一九七四（昭和四九）年に開設された。ここでは青年たちを保護するという発想ではなく、発達保障という考え方に立って、「同じ壁、同じ困難を分かちもつ青年たちが思いっきり交流し合い、学びあい、励まし合うことによって、それぞれの豊かな生活を切り開くための生きる力、働く力を身につけ、また自らの発達の可能性をつかみとる場」にするという目標がたてられた。そこには学級生の主体性と人間的成長を重視する視点が鮮明に打ち出されていた(47)。

女性の学習では一九七一（昭和四六）年に国立市公民館で実施された市民大学セミナー「私にとっての

婦人問題」が「メンバーが、自分のことを話し、その中から問題をみつけ、自ら問題提起をし、互いに受けとめ合おうという」点で画期的なものとなった。この影響を受けて女性の学習は、生活課題、地域課題に対する実践の発展上に、やがて「根源的問題としての婦人問題」をとらえ、「婦人問題」そのものを学習し、自分自身の生き方につなげていく「女性問題学習」へと展開していく(48)。また働いている女性を対象にした夜間婦人学級が、東京都世田谷区で一九七四(昭和四九)年から、東京都渋谷区では一九七五(昭和五〇)年から実施され、世田谷区では当初、学習内容を働く女性の問題に焦点づけていたが、ここでも次第に「女性史」、「女性の生き方」等「女性全般を対象にした婦人問題学級の性格を帯びて」いったという(49)。

前章でふれた名古屋サークル連絡協議会の「生いたち学習」は、一九七〇年代に入ると集団就職による勤労青年を対象としていた時代から、「家庭や地域における生活集団」から離れてしまった青少年の登場する時代に移り、人間性(感受性と共同性)を育む基礎的生活集団そのものを育てるための「たまり場」をつくることの大事さが自覚され、「生いたち」「生きかた」の間に「生きざま」(現在の自分)を媒介させて構成される「生活史学習」へと発展していく(50)。

同和教育では、長野県望月町で、部落史の調査学習により、差別の史実の把握に止まらず、町民が共に支えあって生きてきた史実を発掘することによって、それまでありがちであった差別する側と差別される側の溝を広げるような学習ではなく、共に生きていく連帯意識を形成する学習が展開された(51)。

一九七〇年代にはまた学習者に自分という存在への誇りを生み出す次のような社会教育実践も展開した。一九六八(昭和四三)年に東京都八王子市で橋本義男がはじめた「ふだん記」運動は、文字による文章表現を民衆のものとするために、人々に気軽に文章を書くことを勧めるもので、各地に広まり、題材を自分の生活史にもとめて「自分史」を書く運動を生み出していく(52)。高齢者の学習では、厚生省が奨励し、一九六〇年代に全国各地に結成された老人クラブに対し、一九七〇年代には学習的要素を強調する高齢者教室が文部省から奨励され、社会教育事業の中でそのあり方が模索される。東京都昭島市では、この政策動向の中で、歴史を「語り継ぐ」営みとして自分史を綴っていく高齢者の学習が、高齢者教室として一九七七（昭和五二）年から取り組まれた(53)。

学習者自身の体験を通して、民衆の歴史と文化をとらえていく学習も展開された。北海道のオホーツクでは、一九七三（昭和四八）年結成の「北見歴史を語る会」によって同年から始められた講座「女性史入門講座」をきっかけに、民衆史を掘り起こしいく民衆史運動が展開していった(54)。また、柳田國男の民俗学の思想をふまえながら、日本の近代史を「生活者」の視点から、「地域にこだわり」学んでいく遠山常民大学が、一九七七（昭和五二）年長野県南信濃村ではじめられ、一九八〇年代に入って他の地域でも常民大学がつくられた(55)。人々がみずから描き・演じ、表現する地域の文化サークル活動においても、地元の風景、歴史にその題材をとっていく活動が広がり、地域素材こだわる版画サークルや人形劇サークルなどがたくさん生まれていった(56)。

(3) 社会問題を主体的にとらえる試み

新潟県十日町市周辺の妻有とよばれる地域一帯では、冬は雪深い山村地域の農家の「おかあさん」たちが、一九六〇年代から、公民館・社会教育関係職員に励まされながら生活をつづる学習を重ね、部落ごとの文集をまとめたり、「妻有のかあちゃん」という合同の文集をまとめ、これをもとに婦人教育研究集会を開くなど、一九七〇年代にその活動をつなげていった。この生活記録をまとめ、その学習活動の様子も紹介した書『豪雪と過疎と』が一九七六（昭和五一）年に出版された。そこには、厳しい自然環境のみならず、過疎、出稼ぎ等の社会問題が農家の主婦・機織り労働者・母親という複合した視点から描かれ、またそのことを見つめ考える学習者の姿、家族の姿が映し出されていた。これは、過疎の村の現実を日常生活の視点から問題提起するすぐれた学習の実践事例として注目を集めたにとどまらず、かつての「生活記録」学習を一九七〇年代に再発見するきっかけとしても各地の社会教育現場に刺激を与えることになった(57)。

公害問題の学習でも、日常生活から問題を発見していく実践が生まれてくる。目黒区では、教育委員会主催の主婦大学「文学講座」のメンバーが、史蹟見学研修の途中に四日市市の塩浜母の会と交流して、「喘息で苦しむ人や母親の嘆きにふれ」たのをきっかけに、一九七一（昭和四六）年度から主婦大学「公害講座」がはじめられた。そして、一九七二（昭和四七）年度には空缶とアルカリろ紙を利用して各家庭で測定した資料を集め、大気汚染の状況を測定する「カンカラ運動」に発展する。この測定結果に生活環境の悪化を自覚した主婦たちは、それまで高校のクラブに依頼していたろ紙分析を、自分たちで分析したいと、社会教育施設に実験室を求めるようになる。一九七三（昭和四八）年度からは「食品公害・大気汚染・水質検査の調査・分析実験を」自分たちで実施できる「実力を身につけることを主眼とした」公害セミナーもはじめられる(58)。

長野県上田市では川西公民館が一九七一（昭和四六）年に「台所からの公害追放について学習したい」という女性グループの相談に協力して学習会を実現し、これをきっかけに、食品公害、洗剤汚染についての学習が地域に広がり、やがて「無公害石けん、無添加食品」を求める運動に発展していく(59)。この他、三重県鳥羽市では、海洋汚染問題にとりくむ「海の博物館」の実践が展開され、海洋汚染の危機から海を救うことを訴えるＳＯＳ（Save Our Sea）アピールがだされた(60)。

また一九七〇年代にはさまざまな公害からからだを守る学習とも関わり、保健婦の衛生指導活動とも関わって、「健康学習」が発展していく。長野県松川町では「果樹地帯の若妻グループ」の「農薬散布と健康問題」への取り組みがきっかけとなり、公民館が援助してきた地域の小集団活動を基盤に、一九七五（昭和五〇）年ごろから「健康問題」に関する学習・実践が広がり、学習内容も子どもの虫歯の問題、食品問題などへと広がっていく。そして多彩に展開する「健康」学習・実践活動を相互に「知りあい、自主的により広く問題を把握する」ための第一回「健康を考える集会」が一九七六（昭和五一）年一二月に開催される。日常生活上の切実な問題「健康」を地域のグループ学習、婦人学級、集会での学習内容として構造化させ、また学習方法において学習者が「健康」という問題を主体的にとらえて学ぶことが重視されたことなど、この実践はそれまでの衛生教育・健康教育を問い直し、保健婦の教育活動にも大きな影響を与えていった(61)。

（4）教育問題学習と高齢化問題学習の展開

学習テーマに着目すると、一九七〇年代は「教育問題」の学習が活発になったこと、また高齢化社会の問題が「老後」問題の学習としてはじめられたことも特徴といえる。そこにはこれらの問題への関心の高まりと、この問題に積極的に関わっていこうとする人々の登場があった。

一九七〇年代にはＰＴＡが学校援護組織という性格を脱してどのようなものになっていくのかが問われ、また子どもの生活環境の悪化、他方で杉本判決による「子どもの学習権」、「国民の教育権」理念が明示されたこともあり、「教育問題」への関心が高まり、「教育問題」をテーマに据えた講座が各地で取り組まれた。東京都小平市中央公民館ではすでに一九六〇年代末から「教育」をテーマとする講座を実施していたが、一九七〇(昭和四五)年に実施された婦人教育セミナー「教育」講座「今日の教育、これからの教育」はゼミナール方式をとった。そこから生まれた自主グループは学習を継続し、市内の学校で使っている教科書の分析を行って、報告書『母親のみた教科書』をまとめ、また次年度には市内の教育環境を調査した『母親のみた教育』をまとめた(62)。

一九七五(昭和五〇)年から一九七六(昭和五一)年にかけて神奈川県川崎市の産業文化会館で成人学校の一つとして実施された講座「こんにちの子どもと教育を考える」では、市内でさまざまな教育問題に取り組んでいる人々が出会う機会となった。ここで社会教育の意義も共有され、さまざまな運動を交流し、社会教育の発展をめざして「川崎の社会教育を考える会」が発足していく(63)。

母親たちの教育民主化運動への攻撃に抗して、PTA、地域の文化活動、婦人会の人々に呼びかけて千葉県船橋市で一九六五(昭和四〇)年に結成された「船橋民主教育と子どもを守る協議会」(以下、船民協と略す)は、各地に班を組織し、「センター給食」反対、農地宅地並み課税反対の運動を展開し、一九七〇年代に入ると教育集会の開催、船橋高校問題連絡会の結成、「幼年教育集会」の開催、船橋子ども劇場の結成、船橋市民生協の結成等さまざまな運動を生み出していく。そこから市内各地に「教育を考える会」が生まれ、教員組合が提起した教育懇談会を中学校区毎に実施させることにも力を発揮した。この流れの中で一九七八(昭和五三)年には、船橋で多彩に力強く展開している地域教育運動の中での今後の船民協の役割が改めて問い直され、「地域教育運動のセンター」になろうという結論に至り、船民協は「教育運動の『核づくり』をめざして」、中央公民館を会場に、全五回の教育講座を開催した(64)。

一九七〇年代には高齢化社会の問題も婦人学級や市民講座などで「老後」問題として積極的に取り組まれるようになる。一九八八(昭和六三)年に『六五歳からのいきいきにんげん宣言―わたしたちの老人白書』をまとめて注目された「長野県老後をしあわせにする会」は、地元新聞へのある主婦の厳しい介護体験についての投稿をきっかけに、「自分たちの老後は自分たちで築く努力をしようと、老後に関心のある人たちに呼びかけ」て一九七一(昭和四六)年一一月に「六〇人」で発足し、学習を続けていった(65)。

(5) 地域サークルの積極的育成

なお、一九七〇年代には、一九七二(昭和四七)年の保健体育審議会答申「体育・スポーツの普及振興に関する基本方策について」に象徴されるように、日常生活におけるスポーツ活動の重要性が認識されてきた。それはスポーツ権の自覚と、他方でコミュニティ政策とも絡みつつ、地域スポーツクラブ育成の実践として取り組まれていく。東京都三鷹市体育指導員協議会では、このような地域スポーツクラブ育成の実践にすでに一九六〇年代から取り組み、スポーツ教室を通じて地域スポーツクラブを結成し、その住民による自主的運営の育成、それによる「スポーツの生活化」をめざし、またクラブの連合組織まで見通す形でその実践の理念と方法を定式化した。これがいわゆる「三鷹方式」で一九七〇年代前後に、この方式は社会体育の実践方法として全国に広まっていった(66)。

なお、社会教育事業の参加者が事業修了後にサークルをつくっていく動きは、すでに婦人学級などで見られていたが、一九七〇年代には、スポーツの分野に限らず、多様な学習分野で、社会教育の学級や講座終了時に職員が積極的に受講生にサークル結成を促すとりくみが広がり、このようなことをきっかけにして、地域にたくさんのサークルが結成されていったと思われる。

第四節　社全協運動の前進

一九七〇年代には、社全協は会員数も増え、組織体制が整っていき、また社会教育研究全国集会も参加者数が格段に増加して、飛躍的な発展をとげていく。

(1) 社会教育研究全国集会の発展

一九七〇年代の社会教育研究全国集会は、一九七一（昭和四六）年第一一回集会（読売ランド）の参加者一八〇名から一九七四年の第一四回（名古屋）には八三〇名に拡大し、以後一〇〇〇人前後の参加者数を維持し、一九八〇（昭和五五）年の第二〇回京都集会では一五八七名もの参加となった。参加者層も一九七三（昭和四八）年の第一三回大宮集会から、従来の職員、研究者に加えて、新たに住民の参加が増え、開催方法も現地実行委員会と社全協との共催となる。第一四回名古屋集会では集会の準備・運営にも住民が活躍し、第一九回湯河原集会では基調提案をはじめて住民が報告した(67)。

一九七〇年代には集会時の分科会構成も拡大していく。それまでは二～五分科会・分散会で、第一一回も五つの分科会にとどまっていたが、第一二回以後は七、八、一五、一七と分科会数が増え続け、一九七六年の第一六回からは常に二五前後の分科会がもたれるようになった。これに伴って分科会の種類も増え、一九七三（昭和四八）年からは学級・講座のあり方、社会教育施設の設置・運営に焦点を当てた分科会に住民参加の視点が鮮明に現れ、一九七六（昭和五一）年には「住民の求める公民館像」の分科会も設置されるようになる。また一九七四（昭和四九）年に「博物館」分科会、一九七六（昭和五一）年には

「図書館」分科会がつくられる。

「同和教育」の分科会は一九七二（昭和四七）年から継続された。一九七一（昭和四六）年から設けられていた文化・芸術・スポーツの分科会は、一九七三（昭和四八）年からは「文化・芸術」と「スポーツ」に分かれて独立した。一五分科会へと大きく拡大した一九七四（昭和四九）年の集会では、子ども、青年、「婦人」の学習について討議する分科会がそれぞれ独立し以後継続した。また同じ年「社会福祉と社会教育」分科会で障害者の学習が取り上げられ、一九七六（昭和五一）年にはこれに「老後生活」という分散会も加わる。一九七五年（昭和五〇）には、「ＰＴＡと地域教育運動」という分科会が発足する。「公害問題」も、一九七五（昭和五〇）年には「公害・健康」、一九七六（昭和五一）年には「地域開発・環境破壊・公害」として分科会のテーマに据えられた。

（２）活動の活発化

社全協事務局は、関東地区の会員の組織化と並行して誕生しつつあった支部に支えられ、一九七〇（昭和四五）年八月から二年〜四年ずつ、三多摩、埼玉県南支部、千葉支部、東京二三区支部の職員、研究者が、集団的にその仕事を担っていった。埼玉県南支部担当時に、はじめてアパートの一室に事務所が設けられた。三役、常任委員会、事務局の役割分担が明確にされ、総会も社会教育研究全国集会から独立して開催されるようになり、入会案内の作成による会員拡大の努力がなされた。一九七九（昭和五四）年の東京二三区支部担当時からは、東京駅そばに事務所を構え、以後しばらくここが社全協事務所になる。

社全協の支部としては、一九七〇（昭和四五）年埼玉支部、一九七一（昭和四六）年に埼玉県南支部、長野支部、一九七二（昭和四七）年に埼玉県入間支部、一九七三（昭和四八）年に京都支部、一九七四

（昭和四九）年に愛知支部、（東京）三多摩支部、群馬支部、東京二三区支部、茨城支部が、一九七五（昭和五〇）年に千葉支部（再発足）、埼玉県越谷支部、一九七九（昭和五四）年に福島支部、宮城支部が結成された。また一九七八（昭和五三）年には北海道社会教育推進協議会が発足した。支部ではないが、一九七九（昭和五四）年には静岡県清水市で「静岡県の社会教育を考える住民と職員のつどい」が全国集会のプレ集会として開催されている。これら各支部や各地の社会教育の研究会は「通信」などの発行、学習会の組織、『月刊社会教育』を読む会などを組織し、活発な活動を展開しはじめる。

またこの時期には各地の会員の努力で、一九七四（昭和四九）年三月の三多摩社全協学校を皮切りに、一九七五（昭和五〇）年三多摩支部、愛知支部、東京二三区支部、長野支部で、社会教育に関する自主講座や社全協学校が取り組まれた。なお、一九七六（昭和五一）年の三多摩支部による第Ⅲ期社全協学校を契機に「三多摩に公民館をつくる会連絡会」も結成された。

一九七〇年代に入って社全協では専門部体制による組織的な活動が展開されるが、一九七〇（昭和四五）年に設置された調査研究部は、一九七一（昭和四六）年から社会教育関係条例・規則の分析に取り組み、一九七三（昭和四八）年八月に『学ぶ権利の保障のために――社会教育条例・規則報告――』を刊行し、一九七四（昭和四九）年、一九七五（昭和五〇）年には『派遣社会教育主事問題資料』をⅠ、Ⅱと二冊発行した。

この派遣社会教育主事問題ではさらに、『社全協通信』で連続特集が組まれ、社全協見解「派遣社会教育主事国庫補助に反対し、社会教育における市町村自治の確立を」や、各地の社会教育関係者による自治体の教育委員会への「公開質問状」、「要望書」も紹介され、一九七四（昭和四九）年一月には『社会教育を国民の手で守ろう――社会教育主事制度「改正」のねらい』も発行された。なおこの派遣社会教育主事問題に先立って、一九七一（昭和四六）年には「法改正特別委員会」が設けられ、法「改正」に関わる学習会の組織、小冊子の作成も行われた。

一九六〇年代末から一九七〇年代にかけて各地で多発した社会教育職員の不当配転問題を、社全協は看過できない問題として積極的に取り上げてきたが、一九七五（昭和五〇）年には第一二回総会に会員から出された強い要望をきっかけに、「配転問題特別委員会」が設置され、調査、不当配転撤回闘争の争点整理、配転闘争への現地からの要請に応えての支援等、多様な活動を展開した。一九七六（昭和五一）年にはこの委員会のまとめ『不当配転の阻止と撤回闘争のための手引き』が社全協から刊行された。

さらに福岡市の公民館「合理化」問題に関わって一九六九（昭和四四）年一月に組織された「福岡市公民館『第一次調査団』」に続いて、一九七一（昭和四六）年には福岡市公民館「合理化」問題特別委員会が組織され、第二次調査団が派遣され、公民館を守る運動への支援が重ねられた。また、一九七六（昭和五一）年三月には北九州市での社会教育施設の教育文化事業団への委託・下請け問題について調査団が組織され、同市に派遣されるなど、各地での社会教育を守る運動への支援も積極的に行われた。

一九七二（昭和四七）年には資料委員会が設置され、資料管理、刊行などを担当し、『月刊社会教育』誌上の「資料棚」コーナーでの収集資料の紹介も行ったが、一九七四（昭和四九）年にはさらに「資料刊行委員会」が設置され、一九七六（昭和五一）年からは『社全協通信』別冊として『住民の学習と資料』が刊行されるようになる。これによって入手しにくい資料、運動・実践情報の詳細が広く会員に届けられるようになる。社全協は、一九七九（昭和五四）年四月に福尾武彦、千野陽一編で『公民館入門』を草土文化から公刊した。この他、社全協十五年史編集委員会によって一九七八（昭和五三）年八月に『権利としての社会教育をめざして――社会教育推進全国協議会一五年の歩み――』がドメス出版から公刊された。さらに、一九七九（昭和五四）年七月に社全協編で『社会教育ハンドブック』が総合労働研究所から公刊された。これはその後エイデル研究所から改定版、新版等として継続公刊されている。『月刊社会教育』編集委員会と関わる「戦後社会教育実践史刊行委員会」の編集によって、『戦後社会教育実践史』も三巻本で一九七四（昭和四九）年に民衆社から公刊された(68)。

（注）

（1）千野陽一「現代日本女性の権利主体形成序説」『東京農工大学一般教育部紀要』一九九五年。

（2）越川洋一「青年大学・稲作・産直運動へ」『月刊社会教育』一九九四年三月号、『ひびきあう農の産直』冨民協会、一九九四年。

（3）原輝恵・野々村恵子編『学びつつ生きる女性』国土社、一九八八年、四四〜四五頁。

（4）本章第一節（1）は、歴史学研究会編『日本同時代史』第四巻、青木書店、一九九〇年、同第五巻一九九一年を参考にした。

（5）『社全協通信』第二六号、一九七二年一二月。

（6）『社全協通信』第三〇号、一九七四年二月。奥田泰弘「学校重層構造論と派遣社会教育主事制度」、小川利夫編『住民の学習権と社会教育の自由』勁草書房、一九七六年。

（7）『全公連三五年史』全国公民館連合会編・発行、一九八七年。

（8）文部省『社会教育調査報告書』一九九三（平成五）年度、一九九五年参照。

（9）『社全協通信』第二七号、一九七三年三月、同第四二号、一九七六年三月、同第四四号、一九七六年八月。

（10）『社全協通信』第四四号、一九七六年八月。『公民館「合理化」をめぐる動向』社会教育推進全国協議会編・発行、一九七七年。

（11）『社全協通信』第四六号、一九七七年八月。上田幸夫「鶴岡市公民館コミセン化がもたらしたもの」『月刊社会教育』一九九三年一〇月号。なお上田論文によると、最後の地区公民館も八二年にはコミセンに移行した。

(12) 自治労船橋市役所職員労働組合・船橋の社会教育を考える会・新井徹君の不当配転撤回闘争を支援する会『人事の民主化と学芸員の専門性をめぐって』一九八一年参照。
(13) 第一節（2）、（3）ここまでの記述については、社会教育推進全国協議会十五年史編集委員会編『権利としての社会教育をめざして』ドメス出版、一九七八年も参考にした。
(14) 品川区社会教育指導員・体育専門職員常勤化をすすめる会「非常勤専門職員の常勤化をかちとって」『月刊社会教育』一九七七年七月号参照。
(15) 君津市、松本市、田無市に関する資料については社全協編『社会教育ハンドブック』総合労働研究所、一九七九年所収資料参照。
(16) 東京都立川社会教育会館運営審議会「東京都立川社会教育会館研修の現状と課題」（中間報告）一九七八年、前掲『社会教育ハンドブック』所収。東京都立川社会教育会館を守り発展させる会「広域文化施設の役割と課題」『月刊社会教育』一九八三年七月号。
(17) 九州自然を守る志布志研究大集会「住民の学習権尊重を要求する決議」、前掲『社会教育ハンドブック』所収。
(18)『社全協通信』第一六号、一九七一年一月。前掲『権利としての社会教育をめざして』一六七頁。
(19) 昭島に公民館をつくる会「集会・学習の拠点を求めて」『月刊社会教育』一九七三年七月号。東村山に公民館をつくる会「公民館をつくる市民運動」『月刊社会教育』一九七六年七月号。茅ヶ崎市に公民館をつくる会「茅ヶ崎市に公民館をつくる会の地道な活動」『月刊社会教育』、実践史刊行委員会編『国民主体の社会教育実践』国土社、一九八〇年所収参照。
(20) 菅生こども文化センター企画運営会議「子ども達の誇りうるふるさととなるために」、前掲『国民主体の社会教育実践』。
(21) 拙稿「川崎市における地域教育計画と地域教育運動」『東京大学教育行政学研究室紀要』第一一号、一九九一年、七一頁。
(22) 社会教育推進全国協議会編『住民の学習と資料』第一二号「特集〝茅ヶ崎市に公民館をつくる会〟の運動のあゆみと成果」一九八二年二月。

(23) 野々村恵子「市民・行政・研究者による学習内容編成」、佐藤進「住民主体の社会教育と職員の任務」『月刊社会教育』、実践史刊行委員会編『地域に根ざす社会教育実践』国土社、一九八〇年九月所収。
(24) 「企画実行委員会のあゆみと課題」、学級講座資料作成委員会作成『続・新しい学級・講座の創造をめざして』東京都教育庁社会教育部発行、一九七五年三月。
(25) 拙稿「東村山市における学級・講座の展開」、日本社会教育学会編『現代成人学習内容論――「日本の社会教育」第三三集』東洋館出版社、一九八九年。
(26) 根岸澄「グループ学習のための講師派遣制度」、前掲『続・新しい学級・講座の創造をめざして』。
(27) 目黒区婦人学級連絡会・服部茂子「申請方式の大事さと問題点」、前掲『続・新しい学級・講座の創造をめざして』。東京都婦人学級史研究会編・発行『東京都の婦人学級三〇年』一九九七年、一〇三頁。
(28) 『社全協通信』第二七号、一九七三年三月。
(29) 川村世禧子「婦人学習グループ研究集会の歴史」、前掲『国民主体の社会教育実践』所収。
(30) 第二〇回社会教育研究全国集会第二八・特別分科会世話人編『教育・教育行政を住民の手に――分科会討議のための資料』ほか。
(31) 二号委員とは、一九九九年「改正」前の社会教育法第一五条、第三〇条で規定していた委員構成のうちの、地域団体からの選出枠のことである。
(32) 清水文恵「世田谷区社会教育委員の『準公選』運動にとりくんで」、前掲『国民主体の社会教育実践』所収。
(33) 保谷市公民館『保谷の公民館』一九八一(昭和五六)年度、一九八三年三月一一頁。
(34) 「博物館問題研究会規約まえがき」一九七〇年一一月一日及び「全P研へ入会のおさそい」、社全協編『改訂社会教育ハンドブック』エイデル研究所、一九八四年所収。
(35) 「『親子読書・地域文庫全国連絡会』入会のおさそい」、前掲『社会教育ハンドブック』所収。
(36) 千野陽一前掲「現代日本女性の権利主体形成序説」。
(37) 佐々木敦子「新しい子どもの文化の創造をめざして」、前掲『地域に根ざす社会教育実践』所収。
(38) 「少年少女センター運営要綱」、前掲『社会教育ハンドブック』所収。

(39) 吉川徹「住民主権の地域づくりと学習」『月刊社会教育』一九七五年八月号。
(40) 「第二回全国農民大学交流集会のおさそい」、前掲『社会教育ハンドブック』所収。
(41) 日本図書館協会総会決議「図書館の自由に関する宣言」（一九七九年改訂）、前掲『社会教育ハンドブック』所収。塩見昇『知的自由と図書館』青木書店、一九八九年参照。
(42) 前掲『学びつつ生きる女性』六〇頁。但し、世田谷区については同書一五二頁参照。
(43) 西村絢子『母親の子育てと共同保育』あゆみ出版、一九八四年、四〇～四一頁の資料から算出。
(44) 「東京都における心身障害者青年学級実施一覧」、前掲『改訂社会教育ハンドブック』エイデル研究所、一九八四年所収より算出。
(45) 小沢有作「識字の思想（中）」『月刊社会教育』一九九〇年二月号。
(46) 伊藤雅子『子どもからの自立』未来社、一九七五年及び国立公民館保育室運営会議編『子どもをあずける』未来社、一九七九年五月。前掲『学びつつ生きる女性』六三～六五頁。
(47) 大石洋子「青年期の障害者の発達保障と社会教育――町田市心身障害者青年学級の実践より」、前掲『住民の学習権と社会教育の自由』所収。
(48) 前掲『学びつつ生きる女性』五四～五九頁。『主婦とおんな　国立市公民館市民大学セミナーの記録』未来社、一九七三年三月参照。
(49) 久保田光子「渋谷区の婦人学級のあゆみと自己形成」、前掲『東京都の婦人学級三〇年』。木村泰子「働く女性の学習保障」、前掲『学びつつ生きる女性』所収。
(50) 那須野隆一「生活史学習と生涯学習」『月刊社会教育』一九九五年九月号。
(51) 吉川徹「社会同和教育一〇年の自己批判」、前掲『国民主体の社会教育実践』所収。吉川徹『地域にねざす同和教育――同和教育実践選書四九』同和教育実践選書刊行委員会、一九八七年参照。
(52) 橋本義男『だれもが書ける文章――自分史のすすめ――』講談社、一九七八年。
(53) 「語り継ぐ草の根の証言」を普及する会編・発行『語り継ぐ草の根の証言――昭島市高齢者教室文集「ほた火」十年のあゆみ――』一九八九年。

(54) 小池喜孝監修・オホーツク民衆史講座編『民衆史運動』現代史出版会、一九七八年。
(55) 遠山常民大学運営委員会編・発行『遠山常民大学の五年』一九八三年。
(56) 小口益一「版画で地域の文化を創る」、北田耕也・朝田泰編『社会教育における地域文化の創造』国土社、一九九〇年二月。
(57) 妻有の婦人教育を考える集団編『豪雪と過疎と』未来社、一九七六年参照。
(58) 重田統子「公害学習と社会教育行政の任務」、前掲『地域にねざす社会教育実践』所収。
(59) 土屋亮「公害から健康を守る運動と社会教育」、前掲『国民主体の社会教育実践』所収。
(60) 石原義剛「SOS!いま救え!われらの海を」、前掲『地域にねざす社会教育実践』所収。
(61) 松下拡『健康問題と住民の組織活動』勁草書房、一九八一年参照。
(62) 藤岡貞彦「社会教育実践分析史論」『講座　日本の教育・第九巻・社会教育』新日本出版社、一九七五年。
(63) 前掲、拙稿「川崎市における地域教育計画と地域教育運動」。
(64) 雨宮正子「船橋民主教育と子どもを守る協議会のあゆみから」、前掲『地域にねざす社会教育実践』所収。
(65) 『月刊社会教育』一九七五年九月号及び長野県老後をしあわせにする会・手塚英男共編『六五歳からのいきいき人間宣言』銀河書房、一九八八年。
(66) 三鷹市体育指導員協議会・同教育委員会『体育のあゆみ』第六巻、一九七六・七七年度。森川貞夫『地域に生きるスポーツクラブ』国土社、一九八七年。現代社会体育研究会「『三鷹方式』から三〇年」、社全協編・発行『日本の社会教育実践一九九八年』一九九八年参照。
(67) 『社全協通信』第五三号、一九七九年七月。
(68) 第四節は、前掲『権利としての社会教育をめざして』及び『社全協通信』を参考にした。

第5章

産業構造の転換と社会教育実践のあらたな展開

第一節　急激な社会変動と教育政策の動向

第二節　新たな市民運動の広がりと地域教育運動

第三節　社会教育実践の展開と課題

第四節　社全協運動の発展とあらたな課題

第一節　急激な社会変動と教育政策の動向

一九八〇年代は、社会と産業構造が大きく変化する中で、今日の最重要課題となっている地球環境問題をはじめとして、高齢化と情報化、国際化の進展など、われわれの生産と生活、教育と文化のあり方が根本から問われる問題が顕在化してくる時期であった。そしてそれはまた、米国とソ連を中軸とする東西国家の対立構図が崩壊し、新たな国際秩序の確立と南北問題に象徴される経済格差、さらにそこに内在する差別の構造が鋭く問われる時代への幕開けでもあった。

(1) 東京一極集中の進展と四全総

一九七〇年代はじめの石油ショックに起因する低成長と景気低迷を、先端技術の開発による国際競争力の増大によって乗り切ったわが国の経済は、一九八〇年代に入るとあらたな資本蓄積とサービス産業の肥大化による産業構造の転換を通して、飛躍的に拡大していく。その結果が、東京一極集中にともなう、いわゆるバブル経済という悪夢の始まりであった。政治、経済をはじめ文化などあらゆる機能が東京圏に集中することによって、地価の高騰を引き起こした東京マネーがわが国の経済を支配し、それが地方を覆い尽くすことになる。一都三県にまたがる東京圏の拡大化は、全人口の三割余がこの地域で生活するという極端な過密状況をつくり出し、そしてその対極に道県単位での人口の減少をともなう過疎状況が生み出されるのである。

こうした問題への対応として、一九八七（昭和六二）年六月に第四次全国総合開発計画（四全総）が策定され、「東京一極集中を是正し、国土の均衡ある発展を達成するため、強力な施策を講ずることが求められる」という認識のもと、東京に集中した機能を地方に分割する多極分散型社会が提唱されてくる。ここではとりわけ、活力に満ちた地域づくりの課題として、地域の主体性と個性を重んじることと同時に、人々の生活行動がかつてなく広がっていることに対応した生活圏域の整備および都市と農村の交流、都市環境の整備などが唱われているが、その要点は、「行政改革」の推進と民間活力の導入による地方の自助努力を促すことにあった。

さらに、同年五月に四全総と合わせて作られた総合保養地域整備法（いわゆるリゾート法）は、国立公園や国有林を含む良好な自然環境を生かした長期滞在型リゾート施設をつくり、都市住民をそこへ呼び寄せることによって、地域経済の活性化を図るというふれ込みであったが、それを民間資金を導入して行う第三セクター方式にしたことから、地方に多大な影響をもたらすことになるのである。

この法律にもとづいて、最終的にはほとんどの道府県がリゾート開発構想を打ち出し、「リゾート列島」と表現されるような、かつてない大規模な開発事業が計画されたが、その結果が招いたものは、リゾートマンションの乱立、ゴルフ場やスキー場の造成、海岸などの乱開発による自然破壊と環境汚染、そして新潟県湯沢町に典型的にあらわれた地域生活の大きな混乱であった(1)。そのため、こうした問題を引き起こしたリゾート法への批判が高まり、リゾート開発反対の運動が各地に広がるとともに、さらにその後のバブル経済の崩壊が決定的な要因となって、多くの開発計画が頓挫する(2)中で、このようないわゆる外発型ではなく、後述するような住民の総意と創造性にもとづく内発型の地域づくりが志向されてくるのである。

（2）生活と環境をめぐる問題の顕在化と「行政改革」の推進

先のような産業構造の転換による経済政策は、地方自治体への補助を削減し、自治体の自助努力の促進と、石油ショック以後の財政悪化による赤字解消のための行財政の抜本的改革という方向に向けられていく。それが「行政改革」（行革）の政策的導入であり、しかもその動きはきわめて急速に進んだ。すなわち、すでに一九八一（昭和五六）年七月には、臨時行政調査会（臨調）が「行政改革に関する第一次答申」を出し、社会教育施設の「民営化、管理・運営の民間委託、非常勤職員の活用」などを提言するが、その基調は、「自助」や「民間の活力」を強調することで、行政の公的責任を回避する点にあったといってよいだろう。

これにそって、一九八三（昭和五八）年七月には、財界主導の臨時行政改革推進審議会（行革審）が発足し、翌年に「地方公共団体における行政改革の推進方向」が提示される。そして一九八五（昭和六〇）年一月には、自治省の次官通達という形で「地方行革大綱」が出され、その翌年の三月末にはほとんど全ての自治体で、この通達に対応した「行政改革」のための委員会の設置（九六・一％）や推進本部の設置（九九・四％）、さらに「大綱」の策定（八六・八％）がなされている(3)。これ以降、大都市を中心に社会教育関係施設の委託や有料化、職員の引き上げといった社会教育行政「合理化」施策が打ち出されていくのである。

こうした「行政改革」の動きは、後述する臨時教育審議会答申や生涯学習政策と一体となって進められてくる点に、その政策的比重の大きさが示されているといえるだろう。すなわち、一九八六（昭和六一）年六月には、先の臨時行政改革会議の「最終答申」が出され、さらに翌年四月には臨時行政改革推進審議会（第二次行革審）が発足することにより、民間活力の導入を軸としたリゾート法や生涯学習振興整備法といった施策が次々と具体化していくのである。

このような中で、われわれの生活も大きく変貌していく。製造業の低迷とオレンジや牛肉の輸入自由化などに見られる農業の切り捨て政策の一方で、先端技術産業がコンピュータと情報機器の発展を促し、それによって第三次産業、とりわけ情報関係を中心としたサービス業が飛躍的に拡大するようになるのも、一九八〇年代の顕著な特徴であった。そのことが、仕事や職場の環境に多大な影響を及ぼし、労働環境が急速に流動化していくのである。

情報化の進展が、労働能力のスクラップ・アンド・ビルドとOA機器の導入を促進することによって、労働強化が図られ、そこに国際的に非難を浴びた長時間労働が加わる。その最も悲惨な結果が、〈カロウシ〉として世界的に知られる労働災害であった。またバブル経済は、「豊かな社会」と言われた人々の生活の内情を、地価の高騰による住宅難と往復三時間以上の遠距離通勤等を通して浮きぼりにさせた。

そしてさらに大きな問題として強調しなければならないのは、一九八〇年代は生活環境が悪化し、それがその後の地球環境問題として顕在化していく時期であったということである。すなわち、大気や水の汚染など身近なところでの環境の悪化が指摘され、産業廃棄物だけでなく、増大するエネルギーの消費、大量に出される生活排水やゴミなど、われわれの生活様式そのものが問われ始めるのである。それが、二酸化炭素の増加による地球温暖化やフロンガスなどによるオゾン層の破壊、砂漠化の進行といった地球的規模での環境問題として認識されるようになるのは周知の通りである。それに加え、一九八六（昭和六一）年に起きたチェルノブイリ原子力発電所の事故は、くりかえし指摘されてきた原発と放射能汚染の危険性を現実に示すこととなり、脱原発などその後の世界の原子力政策に大きな問題を投げかけるのである。

同時に、この時期、平和と人権の問題が、世界的規模で問われるようになったことも重要な点であろう。特に南北問題に象徴される経済の格差が、「構造的暴力」という形で第三世界を収奪している現実や、南アフリカの人種隔離政策（アパルトヘイト）への批判が高まりを見せる。さらに、一九八〇年代後半にはベルリンの壁の崩壊とその後のソ連邦解体、国内ではいわゆる五五年体制の終焉などによって、新たな国内・国際秩序のあり方が模索される時期に入っていくのである。

（3）臨時教育審議会答申と生涯学習政策の具体化

前述のような様々な問題は、必然的に教育と教育政策にも反映されてくるが、とりわけこの時期、高校進学率は九〇％を越え、その波が大学を中心とする高等教育へと押し寄せる中、東京大学を頂点とする大学の序列化は、国立大学の共通一次試験などを通して加速されてくる。それによって、学歴社会の圧力が子どもたちを競争へ駆り立て、過熱化する受験競争とそこからの落ちこぼれや非行、校内暴力そして子どものいじめや自殺の多発が、社会問題として大きくクローズアップされ、学校と教育のあり方が根本から問われるようになる。すなわち、これらの問題が、学校とそこでの教育がそうした競争社会を形づくる装置として機能していることへの鋭い批判となって、教育改革の必要性とその課題が意識されてくるのである。

こうした教育をめぐる問題への政策的対応として打ち出されたのが、一九八四（昭和五九）年八月に発足した臨時教育審議会（臨教審）の設置であった。これは、首相直属の諮問機関として位置づけられ、文部省や中央教育審議会など既存の教育行政や諮問機関の枠を越え、まさに政府主導で教育改革を推進していくための国家プロジェクトであったといっても過言ではないだろう。それゆえ、人々の関心とマスコミの注目を集めるところとなり、かつてなく大きな規模で教育の問題が議論されたところに臨教審の最大の特徴があったといえる。

臨教審は、一九八七（昭和六二）年八月までに四次にわたる答申を出すわけであるが、その中でもとりわけ第二次答申での「生涯学習体系への移行」という提言は、「我が国が今後、活力を維持し発展していくためには、学校教育体系の肥大化にともなう弊害、とくに、学歴社会を是正するとともに、学習意欲の新たな高まりと多様な新しい教育サービス供給体系の登場、科学技術の進展などに伴う新たな学習需要にこたえ、学校中心の考え方から脱却しなければならない。」として、過度に学校に依存し、教育機会のそこへの集中が今日の学歴社会を生み出しているという認識のもと、教育機会の分散化及びその系統性と連続性の課題を強調するのである。

これが、その後の教育政策の基軸をなしていくことは、「臨時教育審議会が『生涯学習体系への移行』を教育改革の理念として取り上げて以降、文部省（当時）としては、この理念に基づき、生涯学習社会を実現するための種々の施策を実施してきた」(4)と、文部省自身が述べていることからもうかがえる。

これらの答申を受けて、文部省は一九八八（昭和六三）年に、「教育改革の推進」の中で生涯学習体系への移行を最重点に打ち出し、同年の文部省社会教育局の廃止から生涯学習局（現在、生涯学習政策局）の発足へと部局を再編する。この流れは、単位制高校の導入などの学校教育制度改変とともに、これまでの社会教育行政のあり方を大きく変えていく。すなわち、先に述べたような社会教育行政の「合理化」をさらに進め、とりわけ民間活力を名目とした教育文化機関の財団化が、いくつかの自治体で具体化されるのである。

そうした動きは、一九七〇年代後半の福岡市と北九州市での社会教育施設の財団委託を皮切りに、一九八〇年代に入ると、京都での財団運営による社会教育総合センター図書館の設立（一九八一〈昭和五六〉

年四月）をはじめ、東京都での教育振興財団への青年の家等の委託（一九八五〈昭和六〇〉年一〇月）、江東区文化振興財団による文化センターの委託・運営、足立区での図書館委託（一九八六〈昭和六一〉年一月）、などへと波及していくわけであるが、それとあわせて、生涯学習が首長部局の重点施策となり、社会教育行政の一般行政への包括化が進められてくる点も看過できない。この時期に開始される国庫補助をともなう生涯学習モデル市町村事業は、それを象徴する施策であり、また生涯学習の全国的普及をめざして企画された文部省による生涯学習フェスティバルも、一九八九（平成元）年一一月から始められていく。

もちろん、生涯学習政策の背景には、高度経済成長後の余暇や文化への志向に支えられた人々の意識の変化と学習要求の高まりがあったことも忘れてはならないだろう。一九八一（昭和五六）年六月の中央教育審議会答申「生涯教育について」は、そのような状況認識にもとづいており、総理府（当時）の世論調査などもそのことを裏付けている。また、一九七〇年代に民間事業として成立したいわゆるカルチャーセンターの受講者も確実に増加し、百万人を超える状況が生み出される。このようなカルチャー産業の台頭が、一九八九（平成元）年一一月の全国五五団体、三〇〇〇余のカルチャーセンターを擁する全国民間カルチャー事業協会の設立へと発展するのである。

さらにこの時期、大学開放の動きも本格化し、立教大学の社会人入学を契機として、多くの大学が同様の制度を導入し始めるとともに、公開講座等の事業も確実に増加していく。その点では、一九八五（昭和六〇）年四月に本放送を開始した放送大学も忘れることができない。

こうして「生涯学習」という言葉は急速に社会に浸透し、政策としても着実に具体化する中で、全国の自治体で生涯学習計画づくりと生涯学習の名を冠した部局改編の動きが広がっていくのである。

第二節　新たな市民運動の広がりと地域教育運動

上述のような動向とともに、一九八〇年代は他方で、市民運動のレベルでも新たな発展を見る時期であった。それはいうまでもなく、前述した生活と環境をめぐる危機的問題状況に対応する形で展開されてくるものであり、したがって運動の広がりはそうした問題の多様性と相応しているといえるだろう。

(1) 様々な分野での市民運動の展開

そのような中でも、環境問題に対する意識の高まりは、われわれの身近な生活のありようを問い直す契機となる。例えば、琵琶湖の生活排水による富栄養化汚染は、合成洗剤の見直しから「琵琶湖の富栄養化の防止に関する条例」の制定（一九八〇〈昭和五五〉年七月実施）に至るまでの取り組みを生み出し、それが中海や宍道湖淡水化反対の運動へとつながっていくのである。

同時に、〝食〟の問題も自然環境の保全と健康への関心の高まりによって、日本の食糧生産と農業のあり方を問う運動へと展開し、産地直送（産直）や有機農業さらには無・低農薬栽培の取り組みの広がりへとつながっていく(5)。とりわけ、それまでの生産者と消費者という匿名的関係から、互いの顔が見える関係をめざす産直運動は、生活協同組合の活動などに支えられることによって大きく発展していくのである。そのことは、何よりも組合員数の飛躍的増加に示されている。

さらに世界的には、地球的規模の環境破壊が進む中で環境保護運動の広がりが見られたのも、この時期の特徴であり、〈エコロジー〉という言葉が、こうした運動のスローガンとして定着していくことはよく知られている。特に一九八三（昭和五八）年の旧西ドイツでの「緑の党」の躍進に示されたように、環境を政治と国家政策の最重要課題として位置づける意識と世論を背景にしながら、現実の生産と生活を環境問題の視点から問い直す活動が組織化されてくるのである。そしてそれは、反核や反原発の運動ともつながり、平和と民主主義を世界的規模で達成することの必要性をあらためて提起するものであった。

こうした市民レベルの運動は、同時にその形態においても新たな展開を見る。米国から紹介された〝ネットワーク〟という方法がそれであり、「ネットワークとは、われわれを結びつけ、活動・希望・理想の分かち合いを可能にするリンクである」(6)と端的に表現されているように、従来の運動ごとの関係だけではなく、多様な運動団体や個人が相互につながり、情報やアイディアを交換し合っていく。そうした方式が様々な運動に取り入れられていくのである。そこには、中心もしたがって周縁もないという意味で、網の目に例えられる構造をもち、しかも双方向的関係を内包しているという点でも、新しいスタイルの実践であった。

そのような考え方と方法は、わが国でも新たな市民運動の原理として広がっていく。例えば、一九八二（昭和五七）年から始められる大阪吹田市の住民懇談会（住民懇）の活動などは、この点からも注目される市民運動であり、まちづくりの実践であるといえるだろう。そこでは、住民がそれぞれ地域文庫、学童・共同保育、子ども会、生協、母親連絡会、労働組合、障害をもつ人の共同作業所などといった「地域のクラスター（共存し合う小集団）に複数帰属し、そこからマルチ（多元的）に地域をとらえ」(7)ることを通して、共同のネットワークをつくり出しているからである。

その意味で、東京一極集中がもたらした過疎化の進行がリゾート開発だけではなく、同時に地方での自立的な地域づくりを生み出していった面も忘れてはならないだろう。それは、「まちおこし」や「村おこし」という言葉に表現されているように、地域そのものに内在する文化を含めた多種多様な資源を再生・創造していく営みを通して地域を活性化していく、まさに内発型の地域づくりの試みといえるものである。例えば、観光資源の掘り起こしや大分県から始まった一村一品運動のような特産品づくり、さらには「手づくりリゾート」などと呼ばれる都市と農村の交流など、それぞれの条件を生かした活動が、特に一九八〇年代の半ば以降各地で取り組まれるようになるのであり、そこでは後述するような社会教育とつながって展開される実践も見られる。

そのことと関わって、ユニークで創造的なボランティア活動が多様な領域で展開されるようになるのもこの時期の特徴であり、例えば千葉県の「山武ボランティア協会」のように、先のような市民運動と呼応する形で、自発的なボランティアグループが相互にネットワークを形成しながら地域づくりの一翼を担うようになる。こうしたボランティア活動は、従来の福祉的イメージを変え、様々な領域と内容を内包する広がりを見せていくのである。

そのことはまた、日本青年奉仕協会主催の「全国ボランティア研究集会」の取り組みからも読みとることができると思われる。すなわち、参加者数の増加というだけではなく、そこで紹介されるボランティア活動の中身も、社会福祉の領域に加え在日外国人との交流、自然食品の販売、地域文化の掘り起こしと創造、イベント、ミニコミや広報の発行、環境問題を考える活動などと多岐にわたっている。こうした活動の広がりは何よりも、「多発・多元・多重するネットワーキング」という、この研究集会の第一九回集会テーマ（一九八八〈昭和六三〉年）に集約されているといえよう(8)。

(2) 人権の保障と差別からの解放を求めて

以上のような活動の広がりは、同時に世界的規模での人権や差別に関わる問題への取り組みとしても、重要な意味をもっていた。この問題に関わって、まず注目されるのが、女性差別の撤廃を掲げて一九七〇年代から展開された「国連婦人の一〇年」の運動であろう。特にそこで強調されたのは、これまでの男女平等、つまり女性が男性と同じ権利を有する人間として位置づけられるための社会的条件を整えるということから、さらに性による役割意識を変えていく課題を明確にしながら、女性の解放をめざしていくということ。すなわち、現代社会は「性別役割分業」というイデオロギーによって構成されており、それを変えていくことが最も肝要であるという認識である。それが、わが国政府による一九八五(昭和六〇)年六月の、いわゆる「女子差別撤廃条約」の批准に結実する。

この条約では、子どもの養育に対する男女共同の責任の明確化や男性の社会や家庭における伝統的役割の変更にもとづく「男女の完全な平等」の実現にむけて、「男女の社会的及び文化的な行動様式を修正すること」が重要な課題として提起されている。つまり、今日の性による役割分業という考え方が性差別の基本要因であり、それを解決していくには、そうした性役割を否定していく方向で男女が自らの価値と行動様式を変えていくことが求められるというものである。それはまさに、従来の女性問題のとらえ方の転換を意味していた。

この条約を批准することによって、わが国も、性差別撤廃のための施策実施の必要性に迫られ、都道府県及び市町村レベルでの婦人行動計画の策定や、国立婦人教育会館(現在、国立女性教育会館)をはじめ女性関係施設の整備が各自治体で進められ、さらに、就職や昇進等の労働条件における男女差別を禁止する、いわゆる男女雇用機会均等法が一九八五(昭和六〇)年に成立する。ただ、ここには法律の条文に違反した際の罰則規定がないなど、雇用者側の努力に任されていることの問題が指摘され、具体的な効力について疑問視する声も聞かれたが、制度的に法律として成立を見たことの歴史的意義は大きい。

さらに、この時期の人権をめぐる世界的な動きとして、一九八一（昭和五六）年の国際障害者年の取り組みも重要である。なぜなら、それまでの福祉と障害者施策を根本から変える新しい理念として「ノーマライゼーション」という考え方が欧米から紹介され、それが障害をもつ人の生活のあり方を示す指標としてわが国にも普及していくからである。つまり、障害をもつ人が、これまでの施設ではなく、地域や自分が育った街の中で暮らすことがノーマルであるという、福祉施策の転換を促す考え方が着実に広がっていくのである。国際障害者年の「完全参加と平等」というテーマには、そのことが集約的に表現されている。

わが国では、こうしたノーマライゼーションの考え方にそって、障害をもつ人の生活の質（ＱＯＬ）を就労と経済の面から高めるため、生活保障の充実とそれぞれの障害に対応した就労や生活訓練の場として、各種の通所施設に加え、親や有志の運動に支えられた、いわゆる小規模作業所や自立生活をめざすグループホームなどの取り組みも全国各地で展開されてくるのである。また肢体不自由の障害をもつ人を中心とした自立生活や、そのためのプログラムづくりの試みも始められ、「自己決定」をキーワードにしながら従来の〈自立〉という考え方そのものを変えていく活動も、障害をもつ人自身の組織や団体によって取り組まれるようになる。

それとともに、在日外国人の人権に関わる課題が取り組まれるようになるのも、この時期である。とりわけ国際化が進展し、多くの就労を目的とした外国人が増える中で、彼らの人権を守り、保障するための市民レベルの運動や非政府組織（ＮＧＯ）の取り組み等も始められていく。それはまた、在日外国人の指紋押捺を義務づけている制度そのものが人権侵害であるとして、その廃止を求める運動などとも連動しながら、国際化の中でのグローバルな人権保障とそれを支える人権感覚をつくり上げていく課題としても意識されてくるようになるのである。

また、同和問題の解決に向けた地道な運動によって、同和対策特別措置法の成立をみるわけであるが、それが一九八二（昭和五七）年三月に五年間の時限立法である「地域改善対策特別措置法」となり、さらにそれを延長して「地域改善対策特定事業に係わる国の財政上の特別措置に関する法律」（一九八七〈昭和六二〉年三月）へと更新される。

（3）市民レベルでの教育問題への取り組み

先に述べた臨時教育審議会の設置は、子どもと教育をめぐる危機的状況への政策的対応であったが、そうした危機的状況は、必然的に地域や学校における住民や教師による教育改革運動の組織化を促す。そしてこれまでの教育政策や臨教審答申への批判も含め、教育の今後のあり方を市民のレベルで議論し、その問題の解決の方途を模索していく市民運動へと発展していくのである。

教育をめぐる問題の顕在化は、一九八六（昭和六一）年二月に東京都中野区でのいじめを苦にした中学生の自殺をはじめとして、特に中学校での校内暴力の広がり、さらには横浜市で起きた少年らによる浮浪者暴行事件などの凶悪犯罪が増加し、一九八二（昭和五七）年には刑法犯補導少年の数が戦後最高に達するなどの現象としてあらわれる。それゆえ社会問題として大きな関心を呼び、同年六月の青少年問題審議会答申「青少年の非行等問題行動への対応」も、このような問題状況を端的に反映している。同時にまた、八三年の戸塚ヨットスクール事件などに見られる病理現象も明らかとなり、教育をめぐる問題の広さと深さをあらためて想起させるものとなった。そしてこうした問題は、その後の不登校などの全国的広がりへと波及していくのである(9)。

一方、一九七〇年代以降顕著となる教育行政の中央集権化と教育内容の画一化の問題は、教科書裁判等を通してくり返し指摘されてきたわけであるが、そのような中で一九八二（昭和五七）年に起きた、教科書検定によってわが国のアジアへの侵略を「進出」と書き換えさせられた問題が中国や韓国などから批判された事件は、これまでの政府・文部省の歴史認識と教育行政のあり方を厳しく問うものであった。

その延長線上に臨教審があるという認識から、一九八六（昭和六一）年に発足した日教組教育改革委員会は、翌年八月に「私たちの求める教育改革」を出し、「国民みずからの手で、共同の事業として新しい公教育を創造していくことが、今日の教育改革の課題である」として、国民本位の教育改革の必要性を提起する。また「女性による民間教育審議会」（女性民教審）の活動や「臨教審を超える会」（超教審）の取り組みなど、教育問題を市民のレベルで議論し、その改革のあり方を考えようとする運動が様々に展開されたことも注目されるだろう。

ところで、こうした運動の広がりを見る際に、一九七〇年代から地道に取り組まれてきた、東京都中野区での教育委員準公選制を求める市民運動は重要であり、その成果が、一九七九（昭和五四）年五月の「中野区教育委員候補者選定に関する区民条例」（教育委員準公選条例）の制定、そして一九八一（昭和五六）年二月の投票を実現させるのである。間接選挙という制限がありながらも、住民によって選ばれた教育委員が誕生したことは貴重な成果であり、それは一九八四（昭和五九）年の大阪高槻市での同じような条例制定を求める運動へ広がっていったことにもあらわれている。残念ながら高槻では、議会の反対多数で条例は成立しなかったものの、教育と教育行政を住民自らの意思と総意において運営していくという、教育自治の理念を広く社会にアピールしたことの意義は大きいだろう。臨教審答申への批判として取り組まれた市民運動は、まさに教育自治をその土台としていたからである。

以上のような取り組みとともに、さらにこの時期注目されるものとして、地域での子育て運動の広がりがあげられる。引き続く核家族化と職住分離の進行は、子育てのあり方を大きく変え、いわゆる地域の教育力の低下と子育ての孤立化を引き起こす。その問題への対応として、地域を拠点とした子ども会などの活動、児童館や学童保育の取り組みなどが、子育てをキーワードとして展開されてくるのである。

そしてさらに、先のような一連の取り組みが、世界的規模で子どもの人権を守り、「子どもの最善の利益」を保障していくことを目的として、一九八九（平成元）年一一月に国連で採択された「子どもの権利に関する条約」の批准を求める運動となって発展していく点を強調しなければならない。

第三節　社会教育実践の展開と課題

一九八〇年代の社会教育実践の特徴は、これまで述べてきた問題状況への対応や市民運動と呼応する形で展開されてくる点にある。そうした実践の特徴を、ここでは、①生活問題と環境問題への取り組み、②地域づくりと地域文化の創造を主題とした取り組み、そして③学習権保障にむけた社会教育条件整備の取り組みに分け、それぞれの特徴的動向とそこから提起された課題について整理を試みる。もちろんこの分け方は、実践の内容における相対的な重点の置き方によるものであって、これらが相互に連関し合っていることはいうまでもない。

（1）生活と環境をめぐる問題への取り組み

生活と環境をめぐる問題が産業構造の急激な変化から生起してきたことについては、先に述べた通りであるが、この問題は農村における生活と生産のあり方にも大きな影響を及ぼし、それが農業経営や消費生活の問題として意識されるようになってくる。こうした中で、一九七五（昭和五〇）年から始められた全国農民大学交流集会は、八〇年代に入ると岩手農民大学など各地の活動と呼応し、前述した産直運動などとも結びつきながら発展していくのである(10)。

また、農村における生活と健康に関わる学習活動もこの時期発展をみる。中でも長野県松川町の健康学習は、あらためて社会教育の役割とは何かを問いかける取り組みとして特筆されるものであった。そこでは、地域の女性たちが自らの生活課題を学習と調査を通してとらえ返すことで、地域を変えていくわけであるが、その際保健婦（当時）、栄養士そして医師、農業改良普及員や農協職員などと地域の個人と団体組織が協同して地域ぐるみの健康問題を考える会を組織する。そして会は農薬問題から農業経営、消費スタイル、子どもの生活と健康の問題など、地域生活全体を視野に入れた活動へとその幅を広げていくのである。こうした健康学習は、一九八〇年代には全国へ広がり、さらに地域医療に取り組む保健婦実践のあり方としても注目されるようになるのである(11)。

また環境問題への取り組みも、われわれの身近な生活スタイルや消費の問題としてとらえ返されることで、地に足の着いた学習活動へと発展していく。その中でも、都市における食と農のあり方を考える活動として注目されたのが、東京都国分寺市と千葉県船橋市のそれぞれの公民館で行われた「農のあるまちづくり」講座と「枝豆まつり」の取り組みであった。

前者は、都市農業がはたす地域での役割に対する認識の深まりによって、ゴミ処理などの問題から郷土料理などの伝統文化の掘り起こしと、そうした活動をふまえて、さらに農業をきちんと位置づけたまちづくりに向けた政策提言を行う市民運動へと展開していく実践(12)であったが、その視点は後者においても共有されている。それはすなわち、都市地域における農業と農家の重要な役割を理解することで、環境問題も視野に入れた地域づくりの方向性を探っていくという点である。会場の公民館には、地元の農家や農協から提供された枝豆などの農産物が並べられ、それを料理する農業高校の教師や給食の調理員も参加するなど、多彩なイベントを通して、地域の食と農とくらしを総合的にとらえる視点が提起されていたのである(13)。

さらに地域福祉の観点からは、高齢化社会を見据えた取り組みの必要性がさけばれ、高齢者の豊かな生活を文化的側面から支える社会教育の役割があらためて強調されるようになるのも、この時期である。健康の面からだけではなく、生きがいといった実存的な面からの課題が提起され、各地の社会教育施設や機関での高齢者教室や高齢者大学などの開催、スポーツや様々な文化活動及び世代間交流などの、高齢者を対象とした社会教育事業が飛躍的に増加していく。それとともに、高齢者の生きがいと人材活用の視点から、福祉行政と連携しながらボランティアの養成や活動の促進などといった事業が広く行われるようになってくるのである。

ただそうした事業では、往々にして娯楽性が強いものや、前もって用意されたところに受け身的に参加するだけのプログラムも少なくないといわれる中にあって、自らの生きてきた歴史を社会の歴史と重ね合わせながら、相互の学びあいを創造している自分史学習(14)や、「長野県老後を幸せにする会」のように福祉施策の現状と問題点を学び、そこから高齢者福祉の白書づくり、さらには政策的提言を行うなどの取り組み(15)は、主体的な高齢者の実践として注目されるものである。

一方、暮らしの問題を考える時、人権と平和の問題が重要な学習と実践の課題として意識されてくるのも、この時期の特徴である。

世界的に人権問題への関心が高まる中で、同和問題の解決にむけた社会同和教育の取り組みとともに、女性差別の解消という観点からは、国際婦人年以降に新たな展開が見られた実践として女性問題学習があげられる。そこでは性役割という観念に女性自身がとらわれている状況を、具体的に自己の価値や意識をとらえ返しながら明らかにしていこうとする学習が組織化されてくるのである。こうした流れの中で、一九八〇年代の後半に従来の「婦人」という表現から「女性」という表現に変更され、「女性問題学習」として位置づけられるようになっていく。すなわち、「性別役割分業」というイデオロギーにもとづく性差別がまさに女性問題としてとらえられ、その解決をめざす主体の形成という課題が、女性問題学習の中核に据えられるようになるのである。

また一九八〇年代には、一〇フィート運動などによって反核運動が大きなうねりとなる中で、日本青年団協議会、全国地域婦人団体連絡協議会、日本生活協同組合連合会、日本婦人有権者同盟等が中心となり、教育委員会や公民館などとの共催で原爆映画「にんげんをかえせ」の上映会や原爆写真展の開催、戦争体験の掘り起こしなどの平和学習の取り組みを展開していく。そこで特筆すべきは、これまでの被害体験を中心とする戦争体験学習から、戦争責任を問う視点へのとらえ返しが行われるとともに、さらに八〇年代の後半になると、「平和」概念の積極的定義が世界的規模でなされることによって、飢餓と貧困、差別と人権抑圧などを「構造的暴力」ととらえ、それらを克服していくためのあらたな平和学習のあり方が模索されていくことである(16)。

（2）地域づくりと文化創造にむけて

前述した東京一極集中による地方全体の人口減少と、過疎化に代表される地域問題の惹起は、同時に地域づくりにむけた独自の創造的な取り組みを生み出していく。その中でも、各地区の公民館と農業改良普及所の連携で地域産業おこしをテーマに農産加工教室を開催し、雑草の特産品化からはじまって独自に産業おこしの総合商社を作り、さらには地域の教育と文化振興を通しての「人間蘇生園としての地域づくり」をめざす長野県阿智村での実践(17)や、「過疎は魅力ある可能性と信じること」などと、従来とは逆の発想でとらえたユニークな地域づくりを展開し、しかもそうした活動を「過疎を逆手にとる法」として定式化しながら、全国規模の情報交換やネットワークづくりへと広げていった広島県総領町の「過疎を逆手にとる会」の取り組み(18)などは、地域資源を掘り起こし、それを地域生活と産業の復興に結びつけていった活動として、とりわけ注目されるだろう。

これらの地域づくりの実践は、この時期、福祉のまちづくりという面からも新たな展開を見る。一九八〇年代に入ると、障害者（青年）学級と総称される障害をもつ人を対象とした社会教育事業が、東京を中心に着実に広がってくる中で(19)、先の国際障害者年を契機として、普通に街で暮らし、様々な人と触れ合う生活をどうつくりあげていくかという課題を、社会教育の視点でとらえた取り組みとして注目されるのが、地域で集まり・働く活動へと展開していった渋谷区の「ぱれっと」、そして国立市公民館での喫茶コーナー「わいがや」の実践であろう。

前者は、えびす青年教室の活動から「たまり場ぱれっと」という地域でのたまり場づくり、そしてさらに一九八五（昭和六〇）年四月には、就労の場としての福祉作業所「おかし屋ぱれっと」の設立へと発展していく(20)。また後者の活動は、一九八一（昭和五六）年に障害をもつ人とスタッフが協力して、公民館ロビーの一角を改造して始められる。それは、従来の福祉施設とは異なり、公民館という一般の市民が出入りする所で、コーヒーを通しての出会いとコミュニケーションが生まれ、それまで分け隔てられてきた障害者と健常者という関係をつくり変えていく取り組みとしての意味をもっていたのである。しかも障害をもつ人がサービスを提供する形で(21)。それゆえ、この国立市公民館での試みは大きな反響を呼び、その後社会教育施設だけではなく、一般の公共施設でも同じ様な活動が広がり、さらに一九八八（昭和六三）年からは全国喫茶コーナー交流会へと発展していくのである。

また一九八〇年代は、「文化の時代」が標榜され、文化創造による地域づくりが展開されてくる時期でもあった。多くの自治体では、文化行政への傾斜を強め、美術館や音楽ホールなどの文化施設の建設が相次ぐ。一方民間企業も、新たな市場開拓と企業イメージのアップをねらい、バブル経済をバックにいわゆる企業メセナを看板にしながら、「芸術文化振興基金」づくりなどに着手する。

しかしながら東京一極集中は、同時に文化や情報の集中でもあることから、情報化が進む中で巨大化するマスコミによって東京から地方へと流されるいわゆるマスコミ文化は、その商業主義的側面を肥大化させていく。それは一面では、確かに生活を文化的に豊かにした面もあるが、その膨大で画一化された情報内容は、地域の個性豊かな文化や文化的資源をスポイルし、しかも消費的で退廃的な色彩を強めていくのである。

このような状況に対して、生活と地域の歴史に根ざした文化活動の課題が意識され、地域文化創造を担う様々な文化活動のネットワークが広がっていく(22)。また子どもの豊かな感性を育み、全国的なレベルでの親子映画・劇場などの活動が定着してくるとともに、地域文庫等の地道な取り組みが広がりを見せてくる。特に全国子ども劇場・おやこ劇場連絡会の運動は、一九八〇年代の後半には劇場数が五七〇以上、会員数も四万八〇〇〇人以上を数えるまでに発展し、さらにそれまでの比較的人口規模の大きい地域から人口五万人以下の地域までの広がりが注目される。

それに加え、地域文化づくりの活動として、伝統文化の継承やイベントなどの取り組みが独自の発展を遂げる点も特筆される。その中には、大分県湯布院町での世界映画祭のように一躍国際的にも有名になった事例を先駆として、一九七〇年代に始まった岩手県遠野町での「遠野物語ファンタジー」や長野県飯田市での「人形劇カーニバル」などの活動が、八〇年代に入り大きく発展していく。前者は、社会教育課と市民文化会館のバックアップに支えられた市民演劇活動であり、後者は市内一七地区の全ての公民館が会場となり、地域住民がまさに主体となって取り組む地域文化活動として、国内だけではなく国外にも知られるようになるのである。

もちろんこうした取り組みだけではなく、一九七九（昭和五四）年一〇月に開館した長野県松本市の「あがたの森文化会館」のように、地道ながらも独自の地域文化創造にむけた活動も数多く展開され(23)、それを通して地域住民の自己表現活動への主体的参加と地域アイデンティティの形成が志向されていくのである(24)。

（3）社会教育の公的条件整備の課題と「ユネスコ学習権宣言」の意義

以上のような社会教育実践の発展とともに、一九八〇年代はまた、そうした実践を支える社会教育の公的条件整備をめぐっても、様々な問題が顕在化する時期であった。すなわち、高度経済成長の終焉は、その後の自治体の財政危機への対応と、一九八一（昭和五六）年六月の中央教育審議会答申を契機とする教育政策の展開を、同時並行的に進めることになるのである。

この時期から本格化していくボランティアの養成と活用という施策も、これらの流れの中に位置づけられる。それ以前から社会福祉の分野では、ボランティア養成が打ち出されていたわけであるが、社会教育行政においても、例えば一九七〇年代の半ばから始められる「高齢者の生きがい促進事業」や「婦人ボランティア活動促進事業」（一九七六〈昭和五一〉年度）などでは、ボランティアの養成と派遣がその目的とされていた。そして、その後八〇年代に入るとさらに社会教育行政の分野でのボランティア養成が高唱されてくるからである。

まず、青少年の健全育成という観点から、「青少年地域活動」が一九七九（昭和五四）年に開始されるが、一九八〇（昭和五五）年になると全国で六〇万人が参加する大きな事業となる。いわゆる動員型といわれるボランティア活動である。さらにこの時期には、「社会教育施設モデル事業」といった形で、ボランティア養成と活用が政策的に導入されてくる。特に一九八六（昭和五六）年一二月に社会教育審議会社会教育施設分科会から出された「社会教育施設におけるボランティア活動の促進について」では、生涯学習の一環として「施設における事業の推進・協力、施設環境整備及び広報・広聴活動への協力」などが強調され、具体的な活動が例示されている。

これ以降、ボランティア活動が盛んに唱導されるようになるわけであるが、それに対して主に二つの面から問題が指摘されてくる。ひとつは、行政の下請けとなり、安上がり行政に加担することで、結果として行政の施策的不備や問題を不問にしてしまうという問題であり、もうひとつは、ボランティア活動そのものが人々の権利意識や主権者意識をスポイルしてしまう危険性を孕んでいるという問題である。それが、「有償ボランティア」の問題としても問われてくることは、よく知られている。

しかしながらこうした問題を内包しながらも、先述したように市民運動的な側面からのボランティア活動も台頭してくることによって、社会教育条件整備をめぐる問題や課題は新たな段階を迎える。すなわち、行政主導のボランティア政策には、明らかに「行政改革」がその基調にあり、また臨教審や行革審そして四全総で強調された民間活力の導入もそこに重なることで、社会教育行政はかつてない厳しい状況に置かれることになるのである。

それに加え、このような政策的な側面だけでなく、同時に市民主義を標榜する側からも社会教育行政への批判がなされてくる点も看過できないだろう。その最たるものが、政治学者の松下圭一らによって提起された〈社会教育終焉論〉であった。そこでの要点は、一九八〇年代に入ってから、市民社会の成熟とあいまってコミュニティレベルで多くの市民が自主的・主体的に様々な学習・文化活動を組織するようになり、それが社会教育行政による「上からの指導」にはなじまないがゆえに、社会教育行政の歴史的使命は終わったというものである。しかも、行政が「援助」という形でそうした活動へ関わることは、行政による個人の意識や価値への介入の危険性を孕んでいるため、市民の自主的な学習・文化活動を行政が援助するのは、コミュニティセンターのような集会施設や設備といった物的条件に限定されるべきであるという主張である(25)。

こうした松下の主張に対して、学習を人々の権利としてとらえ、それを保障すべき社会教育行政の責務、とりわけ社会教育職員の専門的役割などの視点から多くの批判が提示されてくるが、少なくとも松下の議論は、社会教育のとらえ方が「オシエ、ソダテル」といった、社会教育の本質を理解していない形式的な議論であるとして等閑に付すことのできない問題を指摘したことは否定できないだろう。結果としてそれが「行政改革」を支え、社会教育の公的保障を後退させる論拠となった現実があるからである。

そうした中にあって、この時期に重要な示唆を与えてくれたのが、一九八五(昭和六〇)年三月の第四回ユネスコ成人教育会議で採択された「ユネスコ学習権宣言」である。この宣言が、「学習権とは、読み書きの権利であり、問い続け、深く考える権利であり、想像し、創造する権利であり、自分自身を読みとり、歴史を綴る権利であり、あらゆる教育の手だてを得る権利であり、個人的・集団的力量を発達させる権利である」と述べる時、そこには、学習という営みが「人間の生存にとって不可欠な手段」であるという認識が基本に据えられている。しかもこうした学習は、既存の教育機会や内容の受容のみを意味するものではなく、「自らの歴史をつくる主体にかえていく」機能を有しているがゆえに、各国政府に対しそのための条件整備の必要性と重要性を強調するのである。

このような権利思想が、国際的な成人教育の基本理念として提唱されたことによって、それが一九九〇（平成二）年の国際識字年につながり、同時にわが国にとってあらためて憲法、教育基本法そして社会教育法の意義を確認していく上で大きな意味をもつものであった。このことは、その後の社会教育実践及び、後述する社会教育推進全国協議会の運動に大きな励ましとなったことからも見てとれるだろう。

第四節　社全協運動の発展とあらたな課題

以上述べてきた社会教育と社会教育行政をめぐる問題は、より豊かな社会教育実践を創造することと、それを支える条件を主体的に切り拓いていくという、社会教育推進全国協議会（社全協）の運動の課題にそのまま重なるものであり、そしてそれは、これまでの社会教育研究全国集会の基調提案に集約されている。ここでは、そうした社全協が一九八〇年代に取り組んだ運動とそこでの課題について、①社会教育研究全国集会の取り組み、②組織的、主体的活動の展開、③社会教育条件整備にむけた運動、に分けて述べてみたい。

（1）社会教育研究全国集会の広がりと発展

一九八〇年代に入り、最初に京都市で開催された第二〇回集会（一九八〇〈昭和五五〉年）は、一五九四人とそれまでで最も多い参加者数となり、その中でもとりわけ住民の参加者が多かったことから、社会教育への期待が高まってきていることを実感させるものであった。第一全体会では、教育委員準公選制を実現した東京都中野区長からのあいさつがあり、また特別分科会としても中野区の運動の成果が紹介された。あわせて、自治体の「合理化」を名目とした「行政改革」の実態を明らかにした報告がなされ、焦眉の課題に取り組むべき集会としての性格を明確にしていく。

また、「平和の危機に抗し人間の尊さをうちたてる一九八〇年代社会教育のゆるぎなき展望をきりひらこう」をテーマとした第二二回集会（埼玉・富士見集会、一九八二〈昭和五七〉年）では、中央教育審議会答申「生涯教育について」（一九八一〈昭和五六〉年）が、「臨調・行革」路線と連動しながらどのように具体化しているのかについての分析およびそれとの対峙を前面に掲げて開催された。この、史上最多の一六八三名が参加した集会では、特に一九七〇年代後半から社会教育行政の一般行政への一元的包括、社会教育施設の民間委託と第三セクター化、公民館の複合化と職員の引き上げなどが進行し、教育条件の全般的低下がもたらされる中で、それに抗する地域の運動も紹介されてくる。この基調がそれ以降の集会へと受け継がれ、同時に課題の広がりに対応するため、新たに課題別集会を設け、この方式がそれ以降の集会に定着していくことになる。

その後は、さらにこのような問題に加え、一九八三（昭和五八）年度に戦後最高となった青少年の自殺をはじめ、中学校を中心とした構内暴力の多発そして高校中退者が六万人を超えるなど、前述した教育と青少年をめぐる問題が深刻化するとともに、サラ金苦や離婚等による家庭崩壊の増加、さらには核戦争の危険性や環境問題の広がりによる平和と生態系の危機、過疎化の進行といった問題や健康問題が顕在化する中で開かれる集会となり、「人間らしく生きる力、地域をつくる力を高めよう」を集会テーマとした第二五回集会（大阪集会、一九八五〈昭和六〇〉年八月）につながっていくのである。

特にこの集会では、前年に設置された臨時教育審議会で提唱されたいわゆる〈教育の自由化論〉が、社会教育施設の民間委託や「合理化」を支えるイデオロギーとなることの問題性を分析しながら、それを打解していく取り組みの必要性が強調された。そしてその具体的な成果として、福岡市での社会教育行政の一般行政一元化の阻止、広島県福山市での地域公民館専任職員体制の堅持、東京都目黒区での社会教育施設委託阻止などの事例が紹介され、今後の運動の課題と方向が確認される。

こうして一九八〇年代後半は、臨教審答申の内容が生涯学習政策として具体化される中での集会となり、それに対抗していくため、社全協単独の集会として討論を深めた第二六回大会（神奈川・湯河原集会）から、三年ぶりに一〇〇〇名を越え、多くの関心が集まる中で国会提出への準備が進められていた「生涯学習振興法案」の問題を取り上げた第二八回大会（群馬・高崎集会）、そして文部省社会教育局から生涯学習局への改組と生涯学習関連事業の拡大という中にあって、「権利としての社会教育を豊かに発展させていくことが権利としての生涯学習を実現していく」という視点が提起された一九八九（平成元）年八月の第二九回集会（東京集会）へとつながり、文字通り生涯にわたる学習を支える社会教育の役割を積極的に打ち出していく集会へと展開していくのである。

（2）主体的力量形成と運動の課題

以上のように、社全協は全国集会の開催を軸としながら、その時々の社会教育をめぐる諸課題へ取り組んできたわけであるが、特に一九八〇年代に入ってからの運動の重点は、「臨調・行革」路線および臨教審答申中から本格化していく生涯学習政策が「民間活力の導入」を前面に押し出しながら社会教育の公的条件を後退させてきている状況を、権利としての社会教育の理念にもとづいて打破していくため、運動の基本的方向と課題を明確にすることに向けられていく。それが、一九八五（昭和六〇）年二月の第二一回総会で決議された「私たちのめざすもの—社会教育推進全国協議会指標」に結実する。

そこでは、八つの指標がかかげられているが、それらを通底しているのは、①「国民本位の社会教育を発展させ、平和と民主主義を守る力を育てること」、②「社会教育が不当な圧力に屈することなく、国の主権者としての資質をゆたかにするような成人の学習・文化・スポーツ活動と、子ども・青少年の成長を支えるさまざまな活動の発展を、（中略）幅広い人々との協力のなかではかっていくこと」、③「社会教育の発展に必要な施設・予算などの条件の充実と、公正な人事や住民参加を保障する民主的な社会教育行政の実現をめざし、（中略）国民本位の社会教育の政策と計画をつくり実践していく」、という視点である(26)。

また一九八〇年代は、前述のような社会教育をめぐる厳しい状況下にあって、各地の支部活動が活発に展開された点も重要であろう。とりわけ、一九八四（昭和五九）年二月に大阪の枚方市に社会教育研究所が発足し、住民と職員と研究者のネットワークに支えられて、翌年には大阪で「第一回おおさか社会教育交流集会」が開催されるに至る。一方、北海道では一九七七（昭和五二）年の北海道社会教育推進協議会の結成と関わりながら、オホーツク社会教育研究会が組織化（一九八二〈昭和五七〉年）されてくるし、東京二三区支部では、社会教育施設民間委託化の問題を中心とした学習会も始められる。そしてこれらの支部や地域での活動の経験に学び、それを全国レベルでの交流へつなげるため、一九八五（昭和六〇）年一〇月に第一回の全国地域支部活動交流集会が開かれるのである。

こうした活動を展開する中で、社全協は一九八八（昭和六三）年に創立二五周年と『月刊社会教育』創刊三〇周年を迎え、これまでの活動の総括として、全国集会基調提案や『社全協通信』などの基礎資料の復刻・刊行を行うとともに、その組織的基盤の強化の課題が確認される。その点で、各地の状況や問題を的確に把握し、それを理論的に分析しながら社会教育の役割と課題を明らかにしていくための調査研究が重要となってくる中にあって、従来の『住民の学習と資料』の発行に加え、『社会教育研究』が一九八二（昭和五七）年八月に創刊されたことの意義は大きい。すなわち、創刊号の社会教育職員の問題から始まり、「行政改革」や「社会教育終焉論」などへの批判を通して、実践と理論の相互的発展がめざされていくのである。

さらにこの時期の運動として特筆すべきは、第二九回の社会教育研究全国集会のサブテーマ「今こそ問おう、私にとっての『生涯学習』とは」に示されているように、本来の意味での生涯にわたる学習保障という視点から、生涯学習政策への批判的分析を踏まえた「私たちがめざす『ほんものの生涯学習』を実現していく」(27)課題を提起したことである。「ほんものの生涯学習」という、こなれない表現ではあるが、そこには生涯学習政策に内在する「学習」観への批判的とらえ返しを含みつつ、まさに生涯にわたる学習を権利としてとらえ、それを支える社会教育のあり方を積極的に提示することによって、一九九〇年代の社全協運動の先鞭を付けたということができるだろう。このことは、それまでの社全協編で出されていた『社会教育ハンドブック』が改訂され、一九八九（平成元）年には新しく『社会教育・生涯学習ハンドブック』として出版されたことにも示されている。

(3) 社会教育の公的保障の後退に抗して

これまで述べてきたように、この時期の主たる運動的課題は、社会教育の公的条件の後退に抗する取り組みにあり、社会教育施設の委託化や合理化、さらには社会教育職員の不当配転撤回に向けた様々な支援活動が組織される。施設委託問題への対応としては、社全協での「行革」特別委員会の設置、そして京都市の図書館委託阻止の運動や名古屋市でのスポーツと文化振興事業団構想反対運動支援のための調査団の派遣などの取り組みがあげられる。また、社会教育施設の公社委託反対の運動では、東京都目黒区での活動を、そして社会教育施設有料化阻止の運動としては埼玉県所沢市での活動を、それぞれ支援し、成果をあげる。

さらに、社会教育職員の不当配転闘争の支援にも積極的に取り組み、千葉県船橋市で起きた学芸員の配転問題では、一九八一(昭和五六)年六月に当局が学芸員の専門性を認めて和解するという成果をかちとる。同時に、六年にもおよぶ東京都小平市での公民館主事の不当配転闘争を支援する運動では、残念ながら一九八四(昭和五九)年に公平委員会で却下決定がなされたが、公民館主事の専門的職務と身分保障の課題が明確にされた点は重要であろう。あわせて、一九八一(昭和五六)年に千葉県松戸市で起きた配転闘争での支援にも積極的に取り組み、専門職の異動の際には本人の同意を要件とするなどの合意がなされるのである(28)。

こうした運動の成果と課題をふまえ、社全協は一九八五(昭和六〇)年八月に、「不合理で不当な職員の配置転換に抗議」し、「不公正な人事行政の是正を求める」ことを明記した「公正で民主的な職員人事の確立をめざして」を発表する。この成果は、一九八八(昭和六三)年に起きた山形県白鷹町での社会教育職員の不当配転闘争にも生かされ、その後の和解の成立へとつながっていくのである。

このように、一九八〇年代には一定の運動的成果を生み出してきたわけであるが、しかしながら全体の流れとしては、これまで言及してきたように生涯学習政策が具体化する中で、職員定数の削減や短期の異動などの広がりといった、社会教育施設と職員の置かれている状況が厳しさを増している現実を見据えなければならない。確かに一九八〇年代の初めには、公民館が全国で一万七〇〇〇館を越え、東京都東村山市や神奈川県茅ヶ崎市などのように一九七〇年代末から公民館づくり運動が展開されたり、また大阪府貝塚市のように社会教育職員を専門職として明確化するといった動きは特筆されるが、行政の条件整備全体の動向としては「行政改革」路線による厳しい状況が、例えば公民館専任職員数の減少や補助金等の減額といった面にあらわれてくる(29)。

その意味で、あらためて社会教育と行政の位置と役割が問われてきたといえる。それはまさに、社会教育が人々の権利としてどのような意味と内容を有し、さらにこのような権利を支え、保障していく行政のあり方を明らかにしていく課題であり、それゆえ先のような厳しい状況を打開していくための運動の組織化と、それを担う主体的力量が求められてくる。それは、とりもなおさず社全協の存在意義そのものが問われることを意味し、後述の一九九〇年代の運動課題へと引きつがれていくのである。

〈注〉
（1）佐藤誠『リゾート列島』岩波新書、一九九〇年、や『世界』一九九〇年六月号、などを参照。
（2）総務庁の調査によると、一九九二年度段階で調査したリゾート法関係施設の八三％以上が着工できない状態にあることが報告されている（「毎日新聞」一九九四年一月二二日）。
（3）自治省「地方行革大綱に基づく行政改革の進捗状況について」、一九八六年。
（4）文部省編『我が国の文教施策平成八年度』大蔵省印刷局、一九九六年、一二頁。

(5) 七〇年代から八〇年代の全国の有機農業運動の動向については、国民生活センター編『日本の有機農業運動』日本経済新聞社、一九八四年、に詳しい。そこでは、全国一五七団体の活動が紹介されている。
(6) J. Lipnack & J. Stamps、社会開発統計研究所訳『ネットワーキング』プレジデント社、一九八四年、一二三頁。
(7) 二宮厚美『生活と地域をつくりかえる』労働旬報社、一九八五年、一三頁。
(8) 日本青年奉仕協会編『交響するネットワーキング――日本のボランティア'88』星雲社、一九八八年。
(9) 文部省(当時)の調査によると、一九八〇年度に明確な理由がなく五〇日以上学校を欠席した小・中学生の数は一万七二一五人だったものが、八九年度には四万七二六六人となっている。
(10) 農民大学運動の展開については、美土路達雄監修『現代農民教育論』あゆみ出版、一九八七年、などを参照。
(11) 松下拡『健康問題と住民の組織活動――松川町における実践』勁草書房、一九八一年、および同『健康学習とその展開』勁草書房、一九九一年。
(12) 渡辺・菊池・那知上編著『「農」のあるまちづくり』学陽書房、一九八九年。
(13) 斉藤敏之「つくる人とたべる人のてをむすぶ社会教育」『月刊社会教育』一九八八年一一月増刊。
(14) 自分史学習の歴史的展開と具体的な事例については、横山宏編『成人の学習としての自分史』国土社、一九八八年、や『語りつぐ草の根の証言――昭島市高齢者教室文集「ほた火」十年の歩み――』一九八九年、などを参照。
(15) 『六五歳からのいきいきにんげん宣言――私たちの老人白書』銀河書房、一九八八年。
(16) これらの実践については、藤田秀雄編『平和学習入門』国土社、一九八八年、などを参照。
(17) 社会教育推進全国協議会編『日本の社会教育実践一九八八』一九八八年。
(18) 過疎を逆手にとる会編『まちが輝く・逆手流まちづくり作法』第一法規、一九八七年。
(19) 障害者青年学級の歴史的経緯とそこでの課題等については、小林繁編著『学びのオルタナティヴ――障害をもつ市民の学習権保障の課題と展望』れんが書房新社、一九九六年、を参照。
(20) 谷口奈保子「地域に共に生きる空間を求めて――青年教室から『ぱれっと』への実践――」『月刊社会教育』一九八八年九月号。
(21) 平林正夫「若者たちは〝たまり場〟をつくる――国立市公民館、コーヒーハウスの実践」、小林文人編『公民館の再発見』国土社、一九八八年。
(22) こうした文化活動の広がりについては、佐藤一子編『文化協同のネットワーク』青木書店、一九九二年、などに紹介されている。
(23) 手塚英男『学習・文化・ボランティアのまちづくり』自治体研究センター、一九八八年。
(24) こうした文化活動の具体例としては、北田耕也・朝田泰編『社会教育における地域文化の創造』国土社、一九九〇年、などを参照。
(25) 松下圭一『社会教育の終焉』筑摩書房、一九八六年。
(26) 島田修一「社会教育の危機をひらく——あらたに『指標』を定めた社全協の運動と課題」『月刊社会教育』一九八五年六月号。
(27) 「第二九回社会教育研究全国集会総括」『月刊社会教育』一九八九年一二月増刊、四六頁。
(28) 八〇年代の社会教育職員不当配転闘争の経緯については、社会教育推進全国協議会編『住民の学習と資料』第一四号、一九八五年、を参照。
(29) 文部省（当時）の調査によると、一九八一年と一九八四年の公民館職員数の比較では、専任職員は一万五七〇〇人から一万三七七九人に減少し、逆に兼任職員は大幅に増加している。その結果、専任職員の占める割合は二九・一％となり、兼任職員と非常勤職員の割合が非常に高くなっていることがわかる。

第6章

生涯学習政策の矛盾と社会教育運動の展開

第一節　政府財界の二一世紀戦略と生涯学習政策の動向

第二節　一九九〇年代のあらたな社会教育実践

第三節　一九九〇年代における社全協運動

第一節　政府財界の二一世紀戦略と生涯学習政策の動向

（1）政府財界の二一世紀戦略

一九九〇年代は、政府財界の二一世紀戦略のもとで、日本の政治・経済・社会・教育にわたる全面的かつ構造的再編が企図された時代であった。

たとえばそのひとつの幕開けを一九九一（平成三）年から二〇〇〇（平成一二）年までに四三〇兆円の公共投資をアメリカに約束した一九九〇（平成二）年の「日米構造問題協議最終報告」にみることができる。そこでは「対外不均衡の一層の削減」を目的に、「日・米双方において、より効率的、開放的、かつ競争力のある市場をもたらし、持続的経済成長を促し、生活の質的向上を導く」ことをめざして、日本の社会的経済的「構造」を市場原理を軸に再編することが企図されている。その後、矢継ぎ早に規制緩和策が打ち出され、教育・文化・スポーツ分野も例外なく市場原理に委ねられていくことになった。

しかし、一九九〇年代初頭のバブル経済の崩壊後、相次ぐ金融機関の倒産に見られるように日本の政治・経済システムは、大きくその矛盾を露呈することになった。そうした状況に対する政府の危機意識の現れを自由民主党行政改革推進本部が出した「橋本行革の基本方向について」（一九九六〈平成八〉年六月一八日）という文書に見ることができる。

そこでは〈基本認識〉として「日本を元気にする行政システムの確立―超高齢社会と大競争時代に備えて」が提起され、「企業は、激しい競争に勝ち抜くため、有利な環境を求めて国境を越えて移動（経済の空洞化）するようになり、いわば、人や企業が国を選ぶ時代が到来しようとしている。一言で言えば『大競争（メガ・コンペティション）時代』の到来である。このような大競争時代にあって、わが国がなおワールド・センターの一つとしての地位を維持していくべきだとすれば、この面からも、効率的でスリムな政府と活力ある社会・経済システムの構築は、待ったなしの課題である。」としている(1)。

ここでは、企業、特に日本の多国籍企業が、いかに「大競争時代」に勝ち抜くことができるかが、最大の国家的目標として設定され、そのために、「一切の聖域無し」（「財政構造改革五原則」（一九九七〈平成九〉年三月一八日）に、すべての改革が進められようとしているのである。

そしてその年には、橋本内閣は、行政・財政・経済・金融・社会保障・教育(2)の分野にわたる「六大改革」を打ちだす。二宮厚美は、この「六大改革」を「日本経済の本格的な多国籍段階への突入を反映した政策的表現の代弁」と特徴づけ、さらに「多国籍企業化」が「日本国家の対外的プレゼンスの強化」と「新たな国家づくり」を要求するとして、そのキーワードを①国家対社会の再編成としての「規制緩和」、②中央・地方関係の再編成では「分権化」、③資本蓄積対官僚機構の再編成では「民活」(3)と分析している。

こうした国家的再編・国家的リストラの文脈の中で、一九九〇年代に、改憲勢力による憲法改正の動きをはじめ、一九九七（平成九）年九月二四日には、日米安保条約の強化と日本の自動参戦をねらった新「ガイドライン」が日米双方によって合意され、安保条約の「再定義」による平和憲法の一層の空洞化が進んだ。また女性労働の一層の参入による日本経済の活性化をねらって、女性の深夜労働の規制廃止等を定めた労働関連法制（男女雇用機会均等法、労働基準法、育児・介護休業法）の「改正」（一九九七〈平成九〉年六月、実施は一九九九〈平成一一〉年四月一日）も実施された。

さらに保健・医療制度の改悪、税制改革による消費税率アップ（一九九七〈平成九〉年四月から消費税率を五%、さらに見直し条項のもとで七%・一〇%も可能となっている)、年金制度の改悪、米の流通を市場原理に委ねる新食糧法の実施、大店法(大規模小売店舗法)改悪の動き、ゼネコンと結びついた大規模開発による自然破壊が進んだ。

また、一九九五(平成七)年一月一七日に起きた阪神・淡路大震災は、甚大な被害をもたらし、死者は最終的には六四三〇名を数え、戦後の地震災害では未曾有の規模になった。それは同時に戦後日本社会の諸矛盾を一気に噴出させる事件でもあった(4)。

一九九〇年代の社会教育・生涯学習政策は、このような日本社会とグローバルな動向と密接に結びつきながら、展開された。特に一九九〇(平成二)年の「生涯学習の振興のための施策の推進体制の整備等に関する法律」(以下生涯学習振興整備法と略す)制定を頂点にした生涯学習政策の本格的展開と、政府の地方分権・規制緩和・行政改革は、憲法・教育基本法・社会教育関連法制の空洞化を一層推し進め、社会教育関連法制の「廃止」ないし「改正」を現実的日程に押し出すという新たな段階にまで至ろうとしている。

二一世紀を目前にした今、戦後社会教育と社会教育法制は、大きな曲がり角にあるのである。

(2) 生涯学習振興整備法の成立と生涯学習政策の諸矛盾

一九九〇年代の社会教育・生涯学習政策を概観する時、そこにはいくつかの流れをみることができよう。その第一は、何といっても生涯学習振興整備法が成立し、日本で初めて生涯学習が法概念として登場したことである。通産省が文部省とならんで主務官庁となったように、生涯学習振興整備法は、国全体の民間活力導入政策とバブル経済を背景に、生涯学習関連産業を振興するという産業振興法としての性格をもち、いわば「教育法ならざる教育法」として登場した。

法は、都道府県レベルの生涯学習推進施策の基本方向を定めるとともに、国に生涯学習審議会設置を決めるなど、生涯学習が教育行政だけではなく他の関連行政も関与できるように総合行政として推進される仕組みを法的に準備した。また、法第五条にもとづいて都道府県が作成する地域生涯学習振興基本構想には民間活力導入が義務づけられ、国が作成する「承認基準」（生涯学習振興整備法第六条）に適合する場合には、「基本構想」が文部大臣・通産大臣によって承認され、基金法人の設立とともに、民間事業者は各種の税制上の優遇措置が受けられることが予定されていた。このような民間活力導入の仕組みは、一九八〇年代後半から一九九〇年代前半にかけて成立・施行された民活関連法（たとえば悪法中の悪法といわれたリゾート法など）にほぼ共通しており、それは第四次全国総合開発計画の実施法としての性格と内需拡大の一翼を担うことが期待されていた。

その後の生涯学習振興整備法の展開は、「承認基準」について言えば、バブル経済崩壊の影響を受けて、法制定後五年たってようやく文部大臣・通産大臣によって告示された。その後、一九九六（平成八）年四月には広島県地域生涯学習振興基本構想が第一号として「承認」され、一九九六（平成八）年一一月～一二月に事業が展開された。では、なぜ広島県なのか。それは生涯学習振興整備法を作成した文部官僚寺脇研が、その時期に広島県教育長として出向していたからである。しかも、広島の基本構想は、文部大臣・通産大臣による「基本構想」承認の際の要件であった「振興基金」「債務保証基金」を造成せず、民間事業者への債務保証業務も行われないままに、「まなびの森ネットワーク事業」（統一テーマは「もっと知りたいアジア」）が展開された。

特に基金については、法制定時の文部省資料（「生涯学習の振興のための施策の推進体制等の整備に関する法律関係参考資料」文部省、一九九〇〈平成二〉年）によれば、少なくとも五〇％以上は、関係自治体が出捐することになっていたのであり、少なくとも関係自治体となる広島県と広島市は、基金への出捐金を予算化して基金を造成しなければならなかったのである。バブル経済が崩壊し、企業からの基金への出資の見通しが立たなかったとはいえ、基金を予算化せず、生涯学習振興整備法制を全く無視して基本構想が実施されたのである。法から「逸脱」していたにもかかわらず、この構想を「承認」した文部省・通産省の責任は誠に大きいと言わねばならない。

このような状況に対して、「生涯学習の理念に沿った効果的かつ効率的な行政運営を確保する観点から、生涯学習振興法に基づく事務、地方生涯学習振興費補助金による事業等の実施状況を調査」した総務庁行政監察局は、一九九六（平成八）年八月一四日に文部省・通産省・厚生省に対し「勧告」を提出し、そのなかで「今後の基本構想制度の活用の進展の展望も必ずしも明らかとはなっていない」(5)と極めて悲観的な評価を下さざるをえなかったのである。

第二は、生涯学習振興整備法にもとづいて設置された生涯学習審議会答申の動向である。

同審議会は、一九九二（平成四）年に最初の答申である「今後の社会の動向に対応した生涯学習の振興方策について」を明らかにし、その中で①社会人を対象としたリカレント教育の推進、②ボランティア活動の支援・推進、③青少年の学校外活動の充実、④現代的課題に対する学習機会の充実、の四つについて具体的な課題を提示し、続いて、一九九五（平成七）年五月一五日に文部大臣から「地域における諸施設の生涯学習機能の充実方策について」と「学習成果の活用方策について」の審議要請を受け、同審議会は一九九六（平成八）年四月二四日に「地域における生涯学習機会の充実方策について」を答申している。（以下「答申」と略す）また、一九九七（平成九）年三月三一日には「生涯学習の成果を生かすための方策について（審議の概要）」を出している。

一九九六（平成八）年の「答申」では、「地域社会の中で様々な学習機会を提供している機関や施設の生涯学習機能の充実という観点」から検討を加えて提言をとりまとめたとされ、「機関や施設」を「大学をはじめとする高等教育機関」「小・中・高等学校など初等中等教育の諸学校」「社会教育・文化・スポーツ施設」「各省庁や企業の研究・研修のための施設」の四つに類型化し、それぞれについて「目標」「課題」「施策」をまとめている。

「答申」は、「社会教育・文化・スポーツ施設が常に地域住民のニーズに柔軟・敏速・的確にこたえていく」ためには、「多様化・高度化する学習ニーズへの対応」と「組織運営の活性化」が当面の目標であるとし、その達成に向けて「必要な方策を強力に推進する必要」がある、と指摘している。具体的には、公民館など社会教育施設の財団運営や有料化を提案し、民間との連携をいっそう強力に打ち出しているのである。

「答申」は、「現在、公的施設においては、その公共性を考慮し講座等の受講料などは無料あるいは教材費などの実費に限ることが一般的である」と述べつつも、「適切な料金設定の下での事業展開の在り方について検討すること」とし、その際「地域住民の学習ニーズや参加者の特性、あるいはそれぞれの施設としての事業の必要性や優先度、民間教育事業者など他の学習関連施設の設置状況や事業の実施状況などを十分考慮することが必要である」と指摘している。これは事実上、文部省による有料化公認宣言であるといえよう。

第三の特徴は、生涯学習政策による学校教育と社会教育の再編志向である。「生涯学習社会」とは、生涯学習の美名のもとに学校教育が担うべき課題を先送りして、利潤追求の場に子ども・青年をゆだね、結果として今日の差別的な教育構造を拡大再生産する機能を果たす。

また、学校教育と社会教育については「学社融合」という概念も登場した。もともと、「学社融合」という用語は、「国立青年の家・少年自然の家の改善について（報告）」（国立青年の家・少年自然の家の在り方に関する調査研究協力者会議、一九九五〈平成七〉年七月一八日）の中で初めて使用されたものである。一九九六（平成八）年四月の生涯学習審議会答申では「この学社融合は、学校教育と社会教育がそれぞれの役割分担を前提とした上で、そこから一歩進んで、学習の場や活動など両者の要素を部分的に重ね合わせながら一体となって子供たちの教育に取り組んでいこうという考え方」であり、「学社連携の最もすすんだ形態」であると指摘している。

しかし、この点に関わっては、いくつか問題も指摘しておかなければならない。即ち、子どもたちを受け入れる側の社会教育施設職員、なかでもほぼ三年任期で学校に戻る社会教育主事は、社会教育主事講習で短期で「養成」され、主に学校教員の管理職登用のバイパスのポストとして位置づけられてきた。したがってすでに人事面では「学社融合」が実施され、社会教育専門職制度は学校教育人事制度に従属して運用されてきたのである。このような問題状況は、社会教育における専門職制度の発展を阻害していると言わざるを得ない。

さらに注目したいのは、学校・家庭・地域社会と違う「第四の領域」を育成するという第一五期中央教育審議会第一次答申「二一世紀を展望したわが国の教育の在り方について―子供に『生きる力』と『ゆとり』を」（一九九五〈平成七〉年七月一九日）である。「民間事業者が提供するサービスを利用」「民間教育事業者による子供たちを対象とした、スポーツ・文化活動や自然体験活動の取組も期待し、これらとの適切な連携を図っていくことが必要」という「まとめ」は、民間事業者との連携を強める生涯学習政策とドッキングし、「学校のスリム化」とも相俟って民間事業者が提供するプログラムが学校の正規のカリキュラムに位置づけられることも予想される。

そして最後に、このような状況のなかでも政策的にも社会教育の条件整備が図られてきたことも同時に見ておく必要があろう。生涯学習審議会社会教育分科審議会施設部会「公民館の整備運営のあり方について」（一九九一〈平成三〉年）、生涯学習審議会社会教育分科審議会「公立図書館の設置及び運営に関する基準について」（一九九二〈平成四〉年）、「社会教育主事、学芸員及び司書等の養成及び研修の充実の在り方」に関する生涯学習審議会社会教育分科審議会計画部会報告（一九九六〈平成八〉年）とそれに基づく文部省令（同年八月）等である。それぞれ矛盾は持ちつつもその積極面についてはきちんと評価しておく必要があろう。

（3）地方分権推進委員会第二次勧告と社会教育法「改正」問題

自治体レベルにおいては、一九八〇年代のいわゆる臨調「行革」路線を背景に、一九九四（平成六）年一〇月七日の自治事務次官名による「地方公共団体における行政改革推進のための指針の作成について」（いわゆる自治体リストラ）などが出され、トップダウン方式で自治体レベルでの「行政改革」路線が強行に推進されてきた。そこでは「自主的・主体的な行政改革」の名のもと、自治体に「地方行革大綱」の作成を義務づけ、具体的には「受益と負担の公平確保」による一層の受益者負担の増大、「積極的な民間委託の推進」「スクラップ・アンド・ビルドの徹底等による適正な定員管理」、また「会館等公共施設の設置及び管理運営」では「当該施設に関する需要分析」、施設整備における「必要に応じ広域的な観点からの調整」、そして「地方公共団体の適正な管理・運営のもとに管理委託の推進を図るとともに、利用料金制度の有効な活用により効果的な施設運営を図ること」などが指摘されていた。

その結果、一九九七（平成九）年三月三一日現在では「すべての都道府県および政令指定都市、そして全市町村の九四％が行政改革大綱を制定するまでに至っている」(6)と言われている。さらに、一九九五（平成七）年の地方分権推進法に基づいて設置された地方分権推進委員会は、一九九六（平成八）年三月に「中間報告」を出し、機関委任事務の廃止・教育長の任命承認制の廃止、文部大臣の教育委員会に対する指揮監督の廃止などの提言も盛り込む一方で、「社会教育法・図書館法・博物館法」の「存廃」と専門職必置の再検討を提起するなど、戦後社会教育法制を根底から否定するような動きを見せた。

一九九六（平成八）年一一月八日には、一二の指定都市が地方分権推進委員会に「地方分権推進に関する指定都市の意見」を提出、「図書館長の司書資格要件の廃止、公民館の設置基準の緩和、公民館長の任命にさいしての公民館運営審議会への事前の意見聴取の廃止」などを提案、そして一九九七（平成九）年七月八日に内閣総理大臣に提出された地方分権推進委員会第二次勧告「分権型社会の創造」において、社会教育に関わって重大な問題が「勧告」されたのである。すなわち、同勧告の「別表三　必置規制の見直しの事項別整理」では、

（文部省）

【職員】

○公立図書館の館長、司書、司書補（図書館法）

・国庫補助を受ける場合の館長の司書資格規制法一三条に規定する国庫補助を受ける場合の館長の司書資格規制については廃止する

・国庫補助を受ける場合の館長の専任規制

省令に規定する、国庫補助を受ける場合の公立図書館の館長の専任規制は廃止し、本来の業務に支障のない範囲内で他の業務に従事することができるものとする

・国庫補助を受ける場合の司書及び司書補の配置基準

省令に規定する、国庫補助を受ける場合の要件として人口等に応じた司書及び司書補の配置基準は廃止し、実状を踏まえて配置人数を決定できるようにする

○公立博物館の学芸員、学芸員補（博物館法）

告示に規定する学芸員・学芸員補の定数規定は廃止し、実状を踏まえて配置人数を決定することができるようにする

○公民館の館長、主事（社会教育法）

・館長の資格規制及び専任規制

法二八条に規定する、公民館の館長任命に当たっての公民館運営審議会からの意見聴取については、地方公共団体の自主的判断に委ねる方向で見直すものとする。

また、告示(7)における公民館の館長の専任規定は廃止し、本来業務に支障のない範囲内で他の業務に従事することができるものとする。

・主事の専任規制

告示における公民館の主事の専任規定は廃止し、本来業務に支障のない範囲内で他の業務に従事することができるものとする。

○体育指導委員（スポーツ振興法）

法一九条に規定する体育指導委員の職務上の名称に関する規制は存置することとし、教育委員会が、社

会的信望があり、かつ職務を行うのに必要な熱意と能力をもつ者のうちから、体育指導委員を委嘱するものとする。

○青年学級主事、青年学級講師（青年学級振興法）

青年学級主事及び青年学級講師に関する必置規制については、これらの廃止を含め、青年学級振興法全体を見直すものとする。

【審議会等附属機関】

○スポーツ振興審議会（スポーツ振興法）

都道府県におけるスポーツ振興審議会の組織、名称に関する必置規制は、弾力化する。

この場合、「スポーツの振興に関する審議会を置くものとする」と規定するものとする。

○公民館運営審議会（社会教育法）

公民館の運営に対し地域住民の意見を反映する手法は、地方公共団体の自主的判断に委ねることとし、法二九条に規定する公民館運営審議会の必置規制については、廃止の方向で見直すものとする。

などである。

ここに、掲げられているものは、項目によっては、既に自治体レベルでは進行している事柄でもあり、「地方公共団体の自主的判断」に委ねるといっても、たとえば、行政改革の本質や内容からすれば、「形骸化」を理由に公民館運営審議会を廃止する方向に自治体が傾くことは想像に難くない。教育権など基本的人権にかかわる法と制度は、ナショナルミニマムを定める上で決定的な役割を果たしているのであって、単純に「必置規制」は「憲法九二条で保障する地方公共団体の自主組織権への国による制約である」（第二次勧告）ということにはならないはずである。

さらに「第二次勧告」については、市町村合併や広域行政の推進、そして、この間自治体が作成した「行革大綱」の更なる「改定」を求めていることもあって(8)、今後、自治体社会教育が「地方分権」「行政改革」によって直撃される可能性があろう。

「勧告」が求める「法改正」は、生涯学習審議会答申「社会の変化に対応した今後の社会教育行政の在り方について」（一九九八〈平成一〇〉年九月一七日）を受けて、法改正作業が進められていく(9)。

第二節　一九九〇年代のあらたな社会教育実践

こうした一九九〇年代における国民生活における危機的状況の進行の中でも、薬害エイズをめぐるＨＩＶ訴訟、少女に対する暴行事件を契機にひろがった沖縄での基地反対闘争（沖縄では一九九六〈平成八〉年九月八日に県民投票が行われ、全有権者数の五三％が「基地の整理縮小」「地域協定の見直し」に賛成）、また、過半数の町民が原発反対の意志を表示した新潟県巻町の住民投票等、一九九〇年代を通じて時代の課題と向き合う新たな運動の高まりがみられたのも事実である。従軍慰安婦問題をはじめ、日本の戦争責任を問いつつ、平和学習運動の高まりが見られたのも一九九〇年代の特徴である。

環境問題では、地球環境問題（オゾン層の破壊・砂漠化・地球の温暖化・酸性雨・森林の減少・有害廃棄物問題・野生生物種の減少など）がまさに一国の問題を超えて、地球規模で進展し、一九九二（平成四）年にはブラジルで国連環境開発会議（地球サミット）が開催され、人類が地球と共存していくための方向づけと具体的な行動計画が示された。一方、我が国では、リゾート開発による自然破壊・社会環境破壊に対し、各地でリゾート反対運動が展開され、運動の中で人々の環境問題に対する学習もすすんだ。

地域の教育運動も、いじめや不登校等、現代の子どもたちの深刻な問題状況に対応して、各地でさまざまな子育て運動が展開された。児童福祉法「改正」とかかわって、公的条件整備の充実を求める学童保育運動や東京都中野区の教育委員の準公選条例の廃止（一九九四〈平成六〉年一月）以降新たな教育委員選びを実現しようとする実践も進んでいる。また、一九九三（平成五）年には、全国社会教育職員養成研究連絡協議会が結成されている。

こうした国民諸階層の運動と結びつきながら展開されたのが一九九〇年代の社会教育実践である。それは、生涯学習政策が地域に浸透していくなかで、上からのお仕着せではない住民が主人公となった本物の生涯学習を求める実践がひろがるとともに、暮らしや生き方と結びついた多様な学びが展開された。ここではそのいくつかの特徴的実践を挙げてみよう。

第一に、地域の様々な課題をとりあげた社会教育実践が一層ひろがりつつあることである。子育てネットワークの広がりについては、社会教育研究全国集会子ども分科会がまとめた『子どもの地域生活と社会教育』（学文社、一九九六年）がその実践を生き生きと伝えている。また、子どもの権利条約に関する日本政府の報告書に対して、NGO・市民団体による報告書づくりの運動なども展開された（『「豊かな国」日本社会における子ども期の喪失』花伝社、一九九七年）。

女性の学習では、一九九五（平成七）年北京での「世界女性会議」にむけて全国各地で学習活動が展開されるとともに、山形県では女性解放をめざす手作りの第六回「女性史研究交流の集い」が開かれ、また、NGOの「東アジア女性フォーラム」が神奈川女性センターで開催され、「東アジア女性宣言・行動計画――二一世紀にむけて――」が採択されている。さらに「国連婦人の一〇年」の施策の一環として各自治体での女性センターの設立と運営に関わる「社会教育育ち」の女性達の活動も見落とせない。また社会教育研究全国集会の九州集会における女性分科会では大阪府貝塚市（公民館の地域経済の学習から紡績女工の労働や歴史の分析）、岡山市（働く女性が公民館の講座を企画し、岡山ウイメンズセンターを設立）などの元気な実践事例が報告された。ここでは主婦の自立や男性の生き方も含めた活発な議論が展開された。東京都女性財団の自主活動助成事業には多くの婦人学級出身のグループが助成を受けている。このように確実に女性の学習は進展してきているといえる(10)。そうした女たちの学習と実践の広がりは、『女たちのエンパワーメント――男女平等社会をめざす学習と実践』（野々村恵子・中藤洋子編著、国土社、一九九七年）に詳しい。

女性の学習とならんで男性の学習もようやく広がって来たことも一九九〇年代の特徴と言えよう。川崎いたかの会の継続した活動をはじめ(11)、東京都足立区女性センターの男性改造講座、横浜でのおやじサミットの開催などとともに、男性大会も初めて一九九六（平成八）年に関西で開催された。過労死問題・リストラ問題など、こうした男性の「生きにくさ」を公民館などで積極的にとりあげた実践も生まれている。

障害者の学習では、公民館などでの喫茶コーナーの交流集会が持たれ、また、パンフ『一杯のコーヒーから障害を持つ人たちが主役の喫茶コーナーハンドブック』（一九九六年、ゆじょんとブックレットシリーズ、ゆじょんと）が出されるなど新たな広がりを見せた(12)。

第二に注目すべき実践は、高齢者・労働者などの分野における協同の運動と学習がひろがりつつあることである。

各地の生活協同組合による暮らしの課題と結びついた学習運動の展開はもちろんのこと、共同総合研究所による「協同のつどい」が毎年開催され、そこでは地域福祉・子育て・教育・文化・健康・農業・環境・仕事おこし、などがテーマとなっており、それらはまさに私たちが暮らしを自治的・協同的に創りだしていく共通の課題でもあり、同時に地域での学習の課題でもあるとも言えよう。

また、自ら仕事おこしを追求する高齢者協同組合の結成、学習権が明確に位置づけられた医療生活協同組合の「患者の権利章典」(一九九一〈平成三〉年五月一一日)の確定とそれを広げていく実践などは特に、注目されよう。

また、一九九〇(平成二)年に結成された「終末期を考える市民の会」は、「『終末期宣言書』を普及し、それが有効であるように社会に働きかける運動」「自分の死をどう迎えるかについての『自己決定の権利』の自覚を高めひろげる運動」として、一九九〇年代を通じて活発な運動と学習を展開している。

第三に、在住外国人の増加を背景に、外国人に対するさまざまな支援活動が展開されているが、特に一九九〇年代に広がりつつある日本語教室(13)を指摘することが出来よう。こうした地域における日本語教室の広がりの中で、社全協は、社全協常任委員会国際担当を中心に「社会教育と国際活動に関する懇談会」(通称「識字ネット」)を組織し、日本語学習のガイドラインづくりに着手し、その成果は、社全協・社会教育と国際活動に関する懇談会(仮称)「私たちのめざす日本語・識字教室」(『月刊社会教育』一九九五〈平成七〉年一〇月号)にまとめられている。

最後に、指摘したいのは、各地で展開された住民主体の地域生涯学習計画づくりである。

生涯学習振興整備法の成立以降、自治体における生涯学習関連審議会や協議会などが、盛んに「生涯学習基本構想づくり」や「生涯学習計画づくり」を進めた。これらは上からの生涯学習計画づくりになる矛盾を持ちつつも、一方では、自治体の社会教育職員と住民・専門家との協同如何によっては、住民本位の生涯学習計画づくりの可能性をもあわせ持つものであった。

たとえば、東京都保谷市では、保谷市民が主体となって生涯学習計画づくりを進め、「保谷市民の学習権宣言」を含んだ『保谷市生涯学習推進計画策定について（答申）』（保谷市生涯学習推進計画策定審議会、一九九五〈平成七〉年一〇月）をまとめた。また、長野県松本市では、市民と職員が共同して生涯学習基本構想をまとめ（『学びの森づくりをめざして　ずくだせZUKUDASU学びの森づくり　松本市生涯学習推進懇話会の提言・松本市生涯学習プロジェクトチームの報告』、松本市教育委員会、一九九六〈平成八〉年三月）、さらに「地域における土の匂いのする地道なその人の『学習』や『活動』等の生きざまを記録」した『学びの森を生きる――松本の生涯学習記録』（松本市生涯学習記録誌刊行委員会編、松本市教育委員会、一九九五〈平成七〉年三月）を刊行し、地域に根ざした「学びの森」づくりがすすめている。

名古屋市では青年代表も入った名古屋市青年の家運営審議会が「青年の家の望ましいあり方を求めて〈中間報告〉」（一九九五〈平成七〉年六月二八日）をまとめたことも、重要である。

社会教育研究所（大阪府枚方市）では、『社会教育研究所双書第八集　自治体における生涯学習計画化の動向　関西の具体的事例』（一九九四〈平成六〉年八月二七日）をまとめ、大阪市・八尾市・貝塚市・和歌山県印南町・京都府・尼崎市・大阪府など、関西における動向を紹介・分析し、計画化への芽や諸条件を浮き彫りにしている。特に貝塚市での『貝塚公民館四〇周年史』（貝塚市立中央公民館、一九九四〈平成六〉年三月）の発行は、生涯学習計画づくりと深く結びついて取り組まれた市民参加による公民館史づくりとして、特筆に値しよう。

一九九〇年代の社会教育実践は、このように多様に広がりつつも、各分野での個別課題での深まりが求められた時代であったといえよう。

第三節　一九九〇年代における社全協運動

（1）生涯学習振興整備法反対の取り組み

一九九〇年代社全協運動は、生涯学習振興整備法反対運動から始まった。

一九九〇（平成二）年の中央教育審議会答申「生涯学習の基盤整備について」を受けつつ、また、独自に生涯学習振興法の準備をすすめていた文部省は、他省庁との調整も含め、いくつかの法案作成の段階をふんで、最終的に、五月一一日の閣議決定を経て法案が国会に提出された。

社全協は、一九九〇（平成二）年二月一一日～一二日に開催された総会（於東京）で、アピール「政府・文部省による『生涯学習振興法』（仮称）法制化を危惧し、私達は呼びかけます」を採択し、①地域・自治体の生涯学習が文部省によって「誘導」されること、②生涯学習推進本部などの法的保障には問題があること、③生涯学習推進センター設置によって公民館の独立性が弱められること、④教育が営利活動によって歪められること、など法案の問題点を指摘するとともに、三月には、パンフレット『私たちの求める生涯学習』を刊行し、積極的に対案を提示していった。

四月二一日～二二日の拡大常任委員会では、第一次法案が検討され、法律案に反対する要求書（『月刊社会教育』一九九〇（平成二）年六月号の社全協だよりを参照）を保利耕輔文部大臣に提出。四月二八日には、緊急学習会を持ち、日本青年団協議会・日本婦人団体連合会・日本婦人有権者同盟・図書館問題研究会・博物館問題研究会・教育科学研究会・全日本教職員組合など、関係団体からも多数の参加があった。連休あけに社全協は、国会議員へ法案反対と運動の協力を要請した。

五月一一日の閣議決定・国会上程後は、図書館問題研究会・博物館問題研究会と連名で、衆議院議長・参議院議長宛て「『生涯学習の振興のための施策の推進体制等の整備に関する法律』の制定に反対する請願書」の署名運動に取り組み、最終的には七〇〇〇名の署名を国会に提出、また、六月二日の緊急シンポジウム「今、市民の学ぶ権利が危ない――生涯学習振興法案を批判する」（杉並区社会教育センター）には、日本婦人有権者同盟、草の実会、新日本体育連盟、全国消費者団体連絡協議会、日本婦人団体連合会、親子文庫・地域文庫全国連絡会など、約一〇〇名の関係者が集まり、振興法の問題点が徐々に市民の間に広がっていった。

常任委員会事務局は、「『生涯学習振興法案』に反対しよう！ニュース」を一〇号まで発行し、国会情勢を機敏に会員その他に伝え、運動に大きな貢献をした。日本婦人団体連合会・全日本教職員組合・日本高等学校教職員組合も廃案を求めて国会要請行動を展開、国会審議での参考人陳述では、衆議院では常任委員の島田修一が、参議院では副委員長で大阪社会教育研究所理事長の山本隆一がそれぞれ意見陳述し、法案の危険性を訴えた(14)。

生涯学習振興整備法をめぐっては、結果的には、成立を許したものの、社会教育団体だけでなく、各地で多くの草の根的学習会が持たれたことも特徴だった。そこでは、憲法・教育基本法・社会教育法があらためて学ばれ、生涯学習政策の本質と法案の危険な内容が明らかになっていった。関西では六月三日に緊急学習会を開催し、「生涯学習振興法に反対する関西連絡会」を結成して「やっと根をはりかけた樹々をコンクリートジャングルに移植して枯らしてしまう生涯学習振興法に反対する！」とするアピールを採択、連絡会ニュースを発行し、署名活動に取り組んだ。その運動の様子を「関西連絡会ニュース第三号」は、「岡山では一五の公民館から（署名が）郵送されてきました。『公民館まつりで集めました』と手紙が添えられていた館も。……六月一四日、阪南主事会で生涯学習振興法の学習会がもたれ、主事会・女子部会として慎重審議のアピールを出すことに、西宮のTさんからは『社会教育のことで一〇〇人以上の人から署名をもらったなんて初めて』と感激の電話が。毎日のように署名が届き、しかも一三日～一五日はほとんど速達、毎日が感激でした。電話でも『頑張りましょう』のエール交換花盛り。社会教育をやってきてこんなにガンバローをいったのは初めて」と伝えている。

また、自治労埼玉県本部社会教育部会でも反対運動を展開、臨時総会（六月二日）では生涯学習振興整備法反対決議が採択されている。そうした中で学習会を積み重ねていた東京都保谷市では、生涯学習振興整備法の学習をバネに、市民が議会を動かし、全国でもはじめて「『生涯学習の振興のための推進体制等の整備に関する法律』の制定に反対する意見書」（一九九〇〈平成二〉年六月二八日）が市議会で採択された。また、日本社会教育学会の会員有志も、法案の内容に対して「深い関心と憂慮」から「慎重な審議」を要請する「『生涯学習の振興のための推進体制等の整備に関する法律案』に関する日本社会教育学会有志のアピール」を出すなど、反対運動が短期間に展開された。

このように生涯学習振興整備法については、結果的には成立を許したものの、運動によって法案の危険な部分が関係者に伝えられ、また、あらためて社会教育関連法が学習されるなど、この反対運動が社会教育関連法制の国民的解釈をすすめる学習運動の側面を有していたということも指摘できよう。

（2）カルチャーセンターなどの公民館使用をめぐって

生涯学習振興整備法は、生涯学習にあからさまに民活を導入しようとするものであったが、文部省で同法作成にかかわった広島県教育長の「照会」に答えて、文部省生涯学習局は、一九九五（平成七）年九月二二日付けで「社会教育法における民間営利社会教育事業者に関する解釈について（通知）」（委生第一五号）を、各都道府県教育委員会教育長宛に示した。これはカルチャーセンターなど「民間営利社会教育事業」を「社会教育」と認めて、営利目的の社会教育事業にも公民館の使用が認められるようにするというものである。

社全協は、直ちにアピールを発表し、同通知が「まず第一に、個人や民間企業などの営利目的の事業に公民館の使用を認めることは、住民の自主的・協同的非営利的社会教育活動を圧迫し、せばめる結果をもたらすということである。」「第二は、カルチャーセンターなど営利事業に公民館施設を提供することによって、営利事業者の提供する講座の受講料有料化あるいは高額化によって、無料あるいは低廉な受講料で学習することのできる権利が侵害されるということである。それは、結果的に、公民館が主催事業を組むことをやめ、民間営利事業者に事業を委託したり、公費による公民館事業の縮小を生む危険性を生じさせるだろう。」「第三は、今回の「通知」が、社会教育法第二三条第一項第一号に規定する『特定の営利事業に公民館の名称を利用させその他営利事業を援助すること』に抵触するのではないか、という疑義である。」「第四は、今回の「通知」によって、本来、教育機関である公民館が、結果的に営利的諸事業を助長し、さらには社会教育における民営化・市場化を一層押し進めていくことになるという点である。」と問題点を指摘し、同時に、委員長名で文部省生涯学習局長宛てに「『社会教育法における民間営利社会教育事業者に関する解釈について（通知）』に関する公開質問状」を提出した。

結果的には、回答を文書でもらうことは出来なかったが、社全協の申し入れに対する文部省社会教育課地域学習活動推進室長の発言要点である「混乱を招くつもりはない、文部省として基準を示すつもりはない、各公民館で住民の学習文化活動を第一に考えてほしい」をもとに「社全協通信№一四五」で「社全協アピールを地域に広げ、今こそ、住民・職員が協同して公民館事業の自主的民主的発展をかちとろう」と会員に訴えた(15)。

(3) 社会教育職員の専門職制度の確立をめざして

この分野では、一九九〇年代にはいって大きな運動の成果を産み出すことができた。

例えば、埼玉県鶴ヶ島町では、一九八九(平成元)年に町長が代わり、翌年の四月と七月の人事異動で、社会教育課長、公民館主事六名、図書館司書などが町長部局へ異動させられ、五つある公民館の全公民館長が嘱託化されるという事態が起こった。これに対し、住民団体(住民のための町づくりを進める鶴ヶ島連絡会)が撤回を求める運動を起こし、配転当事者四名が公平委員会に提訴、また、社会教育学者・研究者五三名が「不当配転の撤回と住民本位の社会教育の発展を」求める抗議声明を発表した。社全協も鶴ヶ島調査団(団長・横山宏)を組み、運動を支援し、その結果、一九九三(平成五)年三月に提訴者と当局が和解した。その結果、公平委員会に提訴した四人のうち三人が七月に社会教育の職場に復帰し、最終的には、勝利することができた(16)。また、自然保護運動に関わったとして、一九八八(昭和六三)年に不当配転され、山形県人事委員会に「大規模林道に反対したための報復人事」として救済を求めて、不当配転闘争を闘っていた山形県白鷹町の社会教育職員原敬一が、一九九六(平成八)年四月一日付けで、九年ぶりに原職場(町教育委員会社会教育係長)に完全復帰を勝ちとっている(17)。

一方、社会教育においてもパート・臨時・嘱託・派遣などの不安定雇用労働が広がっている。岡山市公民館では、嘱託職員の正職化運動が展開されている。また、京都府では、一九八六(昭和六一)年に、それまで京都府八木町公民館図書室で司書として毎年契約更新をしてきた臨時職員の身分を、一方的に更新されなかった早川幸子が、八年間にわたって「解雇撤回・原職復帰」をめざして裁判で闘い、一九九四（平成六年）年六月、「公立南丹病院に就職することと、最高裁上告の訴訟を取り下げること」で闘いを終結、この分野での貴重な前進を残した。

一九八七（昭和六二）年七月、猛暑の中、東京・町田市公民館の社会教育主事として、国分寺遺跡の現地学習会の実地調査をしたあと、講師との打ち合わせを終え、電車に乗車中に発病した大石洋子は、公務災害認定を請求した。東京地公災審査会は審査請求を棄却したが、一九九六（平成八）年一〇月に、東京地裁判決は「公務外認定」処分を取り消した。それは、「女性労働者が男性労働者と同様の長時間過密労働に従事し、男性労働者同様過労死が発生しているなかで女性の事務労働者の過労が労災認定された初めての判例」となった。これも市民・職員の支援運動の成果と言えよう。また、木村光夫埼玉県鳩ヶ谷市社会教育主事の運動で鳩ヶ谷市公平委員会が「社会教育主事格付け規則」制定勧告（一九九四〈平成六〉年五月二〇日）を出すという成果も生んでいる。

社全協は、職員養成問題を討議していた文部省生涯学習審議会社会教育分科審議会計画部会に対し、常任委員会名で「社会教育職員養成制度に関する要望書」（一九九五〈平成七〉年六月一二日）を提出し、社全協の考えを審議会委員へ伝えた。その内容の骨子は、「社会教育主事の養成は、正規の養成カリキュラムを持った大学で行うことを基本とすべきであり、貴部会におかれましては大学における養成制度充実の積極的具体策を報告書に盛り込まれるように要望したい。」（要望事項一）、「自治体社会教育主事の採用については、大学で養成された有資格者を積極的に登用するように貴部会が提言されることを要望したい」（要望事項二）、「貴部会に公民館主事制度創設のための専門委員会設置を要望したい。」（要望事項三）、「社会教育職員の資格・養成・採用・研修などの在り方は、これからの我が国の生涯学習の方向を決めていくうえで重要な事柄である。我が国における社会教育関連団体からのヒアリングを広くすすめ、積極的充実を図る方向で審議されることを切望したい。」（要望事項四）であった。

また、社全協は、図書館問題研究会・博物館問題研究会と合同で緊急学習会を一九九六（平成八）年七月に開催し、同年一二月一五日には「文部省令改正に関する社全協アピール　社会教育専門職養成科目としての『社会教育概論』は存置されるべきである、社会教育主事養成の軽易化はなされるべきではない」を明らかにし、全会員はもとより、文部省生涯学習局社会教育課・全国公民館連合会・全日本社会教育連合会・全国社会教育職員養成研究連絡協議会をはじめ社会教育関連団体・関係機関へ送付し、社全協の考えを広く関係者へ訴えた。

結果的には、一九九六（平成八）年八月の文部省告示で、社会教育主事・司書・学芸員の養成カリキュラムが変更された。司書・学芸員養成では、前進面も見られたが、社会教育主事養成の科目から「社会教育概論」が外され「生涯学習概論」に変えられるなど社会教育主事については明らかに後退した。

（4）社会教育施設の委託・合理化・廃止に抗して

一九九四（平成六）年一一月二日、マスコミにより、東京都大田区の「事務事業等適正化計画」が発表された。これは、区職員全体の二五％もの職員削減と社会教育施設としての文化センター全廃計画であって、①社会教育施設である文化センター等を「区民施設」として教育委員会所轄から地域振興部所管に移す、②その上で施設の職員（現在各施設四名ずつ配置）を引き上げ、民間委託を行う、③従来から実施してきた文化センターでの社会教育事業は、教育委員会事務局社会教育課がそれぞれの施設を会場にして統合実施していく、というものであった。社全協は、年末の拡大常任委員会・全国委員会で、深夜、大田区から駆けつけた社会教育職員の報告を聞き「常任委員会も総力を挙げて取り組もう」と話し合い、社全協会員や区職労の要請も受けながら、調査団（団長・小林文人社全協委員長）結成を決定し、ただちに調査に入った。

調査の結果は、「文化センター・青年の家の地域振興部移管・民間委託計画を白紙に戻し、社会教育施設の充実を求めるアピール」として、年明けの一九九五（平成七）年一月一八日に東京都庁で記者会見を行い、発表した。「アピール」は、「区民と職員がともに創りあげてきた大田区の社会教育の歴史的蓄積を継承・発展させるべきである」「社会教育施設である文化センター・青年の家の地域振興部移管は、関連教育法の原則を逸脱するものである」「太田区の生涯学習政策は、大田区生涯学習推進懇談会『提言』（「大田区における生涯学習推進のあり方――明日への限りなき学習――」）に基づいてすすめられるべきである」「文化センターの民間委託は問題が多く、行政責務の放棄である」「『社会教育事業の社会教育課での統合実施』は、教育行政の役割と教育機関との関係についての関連教育法の趣旨からみて法的疑義があり、地域に根ざした社会教育事業の展開が阻害される」「『適正化』計画の背景に、大田区開発型区政の矛盾のしわ寄せを感じざるをえない」の六項目にわたって問題点を指摘し世論に訴えていった。区では、女性学習グループや太田区社会教育施設利用団体連絡協議会などが署名や学習会に取り組み、当局は二月九日になって、職員組合に対する回答の中で「①所管は現行どおり社会教育部とする。ただし、配置職員については正規職員三名とする。②夜間の管理については、民間委託とする」と、実質的に提案を撤回した。

これは、太田区民と社会教育職員のねばり強い運動の成果であり、社全協も一定の役割を果たすことができた。その運動の成果は、「大田区社会教育施設問題」調査団編『おおたの社会教育・生涯学習のゆたかな発展をもとめて――自治体の公的社会教育制度は、こうして守られた』（一九九五〈平成五〉年、社会教育推進全国協議会）の中で生き生きと描かれている。結果として一部後退させたとはいえ、基本的には自治体リストラ計画を住民と職員の協同の力で変更させたことは、一九九〇年代における公的社会教育を守る運動の中でも特筆すべきことであった。

また、神奈川県では、当局による県立青少年施設廃止と自治体への施設委譲の提案について、社全協は、一九九六年（平成八年）九月に神奈川県職員労働組合青少年文化協議会の要請を受けて「神奈川県立青少年施設廃止・移管問題調査団」（団長・島田修一社全協委員長）を結成、神奈川県総務部・県民部・教育委員会に対し、（1）「かながわ青少年プラン」と「新総合計画」の概要、（2）今回の県立青少年施設の「廃止・移管」の現状、また県内市町村の整備状況、（3）青少年活動の拠点施設であった青少年施設がこれまで果たしてきた役割、（4）今回の青少年施設に関する「廃止・移管」計画と憲法・教育基本法・社会教育法による自治体の行政責務との関連、（5）県民参加の観点、（6）地域における充実・発展の方向、という視点から調査活動を展開、五次にわたる調査を行って一二月一五日に「神奈川県立青少年施設廃止・移管問題に関するアピール―神奈川県立青少年施設の廃止・移管計画の再検討を　二一世紀を担う子ども・青年の豊かな成長を支える神奈川県青少年教育行政の充実・発展を！」をまとめ、発表した。青少年教育施設の廃止は阻止できなかったが、利用青年をはじめ、移管される地域を中心に草の根的反対運動が展開されたことが大きな特徴であった。

（5）各地に広がる社会教育研究全国集会

生涯学習振興整備法が制定された年、一九九〇（平成二）年に、第三〇回社会教育研究全国集会は、初めて津軽海峡を渡り、「大地に根をはる社会教育は、くらしと仕事を考え、地域をつくる」をメインテーマに、約九〇〇名が集って北海道知床・斜里町で開催された。横路孝弘北海道知事の講演をはじめ、分科会の「たこつぼ化」を避けるためにはじめての参加者に対するガイダンスと問題提起を兼ねたセクション集会を設けるなど、集会の内容や運営面においても新しい試みがなされ、一九九〇年代の幕開けにふさわしい感動的な集会となった。この集会が契機となって「北海道健康学習ネットワーク」も結成されている。

一九九一（平成三）年の第三一回社会教育研究全国集会は、長野県松本市の浅間温泉で開催され、「地域にくらし、福祉、環境、文化、自治、平和をきずくために住民の生涯学習をおこしひろめよう！アルプスと城のまち松本に信州と全国の社会教育がこだまする」をテーマに全国から約一一〇〇名が集まり、討議と交流を重ねた。特に第一全体会におけるリレーメッセージ（歴史的視点や現代的視点から関係者がこもごも社会教育を語り継いでいくもの）のアイディアは、その後の全国集会第一全体会の新たな試みの先駆をなすものであった。また、分科会では、住民からのレポートが数多く出され、松本方式（中身は住民、器・裏方は職員）という言葉も生まれた。

一九九二（平成四）年の第三二回社会教育研究全国集会は、神奈川県湯河原町で、社全協の単独集会として開催された。湯河原集会は「大衆集会と研究集会の統一」をめざし、これまでの分科会構成を思いきって変え、「国民生活が直面する基本課題を正面にすえ、それを社会教育での学びがどう取り組んだらよいかを問おうと、課題ごとの分科会（課題別分科会）を構成」したものであり、「生涯学習政策による社会教育の再編成が進行する事態のもとで、あらためて社会教育の現代的課題を問い直し、国民本位の学習文化活動を創造する方向を実践的にも理論的にも明らかにし、それに即して社全協運動の課題をしっかりととらえようとするもの」(18)であった。

ちなみに設定された課題別分科会は、①差別・人権と社会教育、②平和・国際連帯のための学習、③地域文化の創造と社会教育、④私たちのくらしと環境教育、⑤学校・地域・子ども、⑥青年の自立と生涯学習、⑦生涯学習・社会教育とおとなの学び、⑧現代の労働、⑨こころとからだの健康、⑩くらしを組みかえる福祉・教育、⑪地域づくりをめざす社会教育の展望、⑫社会教育職員、⑬「生涯学習時代」と地域社会教育施設の役割、⑭地域生涯学習計画の創造、の一四であった。

社全協結成三〇年という記念すべき一九九三（平成五）年の第三三回社会教育研究全国集会は、「地域にくらしと平和と自治を築く、ともに育ちあう生涯学習の創造を！――社会教育の蓄積を生かし、その発展をめざして」をテーマに千葉県木更津市で約一〇〇〇名の参加者で開催された。二〇〇名を超える千葉県実行委員会が組織され、千葉県内プレ集会の開催や実践レポート集の刊行など全国集会の準備過程で県内の社会教育実践が掘り起こされ、また韓国社会教育協会からの代表団を迎えるなど国際化に対応した取り組みも前進した。

一九九四（平成六）年の第三四回九州・雲仙集会は、「生きているあかしを、輝ける生活・文化を　一九九四　夏・九州からの発信」をテーマに、二年にわたる準備を重ねた九州実行委員会の熱意と努力によって開催され、全体で約八〇〇名が参加した。九州での地域集会（生涯学習トークin九州）の積み重ねをはじめ、社会教育が取り組むべき課題のひろがりが見えてきたこと、社会教育のネットワークがひろがったことが大きな成果といえる。その後九州集会を契機に発足した「かごしま社会教育実践ネットワーク」も定例会をもって研究・交流を重ねている。

一九九五（平成七）年の第三五回社会教育研究全国集会は、「社会教育の伝統を活かし地域とくらしを拓く生涯学習の創造を、今こそ協同の力で」をテーマに、一九九〇（平成二）年から始まった東北での地域社会教育集会をネットワークの基盤に、初めて東北の地・山形県蔵王町で開かれ、全国から九〇〇名の参加で大きな成果を得ることができた。東北の地での初めての全国集会については、①全国と東北からのレポートに加え、現地山形からも多くのレポートが出されたこと、②現代的な問題状況に対応したアプローチの展開、③分科会の到達点を整理し、それを共有するための報告書や資料集の発行、④分科会のタコツボ化を打開する試み、など全体として成果をあげることができた。

一九九六（平成八）年の第三六回埼玉集会（浦和市）は、一〇〇〇名を超える参加者、二〇〇名を超える実行委員会で開催され、「いのち輝く時代へ」というテーマを掲げ、集会全体を通して戦後社会教育と公民館五〇年の歴史的蓄積を確かめ、暮らしと結びついた社会教育実践の豊かな広がりを確認する集いとなった。学習を重視した準備過程、基調提案の集団的作成、地域の社会教育実践の掘り起こし、学生の主体的参加など、埼玉集会が切り開いた地平は大きく、地域での社会教育ネットワークづくりも始まっている。

一九九七（平成九）年は〈いのち〉そのものが問われた阪神・淡路大震災が起きた兵庫で、全国集会が「生きる力につながる学びで、地域社会の創造を」をテーマに約八〇〇名の参加で開催されている。

（6）地域・日本・世界をつなぐ社全協運動の新たな展開

以上のように、社全協は一九九〇年代を通じて、民主的社会教育を守り・発展させていく運動を展開してきた。全国集会で、自治体・教育委員会の後援や補助金を得るという意味では、社会的にも確固とした市民権を得て、全国集会を開催してきた。このことは、民主的社会教育運動の大きな流れを創造してきたといってよいだろう。

また、図書館問題研究会・博物館問題研究会・教育科学研究会など、他団体と提携しつつ、時々の課題に取り組んできたのも特徴である。

社全協の出版活動としては、社全協編『新版　社会教育・生涯学習ハンドブック』（一九九五年、エイデル研究所）が刊行され、また、一九九〇年代を通じて『住民の学習と資料』・『社会教育研究』が刊行された。

社全協支部・地域においても活発な活動が展開され、『大地に根をはる社会教育』（北社協）、『三多摩の社会教育』（社全協三多摩支部）、『震災と社会教育』（社会教育研究所）、『九州・沖縄社会教育実践ブックレット』などが発行されてきている。

また、全国各地にはさまざまな地域社会教育運動が展開されている。社全協支部としては、千葉支部・茨城支部・東京二三区支部・三多摩支部・長野支部・愛知支部があり、友好団体としては、全国組織である図書館問題研究会、博物館問題研究会、教育科学研究会をはじめ、各地の月刊社会教育を読む会、北海道社会教育推進協議会、オホーツク社会教育研究会、福岡・社会教育研究会、山口社会教育研究会、社会教育研究所（大阪）、三多摩公民館研究所、埼玉社会教育研究会がある。また、社全協が後援ないし関わりを持っている研究集会は、九州・沖縄社会教育実践交流集会、毎年長野県阿智村で開催されてきた現代生涯学習研究セミナー、京都生涯学習セミナー、東北の社会教育研究集会、兵庫社会教育研究集会などがあり、その他、地域には、社会教育・生涯学習に関わる多くの住民団体が存在している。

また、社全協の国際活動では、一九九五（平成七）年以降、課題を残しつつも韓国社会教育協会との交流が定着し、また、「アジア南太平洋成人教育協議会」（ＡＳＰＢＡＥ）への加盟などが実現した。引き続き国際成人教育協議会（ＩＣＡＥ）への加盟の準備を進めており、国際的にも社全協の活動が広がりつつある。

（注）

（1）この競争こそ活力の源、という考え方への支配層の信奉には根強いものがある。一九九七年の中央教育審議会第二次答申「二一世紀を展望した我が国の教育の在り方について」でも、「一人一人の能力・適性に応じた教育の在り方」「過度の受験競争の状況」「学（校）歴偏重社会の問題」など、今日の教育問題を深刻に指摘しつつも、具体的な施策では「中等教育全体の多様化・複線化の一環」として「中高一貫教育の導入」をはかり、さらに「学習の進度の遅い子どもへの配慮」を言いつつも、「教育上の例外措置」として「飛び級」を導入していくという手法をとって結果的には「エリート養成」と「学校制度の複線化構造」に力点を入れていくのである。なお、中等教育の複線化に関わっては、経団連「新日本創造プログラム二〇一〇（アクション21）」では、一二項目に「多峰型の教育体系の構築」が掲げられているのが、経済界の教育要求を示しているものとして注目されよう。

（2）教育改革で言うならば、橋本内閣による教育と教育制度の全面的な改悪を企図した「教育改革プログラム」が一九九七年一月に提起され、特に社会教育においては、「社会教育関係法令の見直し」がそこで明示された。一九九七年六月に発足した第四期生涯学習審議会（会長・吉川弘之前東京大学長）の諮問事項には、そのことが明記された。

（3）二宮厚美・自治体問題研究所編『国家改造と自治体リストラ』自治体研究社、一三頁、一九九七年。

（4）今回の震災が日本の地域社会教育に投げかけたものも決して小さくない。『震災と社会教育』（社会教育研究叢書第九集）社会教育研究所、一九九五年、『社会教育ができること――阪神・淡路大震災と社会教育に関する調査報告書――』神戸大学発達科学部成人学習論講座社会教育研究室、などを参照。

（5）総務庁行政監察局編『生涯のいつでも自由に学べる社会をめざして――生涯学習の振興に関する調査結果から』一九九六年一二月一〇日、一五五頁より。

（6）二宮厚美・自治体問題研究所編『国家改造と自治体リストラ』自治体研究社、一九九七年、四六頁。

（7）ここで言う告示とは「公民館の設置及び運営に関する基準」（一九五九年一二月二八日　文部省告示第九八号）のことであって、同基準の第五条では「公民館には、専任の館長及び主事を置き、公民館の規模及び活動状況に応じて主事の数を増加するように努めるものとする。」とされている。第二次勧告が「廃止」を言う根拠は「必置規制の基本的内容は、法律又はこれに基づく政令に規定した上で、その細目については省令又は告示に委ねられることは認められるものの、現在省令、告示又は通達等を規制根拠としている必置規制については見直し、…告示又は通達等に基づく必置規制は廃止する」としている。

(8)いわゆる「新・自治体リストラ指針」で「地方自治・新時代に対応した地方公共団体の行政改革推進のための指針」(自治事務次官通知)が一九九七年一一月一四日に出された。

(9)社会教育法「改正」問題については、『月刊社会教育』一九九八年一二月号を参照されたい。また、一九九九年の地方分権一括法による生涯学習振興整備法「改正」については、長澤成次「生涯学習振興整備法十余年の検証——地方分権一括法等による『改正』問題を通して」、新海英行・牧野篤編著『現代世界の生涯学習』大学教育出版、二〇〇二年、を参照されたい。なお、生涯学習振興整備法の立法作業については、寺脇研『官僚批判』講談社、二〇〇八年、に詳しい。同法がいかに理念なき法であったのかが、当事者によって生々しく語られている。

(10)女性たちの地域ネットワークが地域を具体的に変えていく諸実践を『女性たちが拓く新しい地域運動——新・住民自治への模索』自治体研究社、一九九四年、などにみることができる。

(11)『地域を知った父親たち——親父の会「いたか」一〇年間の記録』(財)川崎教職員会館、一九九一年七月三一日。

(12)この分野での成果は、小林繁編著『君と同じ街に生きて』れんが書房新社、一九九五年、小林繁編著『学びのオルタナティヴ』れんが書房新書、などを参照のこと。

(13)『東京の識字実践・一九九四——第三次識字マップ調査報告書』東京学芸大学社会教育研究室、房総日本語ボランティアネットワーク『あなたの町の日本語教室』千葉大学教育学部社会教育研究室、一九九六年九月、等を参照。

(14)一九九〇年六月一五日に衆議院文教委員会で意見陳述した参考人は、他に岡本包治・立教大学教授、海老原治善・東海大学教授、佐藤圭一朗・青森県総合社会教育センター所長であり、参議院では、他に吉崎四朗・富山県民生涯学習カレッジ学長、北條秀衛・川崎市教育委員会社会教育主事、山本恒夫・筑波大学教授であった。

(15)なお、広島市の六三の公民館は、一九九六年四月から、財団法人広島市ひと・まちネットワークに委託されているが、一九九七年二月からカルチャーセンターなどと共同による七講座(ゴルフ教室・初心者ゴルフ教室・ボウリング講習会・ヨーロピアン・フラワーデザイン入門教室・ハーモニカ入門講座・あなたを変える余暇講座・大人のピアノ教室）を開催している。「民間連携事業は、文部省が一昨年九月、カルチャーセンターなどの公民館利用を認めたのを受けて企画。しかし、社会教育法が禁止する営利事業に該当しないよう、受講料の上限設定に手間取っていた」（「中國新聞」一九九七年一月二五日付け）とされるが、客観的にみて広島市が文部省の生涯学習政策の先駆的実験場となっていることがよくわかるであろう。

(16) この運動の詳細な記録は『つるがしま公民館職員不当配転のたたかい報告集』鶴ヶ島市職員組合・鶴ヶ島の社会教育と不当配転者をみんなで守る会、一九九三年八月、に詳しい。

(17) 白鷹町の社会教育をよくする会・白鷹町職員労働組合・自治労山形県本部置賜総支部『葉山の精気に包まれて　不当配転撤回闘争一一三一日目の勝利』ぶなの木出版、一九九二年三月、を参照。

(18) 島田修一「研究集会の新たなページをひらく」『月刊社会教育』一九九二年一一月増刊号。

第7章

「構造改革」と教育基本法「改正」に抗する社会教育運動

第一節　生涯学習政策と社会教育行政の再編

第二節　多様な社会教育実践の広がり

第三節　九〇年代後半から二〇一〇年代における社全協運動

第一節　生涯学習政策と社会教育行政の再編

はじめに

二〇〇〇年代に入り、さらにグローバリゼーションが加速する中で、多国籍化する経済と市場の国際競争の激化によって、国内的には福祉国家的経済のもとでの財政赤字の削減が至上命題となってくる。そうした状況の下で打ち出されてくるのが、新自由主義にもとづく市場化、民活化および「構造改革」路線であり、それが、様々な規制緩和と「分権化」の推進となってあらわれてくるのである。

この時期の生涯学習政策は、先の生涯学習振興整備法に明確に表現されているように、まさにこのような市場化と「構造改革」という国家戦略に対応する形で展開されてくる。それは、二〇〇四年三月に中央教育審議会生涯学習分科会の報告「今後の生涯学習の振興方策について」からもうかがえる。すなわち、国および地方自治体の財政赤字を解消するため、財政効率という名のもとに生涯学習における「受益者負担」、「個人の自己責任」そして「指定管理者制度」の導入の必要性などに言及し、具体的には社会教育施設等への民間事業者の参入などが謳われているのである。

そうした面で、生涯学習政策は、従来の公共部門であった社会教育分野に民間資本と事業者が参入できるようにするため、関係法における規制を「緩和」し、民間における「効率性」や「合理性」を強調するとともに、同時にそれを支える「受益者負担」というイデオロギーを前面に打ち出してくるのである。そのことは、一九九八年の生涯学習審議会答申「社会の変化に対応した今後の社会教育行政の在り方について」において、「今後は、例えば共催で事業を実施することや、社会教育施設を開放すること（中略）など民間の教育事業に関する情報を提供していくことなど積極的な対応が必要である」として、共催と後援、講座の受託、社会教育施設の借用など、民間企業と行政との連携に言及していることにもあらわれていた。

それとあわせて強調しなければならないのが、生涯学習振興整備法で示されたように市町村から都道府県へと施策の軸をシフトさせることで、社会教育行政の市町村主義と住民自治の原則が後退するという問題である。そこに従来の社会教育行政が生涯学習行政に取って代わられるという状況、つまり単に社会教育担当部局名を「生涯学習」に変更するだけではなく、社会教育行政部局そのものを首長部局へ編入する流れがつくられることによって、教育機関としての性格と機能が変質させられていくのである。

看過できないのは、そこには国家による学習文化活動への介入と統制という政策的意図が働いている点である。特に二〇〇一年の社会教育法の「改正」では、第五条の教育委員会の事務に新たに家庭教育および青少年のボランティア活動や社会奉仕体験活動の推進が盛り込まれた。これは、私的領域である家庭のあり方に行政が介入することを意味しており、またボランティアや奉仕活動の法制化は、本来自発的意思にもとづくボランティア活動を社会奉仕活動という形で青少年に強要する危険性をはらんでいる。

このような生涯学習政策の基本的な流れは、民間活力の導入と拡大、そしてそれを可能とするための規制緩和と地方「分権」化によって、公共部門の自由化と市場化を促すわけであるが、同時にそれらによる社会の流動化や不安定化そしてグローバル化に対処し、社会の維持と安定化にむけた統治を進めるため「新たな公共」の名のもと、コミュニティや地域づくりの施策を展開する。そこに二〇〇〇年以降の生涯学習政策の基本的な特徴があり、その基盤をなすのが教育基本法の「改正」である。

そうした点について以下具体的に見ていく。

（1）分権化・規制緩和と地方分権一括法

地方分権一括法による規制緩和の推進

前章で詳しく触れたように、一九九五年の地方分権推進法にもとづいて設置された地方分権推進委員会からの勧告を受ける形で、政府は九八年に「地方分権推進計画」を決定し、特に教育と福祉については「地方分権」の名の下に様々な法的規制を解除することによって、地方自治体の裁量と判断で行えるとした。その中で「必置規制の具体的措置」としてあげられていた社会教育施設関係の主なものだけを見ても、公民館運営審議会の必置規制の廃止、公民館長任命に際しての公民館運営審議会からの意見聴取規定の廃止、公民館設置基準の大綱化、公民館長と主事の専任要件の緩和、国庫補助を受ける際の図書館長の司書資格要件の廃止、博物館の望ましい基準の大綱化、公立博物館の学芸員定数規定の廃止などであり、これらはいずれも社会教育法、図書館法、博物館法および関係法等の改正を必要とする事項であった。

こうした法改正を含む手続きが、本来個別法ごとに審議されるべきところを、一九九九年のいわゆる地方分権一括法案という形で国会に上程され、社会教育関係法についてはほとんど審議されないまま、わずか三カ月という早さで成立するのである。これらの法で規定された条件は、当然これまでの社会教育施設の運営原理として、人々の学習権保障を担う上で不可欠な要件とされたものが、あたかもそうした施設の円滑な運営を阻害するような「規制」としてとらえられ、それゆえその「緩和」が必要であるといった論理によって否定されるのである。

このような大きな問題を含む規制緩和は、単に法的規定の解除や廃止だけでなく、民間資本の導入による運営の効率化という流れの中に位置づけられてくる。それが、ニューパブリック・マネージメント（新公共管理方式、略称ＮＰＭ）という総合的な自治体行政効率化の手法であり、それによって「公的部門の民営化」や「公共部門の資本市場への転換」という言葉に象徴されるような、公的施設等の民間化が打ち出されるのである。すなわち、この間のいわゆる「構造改革」の流れの中で「公共サービスの提供について、市場メカニズムをできるだけ活用していくために、『民間でできることは、できるだけ民間に委ねる』という原則の下に、公共サービスの属性に応じて、民営化、民間委託、ＰＦＩの活用、独立行政法人等の方策の活用」（内閣府経済財政諮問会議「骨太方針二〇〇一」）を前面に打ち出した施策が次々と実施されていく。

以上のように、生涯学習振興整備法以後、新自由主義にもとづく規制緩和と市場化の流れは、公共部門の民間委託と民営化を推し進める。それが、民間の企業運営の方法を公共施設の運営や公共サービスに取り入れるために一九九九年に制定された「民間資金等の活用による公共施設等の整備等の促進に関する法律」（略称ＰＦＩ法）をはじめとして、民営化や規制緩和を地方自治体単位でモデル的に導入する目的で制定された二〇〇三年の「構造改革特別区域法」や同年の「地方独立行政法人法」、そして公共施設の管理受託者を民間企業にまで拡大することを目的とした「指定管理者制度」など、一連の施策である。

特にこの規制緩和は、地方分権の推進という動きと相まって自治体経営のあり方に大きな影響を及ぼし、自治体が運営する公共施設の民間化を進めていく原動力となる。その基調にあるのは、市場原理に裏打ちされた自由競争を至上価値とする新自由主義にもとづく公務部門の民間化という志向であるが、その主な形態は、従来国や自治体が行ってきた事務や事業を民間運営に移し替える民営化およびそれらの一部を民間に委託する民間委託などであり、それを行うためには規制緩和が不可欠になるというものである。

一九九八年の生涯学習審議会の答申「社会の変化に対応した今後の社会教育行政の在り方について」では、規制緩和を進めることで社会教育の市場化、つまり施設の民間委託等を進めるとしているが、それを地方自治体の「自主的判断」で進めるとして、そこに分権化の論理を組み入れる。その結果、多くの自治体では、「自主的判断」により社会教育行政が一般行政へ包摂されていくという構造がつくられていくのである。このような中で、すでに二〇〇〇年には、名古屋市で生涯学習センターが教育委員会所管から区役所に移管されるとともに、一般行政の補助執行へと変更されるなどの動きがあらわれる。

そしてこれらの動きは、市町村の財政基盤の強化を謳った「平成の大合併」によって増幅されていく。二〇〇五年から二〇〇六年にかけてピークに達したとされるこの大規模な市町村合併は、地方分権一括法による合併特例法の改正によって、主に小規模自治体の合併という形で進められ、一九九九年には三二三四あった市町村数が、二〇〇六年には一八二一と大幅に減少し、さらに二〇一〇年には一七二七と、ほぼ半減する。この結果、行政の広域化がいっきに進み、それによって分権化の名の下に住民自治の後退を引き起こすわけであるが、それが公民館関係施設数の減少へと連動していくのである。

指定管理者制度の導入

これまで社会教育施設運営の民間委託においては、曲がりなりにもその委託先は準公共的とされる法人や財団等であり、その範囲内においての公共性は一定程度担保されていたといえる。しかしながら、上述のように「構造改革」の具体的戦略として位置づけられたNPMの下での指定管理者制度の目的は、市場経済の原理にもとづいて、地方自治体の「公の施設」を民間の営利企業も含めて委託化することで運営の効率性を高めるというものである。もともと「公の施設」という規定が設けられたのは、一九六三年の地方自治法改正からであり、そこにはあわせてその管理委託制度に関する規定も付け加えられた。しかし「公の施設」は「住民の福祉を増進する目的」で設置されたという理由から、その管理運営については委託という形態になじまないとされ、設置目的を効果的に達成される場合に限ってのみ委託を認める。ただその際には、法的裏付けや運営に関する条例があることが条件であり、また委託先も「公共団体又は公共的団体」に限られていた。

しかるに、二〇〇三年の地方自治法の改正では、第二四四条二の三で「普通地方公共団体は、（略）法人その他の団体であって当該普通地方公共団体が指定するもの（略）に、当該公の施設の管理を行わせることができる」（傍点引用者）となり、これまでの委託先の制限や条件が一気に緩和されるのである。これを受け文部科学省は、同年一一月の経済財政諮問会議において社会教育施設の全面的な民間委託が可能であることを表明し、さらにその後二〇〇五年一月の全国生涯学習・社会教育主管部課長会議において「社会教育施設における指定管理者制度の適用について」という文書を出し、その冒頭であらためて次のように述べている。すなわち、「公民館、図書館及び博物館の社会教育施設については、指定管理者制度を適用し、株式会社など民間事業者にも館長業務を含め全面的に管理を行わせることができる」と。しかも「留意事項」として、すでに財団等に管理委託している施設に指定管理者制度を適用する場合には三年以内に、施設管理に関する条例を改正して指定管理者の指定を行う必要があるとしたのである。

この指定管理者制度の導入によって、民間事業者の参入による受益者負担の強化とともに、指定管理者の意向による公民館運営審議会や図書館協議会、博物館協議会などの住民参加制度の軽視、「使用許可」権限の濫用による学習の自由の侵害といった問題が懸念されるとともに、経費節減という状況下での職員の労働条件の低下およびそれに伴うモラールと仕事の質的低下という問題、さらには委託費の適正な使用状況のチェックや委託期間の指定による事業継続性の確保の課題、そして事業不振に伴う事業者の倒産や撤退のリスクへの対応など、多くの問題が指摘された(1)。

こうした問題を抱えながら、二〇〇四年に山梨県山中湖村に開館した村立図書館「山中湖情報創造館」が、NPO法人によって委託運営が始められ、また北九州市では二〇〇五年度から市立図書館に指定管理者制度が導入されるなど、社会教育施設での指定管理者制度の導入が進められていくのである(2)。

(2) 教育基本法「改正」と社会教育法「改正」

教育の国家統制の強化へ

一方、教育の国家統制の強化という政策は、教育基本法「改正」という形であらわれてくる点を強調しなければならない。憲法改正の論議と併行する形で教育基本法の改正の動きが具体的な姿を見せてくるのは、二〇〇〇年三月に発足する教育改革国民会議の最終答申を受け、文部科学省が二〇〇一年一月に「二一世紀教育新生プラン」を提起し、教育基本法の見直しについて中央教育審議会に諮問した時からである。

中教審は、それを受け、二〇〇三年三月に「新しい時代にふさわしい教育基本法と教育振興基本計画の在り方について」という答申を出す。これにもとづいて出された政府の改正案に対しては、特に愛国心の問題を中心にマスコミも含め多くの疑問や批判が出され、教育学関連のほとんどの学会や日本弁護士会等からの指摘によってその問題点が学問的および法的に明示された(3)わけであるが、多数を占める与党および第一次安倍政権の強い意向のもと、二〇〇六年一二月に教育基本法の「改正」が強行されるのである。

この「改正」が、教育の国家統制を強める政策的意図に沿ってなされたことは、戦前の国家に従属した教育のあり方を反省して、旧法第一〇条で「教育は、不当な支配に服することなく、国民全体に対し直接に責任を負って行われるべきものである」と規定されたわけであるが、「改正」によって「国民全体に対し直接に責任を負って行われるべきものである」という重要な条文が削除されてしまった点に端的に示されている。そしてそのことは、具体的に「改正」教育基本法（以下、新法と略す）に新たに教育の振興基本計画の条項が盛り込まれたところにあらわれているだろう。それは、すなわち教育の自治と自律性を奪い、国が教育のあり方を決定していく。つまり教育の主体者として立ちあらわれることによって、教育の統制化と教育行政の中央集権化がいっそう強まる危険性があることを意味している。

新法の第一七条には、「政府は、教育の振興に関する施策の総合的かつ計画的な推進を図るため、教育の振興に関する施策についての基本的な方針及び講ずべき施策その他必要な事項について、基本的な計画を定め」とあるように、政府が教育の基本に関わる事柄を決定できる法的な権限をもつとされる。しかも法律と違い国会での審議を経ることなく、政府は教育の振興計画を策定することができ、ただそれを国会に報告し、公表するだけでよいのだという。つまり、「振興基本計画は、文部科学省ではなく政府によって策定される」(4)ということである。いったいこれで国による教育の「不当な支配」の歯止めをどこでかけるというのだろうか。

学習の受動化の問題

あわせて第三条として新たに生涯学習の理念が設けられ、そこで「国民一人一人が、自己の人格を磨き、豊かな人生を送ることができるよう、その生涯にわたって、あらゆる機会に、あらゆる場所において学習することができ、その成果を適切に生かすことができる社会の実現が図られなければならない。」と規定された。ここで強調しなければならないのは、生涯学習支援の目的が「自己の人格を磨き、豊かな人生を送る」といったように個人的側面と道徳的規範に重きを置いた記述になっているため、市民が教育の主体者として、つまり自らが教育のあり方を自治的に決定するということではなく、もっぱら学習の機会を与えられる存在＝学習機会の享受者として位置づけられているという点である。

同時に、同条に「個人の要望や社会の要望にこたえ」といった受動的表現がされている点も等閑視できない。これは、個人的関心や社会の要請に社会教育のあり方が規定されるというとらえ方であり、社会教育は自己教育・相互教育であるという歴史的理解を後退させ、人々が教育を創造する主体として位置づけられていないことを意味する。

ここには、先に述べたように、政府・文部科学省が教育の主体者として位置づけられていることの問題が具体的に表現されているといえよう。というのは、教育基本法「改正」後いち早く出された中央教育審議会の中間報告「新しい時代を切り拓く生涯学習の振興方策」（二〇〇七年一月三〇日）の中で、「国民の学習活動を促進する具体的方策」のひとつとして「『公共』の課題に取り組む社会教育の振興」があげられ、そこでは次のように述べられているからである。すなわち「改正教育基本法においても、『個人の要望や社会の要請にこたえ』る社会教育の国及び地方公共団体による奨励が規定された。さらに教育目標の一つに『公共の精神に基づき、主体的に社会の形成に参画し、その発展に寄与する態度を養う』ことが掲げられており、この点は今後の社会教育の在り方を考える上で重要である。」として、「社会的要請」の強い学習活動を促進することが必要であり、具体的には子どもから大人まで「奉仕活動を通じて社会に対する責任感や態度等を養う学習機会の提供を推進することが重要である」と述べ、そのために学校や社会教育の役割が強調されているのである。

社会教育概念の矮小化の問題

それでは、新法では社会教育はどのように規定されているか。旧法第七条では「家庭教育及び勤労の場所その他社会において行われる教育」と規定されていた社会教育の条文が、新法では「家庭教育及び勤労の場所」が削除され、新たに家庭教育の条項を加えた第一〇条と、社会教育の条項である第一二条に分割された。従来家庭教育および職業教育を含めて、広く社会教育として定義されていたものが、新法の第一二条で「個人の要望や社会の要望にこたえ、社会において行われる教育」となったことは、社会教育の概念の矮小化であるといわざるをえない。

確かに、「社会において行われる教育」という文言はそのまま残っており、それによって概念の包括性は担保されているという意見もあるが、法の構成と解釈からすれば、「家庭教育」は別の条文として特化されたこと、「勤労の場所」が削除されたことによって、この両者は少なくとも教育基本法においては社会教育の定義からはずれることを意味している。

そこでとりわけ看過できないのは、教育基本法が従来の理念法としての性格から、今回の「改正」によって振興施策法としての性格を帯びたものに転換したという点である。旧法第七条では第二項で「国及び地方公共団体は、（中略）教育の目的の実現に努めなければならない」とされていたものが、新法第一二条第二項では「国及び地方公共団体は、（中略）社会教育の振興に努めなければならない」に変更された。これは、教育基本法成立時の基本原則であった社会教育を幅広くとらえ学校教育と並んで前文および第一条で掲げられた教育の目的を実現するという位置づけだったはずのものが、振興という施策のレベルに位置づけられてしまったことを意味する。すなわちそれは、社会教育概念の矮小化であり、そうであるがゆえに、「勤労の場所」は振興施策のレベルでは社会教育ではなく、他行政等の管轄ということで必然的にその対象からはずれるということになるのである。そしてそのことは、教育基本法成立後に職業教育や訓練に関しては、縦割り行政の論理によってその主たる所管を当時の労働省に移管していったという歴史的経緯上の問題を追認し、固定化することを意味している。

教育基本法「改正」と連動した社会教育法の「改正」

教育基本法の「改正」を受け、二〇〇八年に社会教育法が「改正」された。そこでとりわけ重要なのは、新法第三条の生涯学習の理念に沿った形で社会教育法第三条に国及び地方自治体の任務として新たに第二項として「国民の学習に対する多様な需要を踏まえ、これに適切に対応するために必要な学習の機会の提供及びその奨励を行うことにより、生涯学習の振興に寄与することとなるよう努めるものとする。」という条文が加えられたことである。そこからは、学習は「需要」の対象としてとらえられ、それゆえその需要に応える、すなわち供給という形で提供されるといった構図が見てとれるからである。つまり、学習はあたかも商品のように提供され、消費されるという性格をもたせられてくることになる。そしてこうした学習の商品化は、社会教育施設等の有料化を推し進めるとともに、それが受益者負担論と結びつくことによって、社会教育の市場化・民営化の流れをさらに加速させることになるのである。

(3) 社会教育行政の再編の動向

社会教育行政の首長部局移管の流れ

これまで述べてきた動向をふまえ、この間の社会教育行政組織の再編等に関する特徴的な動きについてまず指摘しなければならないのが、社会教育行政の首長部局移管の動きである。

規制緩和と地方分権が推進される中で、全国の市長(特別区の区長を含む)によって組織される全国市長会(法的には、地方自治法第二六三条の三により、市長の全国的連合組織として総務大臣への届出団体となっている）などが、教育委員会の廃止や縮小を主軸とした教育行政の抜本的再編につながる提案を行い、教育委員会の任意設置や市長と教育委員会の連携強化、そしてとりわけ社会教育行政等の市町村長の所管化を強く押し出してくる(5)。これにいち早く呼応したのが島根県出雲市であり、二〇〇一年四月に首長部局の中に文化・芸術、スポーツ、図書館などの業務を移管する。これがきっかけとなって、その後同じような動きが、愛知県高浜市や群馬県太田市そして東京都の特別区など全国に広がっていくのである。

さらに、二〇〇七年には「地方教育行政の組織及び運営に関する法律」が「改正」され、法制度上もスポーツや文化の分野も含め、社会教育や生涯学習支援に関する事務が首長部局へ移管することが可能となるのである。これにより、社会教育行政の首長部局への移管の動きが加速され、中には東京都千代田区などのように従来の社会教育関係の事務全てが移管されることによって、教育委員会事務局は主として学校教育行政関係の業務を担うことに相対的重点が置かれるようになる。つまり教育委員会が、いわば〝学校教育委員会〟になってしまうような自治体も出てくるのである。また、社会教育主事が配属されている部局が首長部局へ移管となった場合に、教育公務員特例法でいう教育専門職である社会教育主事が首長の管轄下で仕事するというところも出てくる。いうまでもなく、これは教育行政の一般行政からの独立と教育の中立性の原則から見て大きな問題を含んでいる。

補助執行の動き

上述の動きに加え、近年の社会教育行政再編の特徴としてあげられるのが、いわゆる補助執行の動きである。ここでいう「補助執行」とは、地方自治法第一八〇条の七に規定され、教育委員会などの権限に属する事務の一部を、首長の管理に属する行政機関等の職員に補助執行させるというものである。この動きは、この間都道府県および市町村自治体に確実に広がってきており、文部科学省の調査（文部科学省「教育委員会の現状に関する調査（平成二四年度間）」、二〇一三年）によると、二〇一二年九月段階で都道府県の一四・九％、市町村の四・九％がこの制度を導入している。

そのひとつの事例としてあげられるのが、埼玉県所沢市である。同市は公民館を中心として、全国的にも社会教育活動が活発な自治体として知られてきているが、補助執行の導入によって社会教育施設である公民館が地域振興行政の一端を担う機関として位置づけられ、従来の公民館機能と自治振興機関としての機能を併せもつとされるようになるのである。それを所沢市では、二〇一一年四月から市役所出張所と公民館を組織的に統合した「まちづくりセンター」を立ち上げる形で具体化してきている。これに伴い、新たにまちづくりセンター条例が制定されたわけであるが、同時に従来の公民館の条例規則はそのまま残されて、教育委員会から市長部局へ事務が補助執行されるという形になる。

こうなると、従来の公民館の仕事はどうなるのか。主たる公民館の事業の中で、学習文化支援である講座等の企画実施から施設の提供まで、そのほとんどが補助執行の対象となったが、事業報告書の作成や職員研修、公民館運営審議会関係の事務などが教育委員会の事務として残される形となった。しかしながら、公民館条例は残ったといいながらも、例えば公民館の電話番号をまちづくりセンターに変えて周知したり、さらにこれまでの「公民館だより」を「まちづくりセンターだより」に変えるなどにより、公民館名を外す動きが進められてきているのである。

（４）社会教育施設をめぐる状況

公民館の急激な減少

このような中で社会教育施設の状況はどうか。同じく文部科学省の調査によると、二〇一一年度の社会教育関係施設・機関の総数は九万一二二一となっており、それは二〇〇八年度と比べて約三三一九の減少となる。しかもこうした減少傾向を示すのは、二〇〇五年度以降のことであり、二〇〇五年度は最高の九万四九九八であった。その中でも、公民館（類似施設を含む）の減少は顕著であり、最も多かった一九九九年度の一万九〇六三館に比べ三六六四館の大幅な減少（減少率一九％）となっており、特に二〇〇五年度以降の減少が目立っている。

その主な理由としてあげられるのが、一つはこの間の大規模な市町村合併の推進による市町村数の減少であり、それが特に公民館の統廃合を進めることになる。すなわち、主として町や村などの小規模自治体においては、公民館の地域配置が進められていたわけであるが、合併により、その中でもとりわけ自治会や町内会等の地域単位で設置されていた分館などが行政効率等の理由で統廃合される。また、前述したような首長部局移管や補助執行の流れの中で、公民館が首長権限による総合行政の一環として公共施設再編の施策の対象となり、地域振興やまちづくり等の機能を兼ね備えた新たな施設として公民館という名称の変更、つまり看板の架け替えなどが行われるようになってくる。

こうした公民館の統廃合は、二〇〇三年六月に全面改正された「公民館の設置及び運営に関する基準」によって制度的にも促進される。すなわち、改正では従来基準の「対象区域」とされていた「小学校または中学校の通学区域」（第二条）を削除し、さらに第九条（分館）の規定を全文削除することで、合併に伴う広域教育行政に対応できるようにしたのである。同時に、改正基準に公民館の「事業の自己評価等」

（第一〇条）を新設し、「事業の水準の向上を図り、当該公民館の目的を達成するため」に、公民館が「自ら点検及び評価を行う」としているが、そこからは、行政のスリム化・財政の効率化を目的とする行政評価を取り入れることで、効率化に劣るという理由によって社会教育施設の民間事業者への委託を進める意図も読み取れる。

指定管理者制度導入の広がり

社会教育施設での指定管理者制度の導入状況については、文部科学省の調査によると、二〇〇五年度段階で、公立の施設全体に占める割合は一四・三％。そのうち公民館で指定管理者制度を導入したところは全体の三・七％、同じく図書館が一・八％、博物館が一三・九％、青少年教育施設（青年の家や少年自然の家など）が一六・七％、そして女性教育施設が一五・四％などとなっていた。

それをさらに二〇一一年度で見ると、全ての公立の社会教育関係施設のうちの二六・二％（一万四〇九八施設）で指定管理者制度が導入されており、この間確実に増加してきていることがわかる。その中で最も割合が高いのは、文化会館の五三・七％、次いで青少年教育施設の三八・五％で、とりわけ青少年施設の伸び率の高さが目につく。それに対し、公民館が八・六％、図書館が一〇・六％、そして博物館が二一・八％などとなっており、同じように増加傾向にある。

また、組織別の指定管理者の内訳を見ると、最も多いのが「一般社団法人・一般財団法人（特例民法法人を含む。）」の五七九六だが、それに次ぐのが「会社」の三八六五であり、しかも二〇〇八年段階に比べて「一般社団法人・一般財団法人（特例民法 法人を含む。）」や「その他」が数を減らしている中で、一〇九三増と目を引く。その意味で、市場経済の原理をとり入れるという指定管理者制度導入の意図にそった動きになっているといえるわけであるが、その一方で、ＮＰＯも「会社」ほどではないが、着実にその数を増やしてきている点は注目される。

もうひとつ目を引くのが、公民館の動向である。特に公民館については、管理者が「その他」に分類される団体が二〇〇五年段階で四〇八館と他に比べて多い点が目立っていたが、それがさらに二〇一一年段階では九〇〇館となっている。この数字は、同年度段階で指定管理者制度を導入した一三一九の公民館の中の六八％余を占めているが、ただそれでも二〇〇八年度に比べると一〇二館の減少となっている。この「その他」に分類される組織の主なものは、地元自治会や町内会などのいわゆる自治振興組織といわれている。これらの組織が、指定管理者となる割合が相対的に高い点が公民館の特徴といえるわけであるが、これらの組織による指定管理者の数が減少しているということは、町内会等による公民館運営の限界を示しており、この間運営委託や指定管理者制度から従来の自治体直営に戻すケースがあらわれてきているといわれている(6)。

このことは、公民館という特性、つまりほとんどが市町村にのみ設置され、地域配置が進んでいるために地域とのつながりが密接であるが、同時に社会教育法第二〇条にあるように、他の施設に比べ多様な性格と役割をもつとともに、社会教育施設としての専門的な機能を果たすことが求められている。そうした点から、自治会や町内会にその運営を委託するには困難があり、また特に小規模自治体では、そのような機能を担えるような民間会社も含め、団体や組織が他に存在しないことを示しているといえるだろう。

社会教育職員をめぐる問題

先に述べたこの間の大規模な市町村合併による市町村自治体数の急減および公民館数の減少が、社会教育主事（補）と公民館主事の大幅な減少につながっている点も強調しなければならない。とりわけ都道府県および市町村の教育委員会に配属されている社会教育主事（補）については、一九九六年度七三五九人だったものが、二〇一一年度には二六五八人と三分の一近くまでその数を減らしてきているのである。社会教育主事（補）は、社会教育法で都道府県および人口一万人以上の市町村自治体の教育委員会には必置と規定されている関係で、市町村自治体数の減少が直接社会教育主事（補）の減少につながっていることは容易に想像できるわけであるが、それだけでなく、市町村の教育委員会に配属されている社会教育主事（補）の数そのものが減らされているのである。いわゆる退職不補充の市町村も少なくなく、こうした状況が社会教育主事（補）数の急激な減少を加速させていることが考えられ、その結果、二〇一一年段階で主事の配置率は四九・三％と五〇％を切るまでになっている。

なお、このような状況を受けて文部科学省は、省内に検討委員会を設け、社会教育主事のあり方についての検討を行ってきた。その検討委員会での社会教育主事の役割の重要性をふまえた「必置を原則とするのが望ましい」との提言を受ける形で、主事の必置義務を存続させるとともに、主事の活動事例集を作成するなどして、自治体向けに主事を置くことのメリットを発信する方針を決めたという。あわせて首長部局にも福祉や子育て、防災、環境、地域づくりなどをテーマにした市民向けの講座を開く部局が多いことを重視し、社会教育主事の有資格者を各部局に配置して、そうした講座等が充実するよう自治体に働きかけるということである。さらに今後社会教育法の規定を改めて、首長部局に配属された有資格者も社会教育主事の肩書をもてるようにすることも検討するとしている（文部科学省「官庁速報」二〇一三年一一月三日）。こうしたことから、社会教育主事（補）については、今後その位置づけや役割に関して社会教育法の改正も含め、大きな制度変更が予想される。

また公民館主事について見てみると、前述した公民館数の減少に相応する形で減少してきている。すなわち、二〇一一年度で一万四四五四人であり、前回調査の二〇〇八年度に比べても一〇〇〇人近くの減少となっているのである。ちなみに公民館数が最も多かった一九九九年度と比較すると、五〇〇〇人余の減少（減少率約二六％）となり、先の社会教育主事（補）と同様、この間の急激な減少が浮かび上がってくる。しかもその中で専任職員の割合は二九・五％となっており、同じく二〇〇八年度の三四・三％よりもさらに低くなっている。このことは、つまり、公民館で専門的に学習文化事業や学習相談などに携わる主事のうち、専任の職員は三人のうち一人にも満たず、多くが専任以外の主事によって担われているということを示しているといえるだろう。

特にこの間の首長部局移管や補助執行の広がりとの関係で、公民館にコミュニティ施設や市民部局を併設するところも増えてきている。そうした事情もあって、公民館主事の場合、兼任職員が相対的に多くなっており、その占める割合も一九％余高くなっている。つまり、職員数が増えない中で公民館主事が兼任として他の業務に従事することで、結果として本来の学習文化支援に関わる仕事ができにくくなってきているという点も問題として指摘されている。

その一方で、社会教育の現場で大きな役割を果たしているのが非常勤職員の存在であり、それは、実際の職員の割合にあらわれている。それを指導系職員と分類される、学習文化事業の企画立案や学習相談など専門的に学習支援を行っている職員で見ると、公民館主事については二〇一一年度で四四％となっており、かなり高いことがわかる。さらに司書に至っては、半数が非常勤職員という状況である。にもかかわらず、こうした職員の置かれている現状は厳しく、劣位な労働条件のもと安定して仕事が継続できないことは大きな問題となっている。すなわち身分が安定せず、将来にわたって仕事ができる保証がないゆえに、「専門職としての先の見えなさ」を多くの非常勤職員は抱えていることが報告されている(7)。

しかし現実にはこのような職員が、社会教育の現場の重要な仕事を担っている割合が高く、実際に非常勤職員の存在抜きに市民の学習文化支援の取り組みが語れないといっても過言ではない。そうした点で、非常勤職員の労働環境の整備や待遇改善はもとより、例えば岡山市の公民館のように、そこで働いていた嘱託職員を専任の職員（社会教育主事）として採用していくような自治体施策が求められているのである。

おわりに――学習権保障を担う社会教育行政の課題

これまで述べてきたように、社会教育行政の再編が進められ、とりわけ社会教育施設の運営をめぐっては、受益者負担主義の考え方にもとづく有料化の流れ、職員および事業費の削減、施設の委託等が進められてきている。そうした中で学習文化支援のあり方を考える時、学習権保障を担うべき社会教育行政において教育の自治の原理と原則が重要となることはいうまでもない。学習文化支援の基本的なあり方を決めるのは、地域住民の総意と責任においてであり、そのための住民参画の仕組みとして社会教育委員をはじめ公民館運営審議会、図書館協議会、博物館協議会などが存在する。しかしながら、こうした審議会をめぐっては規制緩和等による任意設置を理由に設置していない自治体も少なくない中で、あらためて参加と自治の原則に則った社会教育行政のあり方が問われてきている。そしてそれは、いうまでもなく教育委員という住民の代表で構成される教育委員会によって教育行政が運営されるという意味において、教育行政のあり方そのものが問われてきていることを意味するわけであるが、その際に根本的に問われてくるのは、住民自治そのものの原理と原則である。

そして同時に問われるのが、教育行政の独立性と学習の自由の保障である。社会教育関係部局の一般行政部局への移管や補助執行という動きは、首長の意向が直接社会教育行政に反映されることの危険性、つまり首長主導による行政施策がそのまま教育行政に持ち込まれることで、社会教育施設や機関における学習文化支援が行政の政策的誘導の手段や道具に転化されてしまう危険性があることを示している。いうまでもなくそれは、学習の自由と知る権利の保障という点から見て重大な問題を含んでいる。さらに二〇一四年に「改正」された「地方教育行政の組織及び運営に関する法律」によって、地方自治体の首長が制度的に直接教育行政へ介入できるようになったことで、この危険性が現実的に高まった点も強調しなければならない。

こうした点で、あらためて確認すべきは、社会教育行政が支援するのは市民の学習活動であり、そしてその学習は自由そして知る権利によって裏付けられた学びであるということである。つまり自由で自発的な学習を支援するという場合の支援とは、学びの自由と知る権利を保障するための支援であって、行政施策を遂行するための学習支援であったり、ましてやそれらの施策を進める上で不都合になることなどを知らせなかったりするようなことがあってはならない。それゆえ社会教育行政には、戦後確認された教育行政の一般行政からの独立の原則にもとづいて、人々の自由で自発的な学習文化活動を支援していくための社会教育施設・機関の運営や事業のあり方が鋭く問われてきているのである。

第二節　多様な社会教育実践の広がり

本節では、二〇〇〇年以降の注目すべき社会教育実践に焦点をあてる。その際、暮らしと地域づくり、人権と学習権保障、現代的課題、学びの条件整備の取り組みに大きく分類し、そこでの特徴について述べてみたい。なお、具体的な実践について特に出典を明記していないところは、主に社会教育推進全国協議会編『社会教育・生涯学習ハンドブック（第八版）』エイデル研究所、二〇一一年、に拠っている。

（1）暮らしと地域づくり

二〇〇〇年以降、グローバリゼーションの進行のもとで人々の暮らしと地域がそうした流れに翻弄され、特に地方での小規模自治体を中心に地域そのものの存続が危惧される状況が広がっていく。「限界集落」という言葉はまさにその象徴的表現である。とりわけ「構造改革」による規制緩和と民営化の推進は、地域経済を支える地場産業や農林業の衰退を加速させた。前節で詳述したように、二〇〇四年頃から本格化する「平成の大合併」といわれる大規模な市町村合併は、そのような地域の危機的状況に対する自治体再編という形での政策的対応であったが、しかしながら現実には住民自治の破壊と自治体サービスの低下を招き、地域の再生創造をいっそう困難な状況にしたのである。

協同と自治の地域づくり

このような厳しい状況の中にあって、自らの意思と総意に則り、文字通り住民自治を土台に内発的で創造的な地域づくりに向けた新たな展開が見られてくるのも、この時期の特徴である。それを一言で表現すれば、協同と自治の地域づくりということができるだろう。その点で注目されるのが、上からの市町村合併に抗して自らの地域を自ら守り発展させていくことを志向する研究集会「小さくても輝く自治体」の取り組みである。二〇〇三年から自治体問題研究所主催で始まったこの集会には、全国から多くの町村を中心とする自治体関係者が集まり、自らの知恵と創造性を武器とした地域づくりの実践が交流されてきている。

この取り組みの先駆となったのが、長野県栄村の実践であった。地道に続けられてきた地域問題の学習活動を基盤に、国庫補助に頼らず住民の創意と力を生かした「田直し」や「道直し」さらには生活圏での介護と相互扶助をめざした「げたばきヘルパー」などの実践は、地域の農業と生活・福祉を基軸とした「実践的住民自治」の取り組みとして全国から注目される(8)。

また地区ごとに地域課題に向き合う学習活動を積み上げてきた長野県阿智村の実践は、社会教育研究集会の継続的な取り組みの中に反映されている。しかしながら長年積み重ねられてきた研究集会が、この間単発の取り組みになってきているのではないかという反省に立って、二〇〇九年の第四三回研究集会からは、子育て、健康づくり、福祉、地域産業、自然・歴史・文化、環境などの分科会ごとにテーマに沿ったセミナーや学習会を開催し、それを持ち寄って研究集会を開催してきている点は、学習の深まりと広がりという面からも特筆される。

それに対し、合併等により大規模化した自治体でも、広域化によって住民自治と自治体サービスの低下が懸念される中にあって、自治基本条例など自治の制度づくりに地域住民が主体的に参加していく取り組みが見られる。例えば新潟県上越市では、旧町村落に地域協議会を設置し、その委員を地区の住民選挙で選ぶなどして、住民の自治意識と参加意識を高める取り組みが展開されている。また長野県飯田市では、地域協議会によって住民の意思が自治体運営に反映される仕組みづくり、すなわち、地域自治区に設置されているまちづくり委員会からの推薦と公募によって地域協議会が組織され、そこに地域の自治会活動や公民館活動の経験が生かされるような取り組みがめざされているのである。

福祉のまちづくり

この時期はまた、福祉のまちづくりという面からも注目される取り組みが展開されてくる。地域の高齢化が進む中で、特に後期高齢者の居場所づくりという面から、高齢者の孤立と孤独状況を防ぎ、そこに学習文化支援を織り込むことで高齢者の心身の健康と仲間づくりをめざす実践である。例えば埼玉県富士見市では、公民館での老後問題学習からさらに国の介護予防推進モデルの指定を受けることで、全市的な介護予防の学習活動へと展開する。そうした活動を通して、二〇〇〇年から二〇〇三年にかけて二つの公民館が介護予防の機能をもたせた「ふれあいサロン」と「いきいき活動室」を開設する。ここでは、高齢者のスポーツ・レクリエーションによる交流と地域参加にむけ、市民活動と保健・福祉と社会教育の協働をめざした取り組みが行われるのである。

同じく、主に脳卒中などの後遺症（麻痺や失語症など）のため中途障害となった人たちのリハビリを公民館での地域参加と交流を通して行っていくという点で、埼玉県所沢市での地域リハビリ交流会の取り組みは先駆的な実践である。特にこのような中途障害を抱えた市民は、自宅に閉じ込もりがちになり、社会とのつながりが途切れることが問題となるわけであるが、しかしながら一方で、いわゆる病院等での機能回復訓練や社会復帰をめざすリハビリになじめないという問題を抱えることになる。そうした問題に対して、保健師が公民館の機能に着目し、それを活かしてこうした人々の交流の場をつくり、それを通して社会的なつながりと地域での交流を進めていくことが可能になるのではないかということで、公民館職員と連携した取り組みが進められてくるのである（9）。

地域産業の活性化と農業の再生

地域産業の活性化という点では、特に衰退の一途を辿っている農山村の振興と地域農業の再生が重要な課題となっているわけであるが、農山村振興について注目すべきは、一九八〇年代以降取り組まれてきているグリーンツーリズムの発展があげられる。「緑豊かな農村地域において、その自然・文化・人々との交流を楽しむ、滞在型の余暇活動」（農林水産省）と定義されるこの取り組みは、二〇〇二年に大分県が農家宿泊設備の条件を大幅に緩和することで、大分からさらに全国的な広がりをみせる。

しかしながら、その一方で食料自給率は低下し続けており、その結果、大量の輸入作物が入荷することによって食に対する安全と食の問題に関心が集まる中で、地域農業の再生とあわせて、都市と農村の新たな協同を模索する取り組みも行われてくる。その中でも、都市部での農業講座などの取り組みは、あらためて農業と食の重要性を広げていくという点で注目される。そうした取り組みを継続し、都市部での農業再生の可能性を提起している実践として、東京都西東京市の公民館での「農業を知る講座」をあげることができるだろう。一九九〇年代の半ばに始まったこの講座は、修了者による市民農園の運営からさらに地元の農家と交渉して自主運営の農園組織「楽農塾」を立ち上げたり、援農を目的とした「縁農サークル」を結成するなど、都市農業の再生と創造にむけ着実に歩みを進めてきている。

（2）人権と学習権保障の今日的課題

一九九五年からの「国連人権教育の一〇年」の提唱は、いわゆる社会的不利益者、被抑圧者の人権侵害をなくすために、教育と学習の力に依拠し、その活動を通して人々が暴力と抑圧、差別や偏見から解放されることを、人々の学びの保障とそのための社会的整備の課題として提起した。そこでは、社会的不利益者層の視点から、人権としての学習権の内実を深めるための様々な取り組みが、それまでの社会同和教育の実践を基底として、子ども、女性、高齢者、障害をもつ人、外国籍住民などの人権保障と学習保障、さらにＨＩＶ感染者や同性愛者などへの差別と偏見の是正にむけての学習活動として展開されてくるのである。

ジェンダー平等と男女共生

その中で、まず女性差別の解消と性別役割分業の固定化を克服し、男女共生社会の構築をめざす取り組みにおいては、一九九九年の男女共同参画社会基本法、二〇〇一年のドメスティックバイオレンス（ＤＶ）防止法の成立（二〇一三年に改正され、「配偶者からの暴力の防止及び被害者の保護等に関する法律」と変更）など、女性の人権に関する法的整備や施策が一定の前進を見る。そこでは、ジェンダー平等が学習の課題として意識され、男女双方が互いに自らの性役割から解放された意識と行動様式そしてそれを可能とする社会的制度や仕組みを変えていくことをめざした学習活動が、現実の差別などの様々な問題や課題と向き合いながら行われてくる。

こうした学習の成果が、例えば岡山市での「男女共同参画社会の形成の促進に関する条例」制定の取り組みを生み出していく。条例制定の原動力は、公民館での学びをとおした市民の積極的関与であったからである(10)。しかしながら同時に、ジェンダー問題が、ほかの差別問題や貧困格差・地域格差の問題などと重なっているにもかかわらず、社会教育施設や女性センターなどでの取り組みが、男女共同参画行政における啓発事業に一面化されてきていることの問題も指摘されてくる。そうした中から、地域問題や貧困問題等社会的な課題を女性が置かれている状況に引きつけながら女性問題学習を展開していく課題が提起されてきている。

それに加え、いわゆるジェンダーバッシングやバックラッシュといわれるジェンダー平等と学習の自由を侵害し、抑圧する動きが顕著になってきており、二〇〇五年の東京都教育庁による国分寺市での国分寺市人権講座講師の拒否や都立七生養護学校（当時）での性教育への都教育委員会や都議会議員らによる不当な介入の動きなどはその典型事例である。こうした動きに対して、裁判を含め反対する運動が、国際的機関と連携しながら取り組まれてきている点は重要である。

障害をもつ人の学習文化支援と障害理解

二〇〇〇年以降の障害をもつ人の学習・文化活動の取り組みの特徴として、①学校卒業後の学習文化、余暇活動の要望に応える形で学習機会の提供の取り組みが、社会教育行政だけではなく、特別支援学校、作業所、大学、ＮＰＯなども含め持続的に行われ、②その中でも障害者青年学級（教室）から自主グループ化の取り組みも着実に広がってきていること、③これまで障害の中でもなかなか取り組みがなされなかった発達障害の理解に関わる取り組みが始められてきていること、④主に知的障害をもつ人を対象に大学での公開講座（オープンカレッジ）も着実に進められてきており、その中から自分史講座やたまり場などといった創造的な取り組みも行われてきていること、さらに、⑤障害をもつ人が主役となって働いている喫茶コーナーの中でも精神障害当事者を中心とした取り組みが増えてきており、就労だけではない、地域の居場所や交流の場として重要な役割を担っていること、などがあげられる。

その中でも、障害者青年学級から自主グループ活動へ発展していく取り組みが生まれてきた点が特筆される。東京都町田市の障がい者青年学級では、米国から紹介されたピープルファーストの活動やさくら会

（手をつなぐ育成会本人活動の会）への参加などを通して自主的なグループ活動への機運が生まれ、二〇〇四年の「とびたつ会」の誕生へとつながっていくのである。一方、長年参加してきた障害者青年学級のメンバーが自主グループを立ち上げ、その活動をさらにＮＰＯ法人を作って支援していくという試みも生まれてきている。それが、西東京市のＮＰＯ法人 Pippi の取り組みであり、障害をもつ人のスポーツ・レクリエーション事業（宿泊体験学習、ハイキング、見学会など）、移動や日中一時サポートなどの地域生活支援事業、グループホームによる共同生活援護事業などを行ってきている。

上述のような取り組みとともに重要なのが、障害という事象を共に学ぶことを通して障害の理解を支援していく取り組みである。東京都大田区では、教育委員会主催の「福祉講座」が一九八一年の国際障害者年に開始されて以降、「障害者を取り巻く諸問題について学び合う」ための講座として継続的に実施されてきている。さらに従来の障害に比べて理解がむずかしいといわれる発達障害の理解が大きな課題となってきている中にあって、発達障害に関する講座等が行われるようになってきている点は注目される。

外国籍市民とマイノリティへの支援

いわゆる国際化の流れの中で、日本にも多くの外国籍市民が生活するようになり、そこから多文化共生という課題が提起されてくる。とりわけ一九八〇年代の後半以降、オールドカマーと呼ばれる従来の在日コリアンといわれる人々に加え、主に就労目的で多くのニューカマーと呼ばれる外国籍の人々（主として中国やブラジル、フィリピンなど）が来日することで、外国人登録者数は二〇〇五年段階で二〇〇万人を超え、さらに二〇〇八年には二二二万人余までになり、生活と就労そして文化的な面からの対応が迫られてくるのである（その後若干減少したものの、二〇一一年には二〇八万人余となっている）。一方、こうした流れと相応して、マイノリティと呼ばれる人々の人権保障と学習支援の課題も浮かび上がってくる。そうした点で、特に二〇〇〇年以降の取り組みとして特筆されるのは、外国籍市民の参政権保障と条例や指針など自治体レベルでの多文化共生に関する施策が一定程度前進したこと、日本語教室等の学習支援の取り組みが全国的な広がりを見せるようになり、あわせて多文化交流の取り組みも広がってきたこと、夜間中学などの取り組みが着実に継続されていること、さらにこの間問題となっていた外国籍の子どもの学校教育での取り組みが進んできたこと、そして一九九七年の「アイヌ文化の振興並びにアイヌの伝統等に関する知識の普及及び啓発に関する法律」、二〇〇八年の衆参議院での「アイヌ民族を先住民族とすることを求める決議」などにより、アイヌの人々の権利保障およびアイヌ文化の振興と普及が進んだこと、などがあげられる。

その中で、日本語教室等の取り組みについては、川崎市の市民館のように公民館関係施設等でのグループ活動という形で展開されるところが増えてきており、日常的な学習支援の取り組みとして定着してきている。千葉県でも多くの多文化交流の取り組みが展開されてきており、そうした取り組みがネットワークとして広がりをもってきている点が特筆される(11)。

また夜間中学も、義務教育が保障されなかった人への教育支援として依然として重要な役割を果たしてきていることは、二〇一三年段階で、大阪、東京、神奈川など八都府県の三一校に二一〇〇人余が在籍していることからもうかがえる。しかも、そのうち日本人よりも多くを占めるのが在日コリアンを含め、東アジアを中心とする外国籍市民であることから、こうした人々にとっても重要な学習の場となっている点も強調しなければならない。さらに夜間中学が「潜在的な需要者は数十万人にのぼると見られ、開設のない自治体や自主運営グループなどから増設の陳情が多く出ている。」(12)といわれているように、学校教育だけでなく、社会教育の取り組みとしても大きな課題となっているのである。

子どもの権利条例づくりと子どもの参加

子どもの権利保障の課題は、特に虐待に象徴される人権侵害の問題として広く認識されるようになってきている。虐待問題に対応するため、二〇〇〇年に「児童虐待の防止等に関する法律」が成立するわけであるが、しかしながら二〇〇九年度では、全国の児童相談所に一年間に四万三〇〇〇件近くの虐待相談が寄せられ、さらに二〇一三年度に全国の警察が児童相談所に通告した虐待の件数は、前年比三四%増の二万八九二三人と最多を更新し続けている。

そしてこうした問題ともつながって、二〇〇〇年以降の顕著な問題としていわゆる子どもの貧困の問題があり、あらためて子どもの権利保障のあり方が社会的に問われてきているのである。生活保護の受給者が戦後最多を記録し続けていることなどに示されているように、経済的格差の拡大によってもたらされた貧困化がかつてなく広がり、それが子どもの生活と教育保障に大きな影を落としていることは、この間の調査や報告からも明らかになっている(13)。すなわち、無保険状態に置かれた子どもの増加をはじめ、学費未納による高校退学や高校進学をあきらめる中学生など、学校内外の様々な教育機会を奪われている状況が現に存在しているだけではなく、そのことによってその後の人生の選択肢が大きく狭められてきているのである。

このような問題状況に対し、児童福祉法および子どもの権利条約の趣旨に沿って子どもの豊かで健やかな成長発達を保障するための施策実施に向けた市民レベルの取り組みが、継続的な学習活動を内包して展開されてきている。それが二〇〇〇年の川崎市の「子ども権利条例」を先駆に、二〇〇九年段階で四七の自治体で同じような条例が制定されているほか、兵庫県川西市の「子どもの人権オンブズパーソン」など自治体レベルの施策と取り組みを実現させてきている。

また、市民の地道な調査学習の取り組みも重要である。例えば、奈良県のなら県民教育研究所では、二〇〇七年度に地域での子ども調査を行い、その内容を幅広く共有し、子育ての現場に活かす目的で研究集会を開催して子ども白書づくりにまとめている。こうした調査活動と白書づくりの取り組みは、それ自体が学習活動であるということと地域の子どもの置かれている状況を客観的に把握するという点で注目されるだろう。

(3) 現代的課題にむきあう子育て支援のネットワークづくり

前述した「構造改革」によって、生活扶助などの社会保障制度は後退し、二〇〇四年に新たに導入された介護保険制度は、その本来の理念に反して高齢者へのサービス低下をもたらしている。また保育の民営化や教育費の負担増が生活や子育ての不安を増大させ、それがさらなる少子化を進めるなど、安心して子どもを生み、育てるという社会の最も重要な要件が崩れてきている中にあって、注目されるのが子育て協同の学習実践である。

幼児虐待などに典型的にあらわれている子育てをめぐる困難な状況への対応として、二〇〇三年の少子化対策基本法や次世代育成支援法など、国・自治体・企業等による家庭教育支援策が打ち出され、子育てサポーターなどの人材養成を含めた施策が実施されてくるわけであるが、そうした中で社会教育の現場では孤立させられている親たちを支え、つなげる子育て支援と共同のネットワークづくりが展開されてくるのである。

その嚆矢は、一九八〇年代から始まる大阪府の貝塚子育てネットワークであるが、二〇〇〇年代に入ると、こうしたネットワークがＮＰＯ法人を立ち上げ、埼玉県の新座子育てネットワークのように自治体との協働で子育て支援事業に取り組むところもあらわれてくる。また一九九五年に設立されて以降、井戸端サロンや交流会、様々な講座開催など、手作りの活動を継続してきている北海道のさっぽろ子育てネットワークの取り組みなども注目される。

学校支援と地域連携

いじめや体罰、校内暴力といった問題に対して従来の閉鎖的な学校の体質を改善するために地域に開かれた学校づくりの取り組みが、九〇年代以降、学校評議委員制度などの政策的な動きとなって推進されてくるわけであるが、それが二〇〇四年の学校運営協議会の制度化、さらには二〇〇八年の学校支援地域本部事業などにつながっていく。こうした一連の学校を地域住民と協同しながら運営していくという流れが明確になるのが、二〇〇〇年代に入ってからの特徴である。特に学校支援地域本部事業は、地域のボランティアが学校を支援することで地域ぐるみでの子育てをめざしていく取り組みであり、具体的な活動は学校関係者と地域の代表者で組織される地域教育協議会と地域の事情に精通した地域コーディネーターによって行われている。

こうした取り組みの先駆となったのが、新潟県聖籠町の実践である。二〇〇一年にそれまであった二つの中学校が統合され、新たに聖籠中学校が開校するわけであるが、その学校づくりのプロセスから多くの市民が学習活動を通して関わるのである。そこでは、学校を地域に開くからさらに地域と学校を一体的にとらえる「学校というまちづくり」をコンセプトに、校舎の一角に地域交流棟を付設し、そこを地域住民が自ら運営しながら地域と学校との協働関係、すなわち「お互いよきパートナーとして存在する」(14)取り組みを通して、相互的な地域づくりと学校改革がめざされるのである。

一方、埼玉県鶴ヶ島市では二〇〇四年に教育大綱を策定し、市内全ての小中学校に独自に学校協議会を組織しているが、そこで特筆されるのが、子どもの参加を基礎にしている点である。また二〇〇六年から開始された新潟市での「地域と学校パートナーシップ事業」では、各地区において学校と公民館、地域コーディネーターが核となったネットワークづくりが行われてきている。さらに千葉県習志野市立秋津小学校コミュニティの実践をモデルとして、市民主体の開かれた学校づくりの取り組みが、例えば教員と住民との協働の授業が日常的に行われる「スクールコミュニティ」の提案といった形で提起されてくるのもこの時期の特徴である(15)。

若者への自立と就労支援

若者の自立と就労の問題が大きくクローズアップされ、「フリーター」や「ニート」といった言葉には、この時期の若者をめぐる問題が集約的に表現されている。とりわけ長引く不況にリーマンショックが重なることで雇用情勢がさらに悪化し、その矛盾が非正規雇用や失業等となって若者に集中するなどにより、貧困格差が一挙に拡大していく。内閣府の調査等では七〇万人ともいわれる引きこもりの問題もあり、学校・家庭から社会への移行が困難な状況も明らかになってくる。こうした問題を自己責任論に帰するのではなく、社会的な問題としてとらえ返すことで、若者への自立と就労など、包括的支援の必要性が認識され、それが二〇〇九年の「子ども・若者育成支援法」につながっていくのである。

このような中で、NPOなど民間レベルでの取り組みが展開され、とりわけ就労や自立支援に関わっては、不登校の子どもへのフリースペースづくりからさらに就労支援へと活動を広げてきている東京都三鷹市のNPO法人文化学習共同ネットワークの取り組みは注目される。そこでは、「風のすみか」というパン屋（コミュニティベーカリー）と農場をつくり、不登校や引きこもりの若者が就労体験を通して社会につながっていくための「中間施設」としての機能が追求されているのである。そのほかにも、地域サポートステーション事業として、例えば札幌市の若者活動センター（勤労青少年ホームが前身）の取り組みでは、自立支援、交流と仲間づくり、社会参画の三つの分野を「ごちゃまぜ」にして個別支援からさらにコミュニティ支援へつなげる実践が志向されてきている(16)。

一方、この間衰退の一歩をたどってきた青年団の中にも、再生をはかる動きが出てきている点は注目されるだろう。これまで社会教育研究全国集会の青年の分科会では、こうした取り組みが報告されてきているが、とりわけ若者が地域の現実と向かい合う中で青年団を再生していった長野県阿智村の取り組みや、一端終息した青年団を若者が参画するまちづくりを目指して復活させた滋賀県守山市の事例などからは、衰退する地域の再生と活性化に積極的に関わる若者の意思と意欲を読み取ることができる。

環境問題と環境教育の取り組み

地球的規模で進む環境問題に対応するため、世界的な取り組みが求められてくる中にあって、二〇〇二年に開催された「持続可能な開発に関する世界首脳会議」（ヨハネスブルク・サミット）では、それまでの、とりわけ温暖化対策を中心とする取り組みとあわせ、貧困や開発、社会的な格差といった問題を視野に入れた包括的な支援の必要性が提起された。そしてそのためには教育の役割が重要であるとして、「持続可能な開発のための教育」（ＥＳＤ）が提唱され、それを受け同年の国連総会では「ＥＳＤの一〇年」が採択され、二〇〇五年からの実施が決定される。

このような流れを受け、二〇〇三年に日本初の環境教育推進法とされる「環境保全のための意欲の増進及び環境教育の推進に関する法律」が成立する。しかしながら、この法律は具体的な施策等を明記したものではなく、あくまでも基本法的な性格にとどまっている。そのため、とりわけ社会教育の分野では、環境問題に関する基礎講座のような取り組みが散見されるものの、具体的な環境保護活動のような実践と結びついたものとはならず、取り組みの多くはＮＰＯやＮＧＯなど民間レベルに任されているのが現状である。またＥＳＤも環境問題だけではなく、文化や地域づくりなど幅広い領域と内容を含意しているため、具体的な取り組みのイメージがつきにくいという問題もある。

そのような中で、活発なＥＳＤの活動を展開している事例として、岡山市の公民館活動をあげることができる。そこでは、岡山市立京山公民館を拠点に学校と地域が連携する形で展開され、子どもの視点から地域の環境保全、地域教育力の向上をめざして地域全体で話し合うＥＳＤサミットやワークショップ、エコツアー、ＥＳＤフェスティバルなどのイベントのほか、地域の記録を伝承する学習活動なども行われてきているからである。

なおＥＳＤに先だって注目されるのは、一九九五年に始まる山形県朝日町の取り組みから始まり、それ以降に広がりを見せてきているエコミュージアムの運動である。そこでは、地域再生・創造とリンクする形での環境教育の取り組みとして重要な役割を果たしてきているのである。

平和学習の新たな展開

九〇年代以降、とりわけ湾岸戦争後の国連平和維持活動（ＰＫＯ）参加による自衛隊の海外派兵から、さらに武力行使を可能とするための憲法「改正」の動きに反対する運動が展開され、二〇〇〇年代に入ると、それを全国的に広げるため「九条の会」などの活動が組織化されてくる。二〇〇四年に発足する「九条の会」のアピールには、あらためて平和な未来のために憲法を守る決意が表明されており、そのため国民一人一人が九条をもつ日本国憲法を「自分のものとして選び直し、日々行使していく」ことの必要性が強調されている。憲法を自分のものにしていくには、憲法学習が必然的に求められてくる中で、社会教育施設等での平和をテーマとする学習事業が、例えば川崎市の中原市民館での平和セミナーや兵庫県伊丹市公民館の公民館平和セミナーなどのように、地域の具体的な歴史や証言、運動に依拠しながら取り組まれている点が注目される。

また「平和のための戦争展」の取り組みも発展し、二〇〇九年段階で三八都道府県、一六八地域に広がってきている。とりわけ同年に開かれた「平和のための埼玉の戦争展」は、これらの取り組みを広げるうえで大きな役割を果たした。それが地域の平和学習センターとしての機能を担う拠点として「コラボ21」の立ち上げにつながり、若者の力も引き出しながら多様な取り組みを展開していくようになるからである。それに加え、市民自らが地域の戦争遺跡保存に取り組み、地道な学習の成果を生かしそれをネットワークとして広げる活動が広がってきている点も特筆される。

一方、博物館活動として注目されるのが、平和博物館の取り組みである。全国に六〇館以上あるといわれるこうした博物館は、過去と現在の戦争の実態を伝えるとともに、二〇〇八年に広島と京都で開かれた国際平和博物館会議の「平和創造としての博物館」というテーマが示すように、戦争や暴力を克服するための英知の創造にむけ、学習活動を組織化していくという面でもその役割が重要となっているのである。

「学習する組織」としてのNPO活動の広がり

とりわけ近年のNPO（Non Profit Organization）と呼ばれる民間の非営利組織・団体の取り組みはめざましく、特定非営利活動法人（NPO法人）として認可されている団体は、二〇〇〇年代に入り急激に増加する。すなわち二〇〇〇年に三八〇〇団体だったものが、二〇〇五年には二万六〇〇〇余、さらに二〇一〇年には四万を超え、二〇一三年七月段階で四万七九七三団体にまでになっているのである。そしてその主な活動分野も多岐にわたっている。

その中で特筆されるのは、社会教育の推進を図る活動を目的としているNPO法人が保健・福祉・医療に次いで二番目に多い点である。同時に他の分野、例えばまちづくりや子ども育成、環境保全、芸術・文化・スポーツ、人権擁護と平和、男女共同参画などの分野の法人も、その活動の中に多くの教育的な機能を内包させているといわれている。ここからは、団体としての具体的な活動、社会にコミットする実践の中に情報発信等を含めた市民への働きかけや学習の援助・組織者としてのNPOの役割が見てとれるだろう。

このようなNPO活動を推進する目的で一九九八年に比較的簡略な申請によって法人格が取得可能となる特定非営利活動促進法（略称NPO法）が成立する。それが二〇〇二年に改正され、従来の一二分野から科学技術の振興や経済活動の活性化、職業能力の開発や雇用機会の拡充などを加えた一七分野へ、さらに二〇一一年の改正で二〇分野まで拡大されたことにより、法人数も飛躍的に増加する。ただ、こうした発展の背景には、先述した「構造改革」による「官から民へ」という民営化の流れがあり、その中でNPOが「新たな公共の担い手」としてその役割が期待されているという問題がある点を見なければならない。

そのような点に留意しつつも、この間のＮＰＯの取り組みは、フリースペースや居場所づくり、子育て支援や子ども・若者支援、環境教育など、社会的課題として認識されながらも行政などではなかなか取り組めていない分野での活動が多い点が特筆される。

（4）権利としての社会教育を求めて

これまで述べてきた取り組みは、権利としての社会教育、つまり学習の公的保障を求める運動とつながっていく。すなわち、様々な社会的な課題や問題と向かい合いながら平和と人権に根ざした学びをどのように実現していくか、そのためにはどのような条件整備が必要とされるかという課題にそった学習活動である。

そこでは、まず社会教育施設の運営等に市民の要望を反映させることを求める取り組みがあげられる。二〇〇〇年に公民館運営に市民の要求を反映させるための検討委員会を組織し、答申という形で提言を行った岡山市の取り組みや二〇〇五年の西東京市における「新しい公民館・図書館のあり方について」の提言などは注目される。しかしながら、二〇〇〇年代に入ると、自治体の行財政の合理化による民営化施策の流れがいっそう強まる中、社会教育施設の統廃合、施設の有料化さらには指定管理者制度によって民間委託等が広がっていく。そうした動きに反対する市民の取り組みとして、例えば埼玉県春日部市では、二〇〇七年に市民が「春日部市の公民館を良くする会」を組織し、地道な学習活動を梃にしながら市議会への働きかけを持続的に行っている。

また、二〇〇三年の指定管理者制度が本格導入される時期にあわせて、この制度の問題について継続的に議論し、二〇〇四年に公民館に指定管理者制度を適用すべきではないとする意見書を出した東京都国立市の公民館運営審議会や、同じく二〇〇五年に公民館を指定管理者制度の対象から外すことを求めた要望書を提出した東京都調布市の公民館運営審議会などの取り組み、そして社会教育行政の首長部局移管が進む中で、二〇〇一年の青年の家の統合・見直しと生涯学習センターを市長部局に移管し、公民館運営審議会の廃止や大幅な職員削減の撤回を求めた「社会教育をすすめる名古屋市民の会」の取り組み、二〇一〇年の岡山市での「公民館の充実をすすめる市民の会」を中心に、行政からの一方的な公民館の市長部局移管の提案を白紙に戻し、市民の意見を聞く会の開催を求めた要望書の提出の取り組みなどは注目されるだろう。

一方、施設の有料化や指定管理者制度の導入等が、自治体の財政悪化を理由に進められていることから、自治体行政および社会教育行政の再構築にむけ、市民自ら自治体の財政分析の学習に取り組むようになるのも、この時期の特徴である。こうした取り組みは、東京を中心に北海道や山梨、広島、四国などで展開され、それを市民がつくった財政白書という形でまとめられている点が注目される(17)。

上述のことと関わって、社会教育の条件整備を求める取り組みの特徴としてあげられるのが、社会教育行政などへの市民参加の活動である。その中で社会教育・生涯学習計画づくりについて、二〇〇〇年代以降の新たな取り組みは多くはない。それ以前に作られた計画が、この間の市町村合併や行財政改革など自治体再編など急激な動きの中で機能しないまま、それ以後の議論が進んでいないことなどが主たる要因と考えられる。

こうした中にあって、二〇〇五年に多くの公募委員と社会教育委員が協力して、ワーキンググループを組織しながら学習活動を基盤に取り組まれた調布市社会教育計画づくりおよび二〇〇九年の和歌山県田辺市の生涯学習推進計画づくりの取り組みは特筆される。特に田辺市においては、合併を機に新たな地域課題の解決に向けた取り組みとして位置づけられ、和歌山大学との連携によって公民館に実行委員会を組織し、そこを拠点として各地区ごとにシンポジウムと学習活動を展開しながら計画づくりを行っていったという点が重要である。

また、地道ではあるが、社会教育委員や社会教育施設の審議会委員などの公募制の取り組みや地域住民が主体となった社会教育事業の評価などの取り組みも注目される。特に二〇〇八年の社会教育法改正によって、新たに加えられた公民館の運営や事業の評価に関する事項を受ける形で、地域住民の視点から事業評価のあり方を追求した東京都福生市での取り組みは先駆的事例である。同時に、長野県松本市での公民館研究集会や千葉県木更津市での公民館の集いなどの取り組みも、住民と職員が共同で公民館の運営や事業を振り返り、住民の要望と地域課題にそった公民館のあり方を具体的に探っていく役割を担っているという点で重要であり、今後こうした取り組みが、全国に広がっていくことが期待される。

おわりに―被災地の支援と復興の課題

以上、述べてきた取り組みをふまえ、最後に強調しなければならないのが、災害と地域復興における社会教育実践の課題である。周知のように、二〇一一年三月に起きた東日本大震災は、原発事故を含め未曽有の甚大な被害をもたらした。そうした状況のもとで、被災地では、学校と並んで公民館などの社会教育施設が避難所および被災者支援の拠点として大きな役割を果たし、また地域の青年団や多くのＮＰＯなどが地域の復興にむけ様々な活動を展開してきている(18)。現在、こうした被災地の復興と生活の再建が大きな課題となっており、地域産業と生活・福祉・文化の再生創造という重い課題を提起し続けている。その課題に社会教育はどう応え、どのような学習文化支援の取り組みを展開していくのかが、切実に問われているのである。

第三節　九〇年代後半から二〇一〇年代における社全協運動

（1）地方分権一括法に反対する運動を展開した社全協

一九九五年の地方分権推進法に基づいて設置された地方分権推進委員会は、第一次から第四次までの勧告を政府に提出した。政府はこの勧告に基づく「地方分権推進計画」を策定し、それに基づく地方分権一括法を一九九九年の通常国会に提出した。この一括法は、「機関委任事務の廃止」など積極的な面をもちつつも教育関連法を含む四七五本の法律を一括して審議する点など、国会に提出された法形式において問題を残し、また、人権としての教育権を規定し、優れた住民自治システムをもっている社会教育関連法を「地方分権」「規制緩和」の名のもとに大きく後退させるものとなった。

特に第一節でも言及した第二次勧告で指摘された社会教育関係の事項について、社全協は一九九七年八月二五日に「私たちは学びと文化の権利の後退を許さない――地方分権推進委員会第二次勧告に対する私たちの見解」を発表し、そのなかで「一『地方分権』『規制緩和』の名による国民の権利侵害は認められない、二 社会教育法をはじめ教育・文化の権利を保障する法制度を崩してはならない、三『自治体の主体的判断』という美名でこれまでの到達水準を後退させてはならない、四 国や自治体は、住民参加の充実によって自治体ごとに教育と教育行政の主体性を守る法原理を堅持しその充実に取り組むべきである。」の四項目を指摘して第二次勧告を批判した。九月二四日には、社全協役員で文部省を訪れ、「地方分権推進委員会第二次勧告」についての社全協の見解を説明、文部省としての考え方の説明を求めた。また郵送で地方分権推進委員会事務局をはじめ全国公民館連合会・日本図書館協会・図書館問題研究会・マスコミ・政党などへ同文書を発送した。

地域・自治体でも第二次勧告の内容が明らかになるにつれ、さまざまな運動が取り組まれた。一九九七年一〇月一四日には、国立市公民館第二一期運営審議会（委員長圓谷恭子）が「公民館の本質を脅かす地方分権推進委員会第二次勧告に反対する声明」を、一〇月二〇日には同公民館利用者連絡会が反対声明を出した。東京都公民館連絡協議会公運審部会も十数市の連名で反対声明を出した。

社全協は、一九九七年一二月一三日に図書館問題研究会、教育科学研究会とともに、「『地方分権』『規制緩和』と今日の教育・文化を問う――地方分権推進委員会勧告をどう読むか」をテーマに七〇名を超える参加者で合同シンポジウムを開催し、一九九八年二月一四日にはパートⅡのシンポジウムを国分寺市で一〇〇名近い参加者を得て開催した。このシンポジウムでは主催者の連名でアピール「住民の学習権を保障し地方自治の基盤を築く公民館・図書館・博物館の更なる充実を」を採択し、二月一六日に文部省中根社会教育課長に手渡している。さらに八月五日には、博物館問題研究会が加わってのパートⅢを五十余名で開催。一九九八年八月にはさらに私たちの考えを広めるためにリーフレット『私たちの「学び」があぶない』を刊行した。

第二次勧告で指摘された法改正の課題は、その後舞台を生涯学習審議会に移すが、社全協は、一九九八年六月一七日に「社会の変化に対応した今後の社会教育行政の在り方について（中間まとめ）」に対する見解と要望」をまとめ、その中で「一　住民の意思を反映させる具体的方法をナショナルミニマムとして提示しない限り、現行の公民館運営審議会の必置規定は存続すべきです。二　公民館を生涯学習の中核的施設として位置付けるならば、公民館長、主事の専任要件を明記した現行告示は存続すべきです。三　図書館としての当然の条件である図書館長の司書資格要件は存続すべきです。四　『情報弱者』を作りかねない図書館サービスの有料化は止め、『無料公開の原則』を貫くべきです。五　専門職員の配置基準は博物館の望ましい基準の中核です。学芸員定数規定は存続すべきです。」と指摘し、一九九八年一〇月一四日には「生涯学習審議会答申に対する私たちの見解と要望」をまとめ、文部省大西社会教育課長と懇談を行った。

社全協は、さらに運動を広げるために一九九八年一〇月に「社会教育を守り発展させる連絡会」準備懇談会をもち、翌年の一九九九年五月六日には「市民の学び＝社会教育を守り発展させる連絡会」の名前で「地方分権一括推進法案から社会教育法等の『改正』案を分離し、慎重審議を求める要望書」を関係機関に提出した。なお、連絡会の加盟団体は、教育科学研究会、公民館をまもる市民の会（保谷市）、公民館をよりよくする会（保谷市）、社会教育・生涯学習研究所、社会教育推進全国協議会、住民図書館、少年少女組織を育てる全国センター、東京都青年の家を守る会、図書館問題研究会、日本出版労働組合連合会、日本婦人有権者同盟であり、賛同団体には、公民館を考える三多摩市民の会、自治体問題研究所、東京総合教育センター、日本青年団協議会、日本子どもを守る会、日本母親大会連絡会、日本婦人団体連合会がなり、事務局は社全協が担った。

一九九九年三月には社全協三役らが衆議院文教委員会・参議院文部科学委員会理事に陳情を行い、五月二二日には常任委員会が「『地方分権一括法案』の国会審議を控えて社全協会員への『訴え』」を出している。

このような運動を展開したが、結果的には地方分権一括法は一九九九年七月八日に成立、二〇〇〇年四月一日に施行された。社全協は法成立後の新たな状況のもとで連続学習会を企画し、「法改正以後の動向と条例改正の課題」（一一月二七日）、「法改正以後の各地の社会教育の動向と課題」（一二月一一日）を開催している。一二月一五日には「公民館運営審議会必置制の堅持と公民館長任命にあたっての意見聴取制度の存続など、公民館関連条例における住民参加と社会教育・生涯学習のいっそうの充実を求める要望書」を関係者に配布した。このような中で、公民館長任命にあたって公運審の意見聴取義務を条例に定めるなど、鶴ヶ島市や群馬県笠懸町、国立市、国分寺市のような先進的な事例も生まれたのは大きな成果であった。また、一九九九年四月には、地方分権政策下での社会教育のみならず学校教育も含めた教育全体を視野に入れて、教育科学研究会と社会教育推進全国協議会の共編で『教育、地方分権でどうなる』（国土社）が刊行された。

(2) 二〇〇六年教育基本法改悪に抗して

憲法改悪をめざして周到に準備された教育基本法改悪の動きは、首相の私的諮問機関であった教育改革国民会議最終報告（二〇〇〇年一二月）や文部科学省「二一世紀教育新生プラン」、（二〇〇一年一月）、中央教育審議会答申などの段階を経て、二〇〇六年に第一次安倍内閣のもとで強行採決された。

中教審が二〇〇二年一一月にまとめた「新しい時代にふさわしい教育基本法と教育振興基本計画の在り方について（中間報告）」に対しては、社全協はその年の第三九回社会教育推進全国協議会定期総会で決議「教育基本法改悪に反対し、中教審『中間報告』の撤回を要求する声明」（二〇〇二年一二月一五日）を出し、文部科学省に送付、自治体レベルでも国分寺市では「教育基本法『見直し』に反対する意見書」を総理・文部科学大臣・総務大臣に提出している。

二〇〇三年三月二〇日の中教審答申「新しい時代にふさわしい教育基本法と教育振興基本計画」に対し

ては、社全協全国委員会において「中央教育審議会答申に抗議し、教育基本法改悪に反対する声明」(二〇〇三年四月二〇日)をまとめたが、与党である自民党と公明党の密室協議で一切教育基本法「改正」案の内容が明らかにならないままに二〇〇六年四月二八日に法案が閣議決定された。社全協常任委員会は「社会教育の国家統制に反対し、教育基本法改正案の廃案を求める声明」(五月二七日)を出し、成立後は、社全協常任委員会「政府与党による教育基本法改悪の歴史的暴挙に断固抗議する」という声明を明らかにした。社全協は、あわせて「社全協通信」などを通じて教育基本法改悪の動向を会員に知らせるとともに、他団体との協力・協同をはじめ、さまざまな取り組みを行った。

(3) 教育基本法「改正」と連動した二〇〇一年・二〇〇八年社会教育法「改正」

二〇〇一年社会教育法「改正」は、教育基本法改悪と軌を一にしている。前述の教育改革国民会議最終報告や文部科学省「二一世紀教育新生プラン」などをうけた「家庭教育」重視の流れのなかで二〇〇一年社会教育法「改正」が行われた。公民館運営審議会委員に「家庭教育向上に資する者」を新たに加えたこの「改正」は、一九九九年の地方分権一括法によって委員構成を大綱化・簡素化した「地方分権」「規制緩和」の流れには反するものである。社全協常任委員会は「社会教育法『改正』に対する見解」(二〇〇一年四月八日)を明らかにして、五月二日には社全協三役が文部科学省生涯学習政策局地域学習推進室長らと懇談を行い、問題点を指摘した。

二〇〇八年の社会教育法「改正」は、二〇〇六年教育基本法「改正」を受けたもので、二〇〇八年の年明け早々、一月九日に文部科学省を訪問し、社全協でまとめた「社会教育法改正に対する社会教育推進全国協議会の要望と意見」(二〇〇七年一一月一六日)をもとに社会教育課課長補佐・法規係長と懇談を行った。二月三日には、「中央教育審議会生涯学習分科会答申素案への社全協の意見」をまとめ、札幌市で開催された全国委員会では中教審答申素案に対するパブリックコメントを提出した。また、二月一〇日には、図問研との共催で「シンポジウム　これからの社会教育はどう変わるか——社会教育法・図書館法・博物館法の『改正』を考える」を明治大学で開催し、一〇〇名が参加した。集会後「シンポジウム　これからの社会教育はどう変わるか！」アピールを採択。パートⅡの公開学習会も二〇〇八年六月一日に明治大学で開催している。

二〇〇八年二月二九日に閣議決定され国会に上程された「社会教育法等の一部を改正する法律案」に対しては、三月二三日に「社会教育法改正に対する社全協アピール　住民の学習の権利と自由を阻害し、社会教育行政を後退させる社会教育法改正案の問題点」を明らかにし、五月二三日には、衆議院文部科学委員会から招請されて長澤成次社全協委員長が「社全協アピール」をもとに十分間の意見陳述を行った。残念ながら同日、反対一名の賛成多数で可決されたが、採決後に「社会教育法等の一部を改正する法律案に対する附帯決議」が全会一致で採択され、「指定管理者制度の導入による弊害」「自発的意思で行われる学習に対して行政の介入とならないよう留意する」「有資格者の雇用確保」「社会教育委員がその職責と役割を十分に認識するような環境整備を図ること」などが盛り込まれた。これらは、法改正にあたって社全協が主張してきた内容でもあった。

こうした社会教育法「改正」と連動しつつ、一九五九年に制定された「公民館の設置及び運営に関する基準」の改定作業も文部科学省内に設置された見直し検討会で進みつつあった。社全協は、二〇〇三年三月三一日に出された「中間まとめ」に関して、「『公民館の設置及び運営に関する基準』（案）中間まとめに関する見解と要望」をまとめ、二〇〇三年四月一一日に文部科学省を訪ね、懇談を行った。さまざまな問題を含む改定であったが、すでに地方分権推進委員会第二次勧告をうけて一九九八年一二月七日付文部省告示第一六〇号で「公民館の設置及び運営に関する基準」から公民館長・主事の専任規定は削除されていた。二〇〇三年の全面改定では、公民館職員に関して必置であった主事規定が任意設置になるなど後退に後退を重ねる改悪がなされた。

さらに今日の社会教育施設に大きな影響を与えている指定管理者制度が二〇〇三年の地方自治法「改正」によって新たに導入された。特に、株式会社も含めて公民館・図書館・博物館に指定管理者を導入可能とした文部科学省社会教育課の二〇〇五年一月二五日文書に対しては、常任委員会として「指定管理者制度に関する文部科学省二〇〇五年一月二五日文書に対する社全協の見解」（二〇〇五年五月二八日）を明らかにし、八月一九日に文部科学省社会教育課地域学習活動推進室長らと懇談して同文書の問題点を指摘した。なお、この時に文部科学省は、指定管理者の公民館であっても公民館運営審議会委員は教育委員会が任命すると述べていた。

（4）各地に広がる地域社会教育の充実と社会教育施設再編に抗する運動の広がり

権利としての社会教育をめざし、民主的な社会教育（行政）を地域・自治体に根付かせようとする運動と営みは九〇年代後半から今日まで止むことなく取り組まれてきた。

東北の社会教育研究集会は、地道な研究集会を重ね、第八回（一九九七年一一月・弘前大学）、第九回（一九九八年・東北福祉大学・みやぎ婦人会館）、第一〇回（一九九九年七月・郡山市）、第一一回（二〇〇〇年七月・山形市）、第一二回（二〇〇一年七月・岩手県川崎村）、第一三回（二〇〇二年一一月・青森県黒石市）、第一四回（二〇〇三年一二月・福島県鮫川村）、第一五回（二〇〇四年七月・岩手県東和町）、

第一六回（二〇〇五年七月・山形県金山町）、第一七回（二〇〇六年一一月・仙台市）、第一八回（二〇〇七年七月・秋田市）、第一九回（二〇〇八年一一月・弘前市）、第二〇回（二〇〇九年一一月・飯舘村、この集会には一二〇名が参加、菅野村長が「いいたて流日本再構築学」と題して記念講演を行っている）、第二一回（二〇一〇年一一月・岩手県紫波町）、第二二回（二〇一一年・東北福祉大学）、第二三回（二〇一二年一一月・山形県南陽市）、第二四回（二〇一三年一一月・横手市）と東北の地に根差した活動を展開している。

各地でセミナー形式の学習会や社全協と協同関係を結ぶネットワークも新たに生まれた。「常磐沿線社会教育セミナー」（千葉支部と茨城支部が東葛社会教育研究会の協力を得て開催、一九九九年五月に三回目を実施）、埼玉社会教育研究会発足（一九九七年一〇月）、社全協関西ネットワーク発足（二〇〇三年一一月二四日、旗あげフォーラムに五〇名余が参加）、「社会教育セミナー」（二〇〇六年六月一九日、ふくい社会教育・生涯学習研究会と社全協との共催）、四〇回を重ねたオホーツク社会教育研究会の開催（二〇〇三年一二月六日〜七日、留辺蘂、講師：手塚英男さん「市町村合併と社会教育──今、合併・自治・学びを考えよう」）、また社全協自身も宿泊形式で社会教育・生涯学習入門セミナーを二回開催している（二〇〇一年六月三〇日〜七月一日、府中青年の家、一九名参加、二〇〇二年九月二一日〜二二日、本郷・鳳明館）。

また、全国各地で社会教育施設の首長部局移管・委託に反対する運動が取り組まれた。愛知県名古屋市では、一九九九年二月、生涯学習センター（公民館）の主催講座に対する教育委員会事務局による事前検閲が起こり、「社会教育の自由を守り発展させる市民集会」の開催をはじめ、一万四〇〇〇人近い署名を集めたが、二〇〇〇年三月二一日の名古屋市議会で生涯学習センター条例案が可決して非公民館化され、公民館運営審議会も全廃された。

奈良市での公民館財団委託に対しては、社全協は、奈良市長・奈良市教育委員会委員長・教育長あてに「奈良市公民館の財団委託についての見解」（二〇〇〇年七月二二日）を明らかにして「教育委員会直営原則の堅持」を訴えた。

大阪・枚方市では、公民館の廃止・有料化の動きに対して「ひらかた市の公民館をよくする会」（二〇〇五年一一月七日）を結成、当初は「子どもも大人も大好きやねん　公民館シンポジウム」（二〇〇五年一一月三〇日、一四〇人参加）など市民の力で公民館の廃止・有料化の一二月議会上程を断念させ、さらに二〇〇六年二月一一日には「公民館の存続の賛否を問う、住民投票条例の制定を求める枚方市民ネットワーク」を結成、二〇〇六年九月七日に二万六二五〇名の確定署名を議会に提出したが、公民館条例は廃止され、生涯学習市民センターへと改編された。

東京都葛飾区では、二〇〇五年八月に「葛飾区公共施設見直し検討委員会報告」が出され、「全施設の廃止後、コミュニティ拠点に転換、地域センターとの一体的再編成を検討」とされた。葛飾区社会教育館の存続を願った社会教育館四館の利用者は利用団体連絡協議会を結成、「社会教育館の存続に関する請願」を（一万五二〇人の署名とともに）二〇〇六年二月一七日に提出したが、社会教育館は廃止され地区センターに改編された。

政令指定都市であるさいたま市では、二〇〇三年六月に公民館のあり方を検討するための「コミュニティ関連施設検討委員会」の動きに対して、「さいたま市の公民館をよくする会」が結成され、市民と職員の地道な運動によってその動きを阻止した。

一方、公民館充実運動・正規職員化闘争を進めてきた岡山市では、一九九七年に『市民が輝き、地域が輝く――岡山市の公民館の充実をめざして』、一九九八年春には『公民館で広がる自分づくり・地域づくり』を発刊し、二〇〇一年三月に社全協岡山支部を結成する。そして二〇〇一年五月には公民館職員の正規化を実現している。その後、二〇一〇年四月から動きはじめた岡山市公民館首長部局移管問題では、「岡山市の公民館の充実をすすめる市民の会」が主催した連続学習会「語り合おう！私たちの地域と公民館の未来――公民館の市長部局移管問題を考える学習会」が開催され、三六会場で延べ六三七人が参加している。

このように公民館嘱託職員の常勤化を実現させてきた岡山市では、突如「安心・安全ネットワーク」の実現を目的にして、公民館を市長部局に移管する提案がなされ、社全協としても支援活動を展開し、職員と市民の取り組みによって公民館の市長部局移管に一定の歯止めをかけることができた。しかし、公民館の業務は「重要な案件」を除いて市長部局が補助執行により行うこととなり、住民の学ぶ自由とその権利を実現していく条件整備の課題は、依然として予断を許さない状況が続いている。

(5) 全国集会による学びの広がり

第三七回社会教育研究全国集会は、一九九七年の神戸集会の翌年、一九九八年に東京・八王子市で、「〝自治と学び〟の文化をはぐくみ、協同の力で人間らしさの創造を」をテーマに三多摩の豊かな社会教育実践を背景にしながら「三多摩テーゼ」の創造的な発展をめざして開催された（一三〇〇人参加）。また第三九回全国集会は、二一世紀を展望する社会教育をめざして「二一世紀の飛躍のために――いのちとくらしを守る学習の蓄積と発展」をテーマに、山梨県石和温泉で社全協単独の中間総括集会として開催された。そして、記念すべき第四〇回集会は、名古屋市の公民館全廃など社会教育再編のただ中、名古屋市において「平和を求め、人間らしく生きるための自立と協同を——住民の知り学ぶ自由と自治を育てよう」をテーマに開催された。

全国集会は二一世紀に入ってからも開催地の集会実行委員会との共催を基本にし、数年に一回まとめ的な集会として社全協単独開催の形を取った。二〇〇一年の第四一回集会は、地域に開かれた学校づくりを進めていた新潟県聖籠町で、二〇〇二年には長年の念願だった沖縄で、二〇〇三年は公民館主事の正規職員化と公民館活動が活発になり、岡山支部が発足していた（二〇〇一年）岡山市で開催された。これらは社全協と現地実行委員会の共催方式であった。二〇〇四年は社全協のみが主催する単独集会で、現地の会員の協力をあおぎながら福島県猪苗代町で開かれた。

集会参加者は、沖縄集会が一四〇〇名で突出していたが、その他は八〇〇名前後だった。参加人数の多い少ないにかかわらず、共通していた大きな課題は、地域の自治の力をつくる社会教育の役割を確認するとともに、教育基本法の改悪や公的社会教育の市場化・指定管理者制度の導入など文教行政の変化に対する取り組みであった。そして同時に、NPOなどの民間の市民の力とどう連帯するかを模索する取り組みであったように思われる。

二〇〇五年に開催された第四五回全国集会は、憲法を正面にかかげて福岡市で「地域からいのちを育み自治と共生の社会教育——憲法を生かし現在（いま）をつくる」をテーマに開催され（参加者数八〇〇人）、憲法改悪の地ならしとしての教育基本法改悪が閣議決定された二〇〇六年の第四六回全国集会は、社全協単独集会として、静岡県函南町で「憲法・教育基本法を活かし・生活と地域をひらく社会教育の公共性を築こう」をテーマに開催された。

大阪・貝塚市の豊かな社会教育実践を基盤に大阪・奈良・和歌山の広域的な社会教育のネットワークを

展望して「共同学習」を社会教育実践のキーワードとした第四七回阪奈和集会は、二〇〇七年大阪・貝塚市において「人が育ちあう地域へ　自治と文化を耕す共同学習を紡ごう！――あらゆる機会、あらゆる場所において、いまこそ社会教育を――」をテーマに開催され（参加者数一一六三人）、その阪奈和集会を意識的に継承し、「つながり」をキーワードに北海道・札幌市において「つながる力をひろげ、人が育ちあう地域をつくろう！――『生きる・働く・学ぶ』を励ます社会教育の創造を北の大地から」をテーマに第四八回集会が開催されている。

さて第四八回集会以降、この時期は、二〇〇九年「阿智村集会」（第四九回）、二〇一〇年「東京集会」（第五〇回）、二〇一一年「静岡集会」（第五一回）、そして二〇一二年「高知集会」（第五二回）と多彩な展開になった。その数年前の北海道集会や阪奈和集会などで取り上げられた「共同学習」論を深めるべく、改めて権利としての社会教育論の検討を続けた。

長野県阿智村で開催された集会では地元の参加を促すことに成功し、八〇〇名を超える参加者を得ることができた。一〇〇名を超える地元実行委員会が組織されたことは大きな成果であり、阿智村を含めた長野県の伊那谷で学ぶという集会づくりが、全国の社会教育関係者の関心を呼び起こした。阿智村の岡庭村長の「住民自治力の形成と社会教育」（集会テーマ）を学び、一九六〇年代半ばに提起された「下伊那テーゼ」の現代的継承を、飯田下伊那を中心とする長野の社会教育実践を通して深められた集会であった。

その翌年の二〇一〇年の社会教育研究全国集会は、第五〇回という節目をむかえる集会であり、戦後社会教育の歴史的な転換期を迎えているという問題意識をふまえて、福祉、環境、平和、人権、地域づくりなど住民の暮らしと自治の課題と社会教育、社会教育職員問題や自治体社会教育の充実発展の道筋を明らかにする集会づくりに取り組んできた。今や、生活全般の諸課題に社会教育がどう向き合うのか、そのことが問われていることを再確認し、「権利としての社会教育」本来のあり方を、あらためて点検していこうという集会づくりが取り組まれた。五〇回という節目でもあり、東京の開催とし、社全協常任委員会において内容づくりがすすめられた。

東日本大震災の年である二〇一一年に開催された第五一回集会は、単独集会として静岡市で「ともに生きる社会をめざし、学習の自由と権利の実現を――東日本大震災を受けとめて――」をテーマに開催された。宮本憲一さんの記念講演をはじめ、大船渡市赤崎地区の吉田忠雄館長、福島から来られた天野和彦さん（社会教育主事）、千葉悦子さん（福島大学）のお話は参加者に深い感銘を与えた。

第五二回集会は、二〇一二年に全国集会史上はじめて四国・高知市で開催され、「人間らしく働き生きるために学びあう地域をつくろう――今こそ自由民権運動発祥の高知から社会教育の創造を――」をテーマに開催。そして社全協創立五〇周年の年である二〇一三年に第五三回全国集会が千葉市の千葉大学を会場に「人をつなぎ、暮らしと地域をつむぐ――千葉の地で学びの力をたしかめよう――」をテーマに、八〇〇名の参加で充実した集会として開催された。一二〇名を超える実行委員会のほかに五〇名を超える「応援者」を組織したこと、一九九三年の木更津集会からはじまった日韓交流二〇周年の課題別学習会やイギリスのＷＥＡ（労働者教育協会）からの参加など、新たな広がりも見られた。

（６）二一世紀に滑り出した社全協
二一世紀の社会教育づくりに向けた社全協のあり方を考える

二一世紀の社会教育の展望と社全協の役割を検討するために、一九九九年に「二一世紀の社会教育づくり向けた社全協のあり方を考える特別委員会」（略称：二一世紀特別委員会）が設置された。一九九八年の三五周年シンポジウムや一九九九年度総会で社全協の課題が、会員数の減少に直面して議論が起こったことによる。二一世紀特別委員会は、これらの議論で出された意見を次の課題に整理した。

○『月刊社会教育』と社全協運動との関係、○二一世紀に向けての指標づくり、○公民館法・公民館主事資格制度の創設など法律・制度づくりの可能性について、○NPO法人格取得の可能性について、○出版部の創設、○全国集会の性格・組織方法の見直し、○常任委員会および事務局体制の再編、○支部の位置づけや役割について。これらの課題別にグループを作り検討を開始した。二〇〇一年一二月に『最終報告書』がまとめられ、これをもとに議論を行うことを呼びかけた。内容の要点は以下の通りである。

「学び」の権利実現と創造を基本理念に据え、時代を拓く人間形成とそのための教育学習文化活動を総合的課題とした。指標づくりについては、一九八五年作成の「私たちのめざすもの――一九八五年二月一〇日決定」にある「国民」概念などの再検討を要請した。常任委員会および事務局体制の見直しについては、事務所に常駐スタッフをおくこと、会員一〇〇〇名をめざすこと、支部は会員によって構成されるなど、全国集会については、実践交流・課題解決中心の現地実行委員会方式で開催することを基本とし、理論面については総会時の理論研究集会を充実させることを提言した。

さらに、法制度の問題については教育基本法・社会教育関連法の理念と実態の乖離を克服していく方向と二〇年、三〇年後の職員像を具体的に提案することを求めた。NPO法人格の取得については、「社会教育入門講座」の開催、職員研修、情報集約・提供事業、出版事業などを行うNPO法人を立ち上げることを検討すること、『月刊社会教育』との関連については、協力関係から社全協編集とする協議を行うことを提言している。

報告のこれらの提言は、その後の議論によって実現されたものは少ない。NPO法人への移行は、NP

O検討プロジェクトによって検討されたが結論を出すことが出来ず、現状維持となった。専従スタッフを可能とする財政運営は実現出来なかった。専門職制度について議論が積み重ねられたが、構想は出されていない。『月刊社会教育』との関係は、編集長の常任委員会出席、社全協からの編集委員派遣など協力関係を強めることにして、機関誌とすることはしなかった。

しかし、幾つかの個別の提言は実現された。まず、出版事業である。これまでエイデル研究所から『社会教育ハンドブック』『社会教育・生涯学習ハンドブック』『現代日本の社会教育』などが社全協の編集で出版されていたが、社全協編として、単行本の発行を開始した。『社会教育法を読む』『社会教育の仕事』であり、『社会教育法を読む』は完売した。その後、「社会教育入門講座」の開催は、社全協セミナーとして二〇〇一年、二〇〇二年に実施された。理論研究会的な面では二〇〇四年から公開学習会を開始した。第一回は指定管理者制度の評価と教育基本法改悪反対のとりくみで、きわめてアクチュアルな問題であった。

社会教育職員問題の取り組み

専門職員問題では、西東京市公民館勤務社会教育主事の不当配転問題が起こっていた。西東京市で公民館に勤務していた社会教育主事の藤野孝一氏が、市長部局の総務部に異動を命じられたが、これが社会教育職員の専門性を無視するものだとして、藤野氏は公平委員会に審査請求を行ったのである。当該地域である三多摩地域では「藤野さんを公民館に復帰させる会」を結成し、社全協三多摩支部は藤野不当配転対策委員会を発足させた。それに対して社全協も藤野氏を全面的に支持し、継続的に公平委員会の傍聴等も行った。結果として、公平委員会の社会教育専門職に関する基本的理解がなされなかったため、任命権者に押し切られてしまったが、この取り組みを通して、社会教育職員の専門職としての位置づけが不安定であることが明らかとなり、社全協として専門職問題の取り組みが必要であることをあらためて自覚することとなった。

社全協地域ネットワークと国際交流の広がり

二〇〇一年三月に岡山支部が結成されたのに続いて、二〇〇三年には社全協関西ネットワークが結成され、社全協の地域ネットワークがさらに広がった。加えて、この時期に国際交流の取り組みも行われ、国際ネットワークづくりにも着手した。ユネスコの第五回国際成人教育会議（一九九七年）から次回の会議に向けて、バンコクで中間総括会議が開かれた。社全協は、この会議を日本の社会教育の運動を国際動向と関連づける機会と位置づけて参加するとともに、社全協の見解をユネスコ教育研究所やアスベに送付し、会議では資料の配付によって、見解を伝えた。

二〇〇四年三月には社全協創立四〇周年記念（人権）韓国ツアーが組織され、韓国平生教育総連合会と交流の機会をもつとともに、水原女性会など地域の市民活動を見学し、ナヌムの家では慰安婦問題の理解を深めた。そして一九九三年、千葉県木更津市で行われた全国集会に、はじめて韓国からの代表団が参加し、以後全国集会時に交流の機会をもつようになった。

二〇〇九年五月にブラジルのベレンで開催されたユネスコ主催の第六回国際成人教育会議に提出された日本のナショナル・レポート準備において、荒井容子さんを中心に関わったことは、社全協としてそれまでの諸活動を総括する契機となった。さらに、韓国「平生教育」関係者の社会教育研究全国集会への参加が二〇年にもわたり続き、韓国の「平生教育」関係者が継続して全国集会に参加して、両国の研究交流が深まってきたことも大きな成果である。

東日本大震災と社全協運動

二〇一一年三月一一日に東日本の沿岸部を襲った地震と津波は、数万人の死者・行方不明者、一〇万戸を超える住宅の損壊・流失を引き起こした。さらに福島第一原子力発電所の事故は、放射能による空気と水・土壌の汚染を引き起こした。社全協としてもこれまで電力会社によって宣伝されてきた原発の「安全神話」と対峙する取り組みが弱かったとして、地域の学びの場での深い自省が広がった。

これをふまえ、二〇一一年の全国集会以後、継続した震災後の社会づくりと社会教育の課題を深める場を創り出してきた。震災後の社会において、社会教育が地域において重要な役割をはたし、社会の中でその公共的価値が認められるかどうかが鋭く問われてきている。

社会教育法を地域の活動に活かす

二〇〇九年は社会教育法制定六〇年という節目の年でもあり、あらためて戦後社会教育法制の理念を確かめる活動を展開した。なかでも、社会教育関連法「改正」に対する取り組みであった。すなわち、二〇〇八年六月に社会教育法、図書館法、博物館法の一部法改正が実施されたが、住民参加にもとづく社会教育計画づくりを社会教育委員の地域社会教育計画立案権を活用しながら、住民主体と自治に根ざした計画策定をめざす取り組みを提起してきた。

教育労働のあり方とその展望

この間社全協が取り組んできた大きなテーマは、社会教育を職場としている人たちの願いにこたえる課題であり、公民館、図書館、博物館などでの社会教育施設の指定管理者や非正規雇用が進む実態から、これらの労働問題を取り上げ、その専門性を追求する手立てについて検討を続けてきた。そのため、社会教育関連職員の実態を把握し、格差と貧困を生み出す生活現実をふまえ、社会教育職員の専門性と労働条件の制度的な改善の課題に取り組んできた。と同時に、この間千葉県君津市では継続して専門職を採用し、また春日部市でも専門職採用の道を明確にしており、そうしたところでの職員の実践的力量が注目されている。

世代交代がすすむ社全協

社全協における二〇一〇年前後しての特徴の一つが、団塊世代前後の退職によって職場を去る会員が増えたことと、退会者が続いたことであった。一九七〇年代に会員の拡大が図られた社全協は、当時活躍された二〇代の社会教育職員とその職員たちの働きを伝える「月刊社会教育」の読者拡大が、権利としての社会教育の推進に大きな力をもたらしていたといえる。その世代が職場を去り、社全協会員の減少が続き、「月刊社会教育」の読者も減少傾向が続くなかで、これからの国民の願いにこたえる社会教育の運動のあり方を模索し続けている。

一方、二〇〇〇年以後、公民館数や公民館職員数の減少が続いている。特にいわゆる平成の大合併と地域公共施設の再編計画によって、社会教育関係の職場は大きく変貌してきている。すなわち、この間に約半数の市町村が姿を消し、一方、公民館は総合行政下の地域施設計画に組み込まれ、教育行政の首長との連携、さらには総合行政の推進という方策が進められているのである。あわせて指定管理者制度の導入によって、公民館は制度的変容を余儀なくされ、社会教育関係職員の数が減少してきている。こうしたことによって、社全協会員の数も後退してきているわけであるが、しかしながら一方で、毎年、開催され続けている社会教育研究全国集会には、新しい参加者を迎え、集会に対する期待は広がっている。

社全協は、二〇一三年に結成五〇周年を迎え、一一月三〇日には、日本青年館を会場に記念シンポジウムとレセプションが開催された。シンポジウムでは、社全協運動をめぐる課題が多く出されたが、権利としての社会教育を掲げ、日本における社会教育の民主的な発展に果たしてきた社全協の歴史的な役割に確信をもつとともに、地域と日本と世界の動きを見据えつつ、社全協の果たすべき役割を原則性と柔軟性をもって、これからもその歩みを続けていきたい。

（注）

（1）これらの問題について、詳しくは長澤成次『現代生涯学習と社会教育の自由』学文社、二〇〇六年、を参照。

（2）指定管理者制度のその後の具体的な動向と問題については、角田英昭『今こそ指定管理者制度の見直しを』神奈川自治体問題研究所、二〇一一年、などに詳しい。

（3）教育学関連一五学会共同公開シンポジウム「教育基本法改正問題を考える」報告集（一〜七）および資料集（第一集〜第五集）、二〇〇三年〜二〇〇七年。

（4）全国市長会は、その後も地方分権の推進を強調する立場から、一貫して規制緩和を主張し続けており、最近では二〇一二年七月二四日付で「さらなる『基礎自治体への権限移譲』及び『義務付け・枠付けの見直し』について」という文書を出し、七六項目にわたる提案をしている。その中で社会教育関係では、「（企業やＮＰＯが開く講座など）民間活力の活用が進められ、主事の職務は効果的ではない状況にある」として「社会教育主事の必置義務廃止」のほか、「公民館運営の方針の弾力化」の必要性を強調して「公民館運営における営利活動に係る規定の枠付けを撤廃すること」など、社会教育法の規定の見直しを求めている。

（5）『二〇〇八年「改正」社会教育法・附帯決議をどう読むか』社会教育推進全国協議会、二〇〇八年、七頁。

（6）谷岡重則「社会教育施設の指定管理者制度を問い直す」『月刊社会教育』二〇一二年五月号。

（7）例えば、『伝えたい二三区のいま／東京二三区の社会教育白書二〇一二』社会教育推進全国協議会東京二三区支部・東京二三区社会教育ネットワーク、二〇一二年。

（8）栄村の取り組みについて詳しくは、島田修一・辻浩編『自治体の自立と社会教育』ミネルヴァ書房、二〇〇八年、などを参照。

（9）山本昌江「地域の関係をつくる学び『リハビリ交流会』」『月刊社会教育』二〇〇二年八月号。

（10）田中純子「岡山市の公民館の歩みと実践」『月刊社会教育』二〇〇三年七月号。

（11）詳しくは、房総日本語ボランティアネットワーク編『千葉における多文化共生のまちづくり』エイデル研究所、二〇一二年、を参照。

（12）「毎日新聞」二〇一四年一〇月七日。

（13）ユニセフが二〇一二年に発表した子どもの貧困についての国際比較によると、先進二〇カ国の中で日本は貧困率が四番目に高いという結果が出ている。しかも北欧諸国に比べると日本の貧困率は約三倍の高さに達するという。

（14）手島勇平・坂口眞生・玉井康之編著『学校という〝まち〟が創る学び』ぎょうせい、二〇〇三年、三一頁。

（15）こうした取り組みについては、池上洋通『市民立学校をつくる教育ガバナンス』大月書店、二〇〇五年、を参照。

（16）穴澤義晴「行政の取り組みから見えてきた若者支援の今後」『月刊社会教育』二〇一〇年一月号。

（17）大和田一紘編『市民が財政白書をつくったら・・』自治体研究社、二〇〇九年、では、二〇〇二年から二〇〇八年まで全国での展開された二四の取り組みが紹介されている。

（18）この具体的な取り組みの事例については、石井山竜平編著『東日本大震災と社会教育』国土社、二〇一二年、を参照。

あとがき

本書は、序にあるように社会教育推進全国協議会結成五〇周年記念事業の一環として、一九九九年に出版された『現代日本の社会教育――社会教育運動の展開』の増補版として編まれたものである。刊行の趣旨は、旧版で強調されていたように、社全協運動だけでなく、戦後日本の社会教育総体の発展過程を幅広く描き出すことで、営々として築き上げられてきた権利としての社会教育の取り組みとともに、その学習文化支援の成果と課題を確認し、これからの社全協運動と社会教育実践を展望することである。

旧版が主に戦後から一九九〇年代を記述の対象にしていたのに対して、この増補版では、新たに第七章として二〇〇〇年以降の生涯学習政策の動向と注目される社会教育実践の展開およびそれらに呼応した社全協の取り組みについて加筆し、あわせて旧版では十分でなかった索引の内容も充実させた。それによって、戦後から現在までの社会教育に関わる政策・実践・運動の基本的な流れとそこでの問題や課題を俯瞰することができるよう工夫し、あわせて旧版での誤記等の訂正および表現の修正も行った。

本書の出版にむけ、二〇〇〇年以降に社全協三役を務めたメンバーを中心に編集委員会を組織し、編集と執筆を担当した。その中で第七章第三節の社全協運動については、二〇一二年まで委員長を務めた大串、長澤、上田がそれぞれ運動を担った時期の取り組みを執筆し、第一節の政策動向および第二節の社会教育実践については現委員長の小林が担当した。

本書は、当初社全協結成五〇周年記念事業にあわせて出版するという計画で企画されたが、諸般の事情で大幅に出版が遅れたことについてあらためてお詫びするとともに、一人でも多くの方々に読んでいただいて、今後の日本の社会教育および学習文化運動の発展に少しでも貢献できればと願うしだいである。そのためにも、忌憚なきご批判等いただければ幸甚である。

最後に、本書刊行まで辛抱強く対応していただいたエイデル研究所の山添路子氏に心より感謝申し上げたい。

編集委員一同

索　引

執筆者　分担一覧

千野《ちの》 陽一《よういち》	編 集 長	東京農工大学名誉教授	序および増補版序
上田《うえだ》 幸夫《ゆきお》	編集委員	日本体育大学教授	第1章、第7章第3節(5)
大串《おおぐし》 隆吉《りゅうきち》	編集委員	東京都立大学名誉教授	第2章、第7章第3節(6)
朝岡《あさおか》 幸彦《ゆきひこ》		東京農工大学教授	第3章
荒井《あらい》 容子《ようこ》		法政大学教授	第4章
小林《こばやし》 繁《しげる》	編集委員	明治大学教授	第5章、第7章第1節、第2節
長澤《ながさわ》 成次《せいじ》	編集委員	千葉大学教授	第6章、第7章第3節(1)～(4)

現代日本の社会教育＜増補版＞
社会教育運動の展開

1999 年 2 月 13 日　初刷発行
2015 年 9 月 30 日　増補版初刷発行

監　　修　千野　陽一
編　　者　社会教育推進全国協議会
発 行 者　大塚　智孝
発 行 所　株式会社エイデル研究所
〒 102-0073 千代田区九段北 4-1-9
TEL 03-3234-4641
FAX 03-3234-4644

装幀・本文 DTP　株式会社オセロ（吉成美佐）
印刷・製本　中央精版印刷株式会社

ISBN978-4-87168-568-9　C3037